新修版

馬政權的開場、中場與收場

下 收場

南方朔◎著

馬政權的開場、中場與收場

(2013～2016)【收場】目錄

第二部 快速崩壞的政權・151

第三部　最是倉皇辭廟日・287

【收場】目錄

【自序】

馬英九的頹敗與馬政權的收場

南方朔

近年來，英美的財經及政治評論界，又常見那個很古老的語詞Reckoning。這個詞語的字典意義是「報應」、「算總帳」，概括承受一切責任等。

這個字的最準確意義，可以用莎士比亞在歷史劇《亨利五世》第四幕第一場國王和士兵談話時用到這個字作爲例証。

亨利五世乃是十五世紀的開疆拓土的能君，他最大的功績就是在阿金谷特（Agincourt）大敗了法國軍隊。在開戰的前夜，亨利五世微服私訪，他扮成小兵和士兵談話。有個士兵向他大發牢騷，認爲戰爭中士兵都是白死，進而，該士兵認爲所有士兵的死傷，最後的報應都會落在國王的身上。

對於該士兵的牢騷，亨利五世當然沒有回應，但他至少表示了一個最基本的態度，那就是軍人奉獻國家乃是天職，如果戰爭敗了他不幸被俘，他一定不會獨善其身，以付出贖金來冀求苟存。正因爲亨利五世有這種對國家前途概括承受報應及後果的責任心，所以他率領的

軍隊遂格外士氣高昂。

亨利五世是個對概括責任及國家領導人必須負起一切報應責任，很有自覺及警惕心的英雄人物。故而在英國史上，他的評價一向不差，甚至被後人認爲是大英帝國的奠基者之一。因此Reckoning這個字有概括承受一切責任，承擔一切後果，不顧個人毀譽、努力以赴，常保警戒之心，以國民爲重等延伸的意義。

近年來世事多變易變，累積性的弊病日多，民意也更加易變如流水，所以英美的評論界，重新使用Reckoning的頻率也開始增多，這其實已顯示各國的言論對統治者要求他們必須更加努力，對社會的變化更加警覺和保持彈性。如此才能保証施政良好，不致於遭到報應和被人算總帳！

算總帳的難堪時刻

我在馬政權收場、蔡政權上台的這個時刻，重提Reckoning這個古老但現在卻已再度廣泛被人使用的語詞，目的是希望藉著這個語詞及它的隱含概念，來討論剛剛任滿卸任的馬英九總統。

無論從甚麼角度來看，馬英九無疑的乃是近代最獨特的一個領導人。他在二〇〇八年崛起初任總統時，真是氣勢如虹，集歷史的寵愛於一身。但這個人的折舊速度卻也空前的快速，他第一個任期結束，就已光環不再，二〇一二年的連任選舉已選得極爲勉強，如果不是兩岸合作，策動台灣許多的企業大老闆出來力挺，馬英九是否能蟬聯，實在大可懷疑。

但馬英九雖然幸而連任，他的第二個任期，卻是情況更壞，不但經濟快速向下溜滑梯，社會的騷亂及不滿也日益升高，而最具毀滅性的，則是爲了服貿協議，馬英九對立法院長王金平展開整肅鬥爭，接著，又是爲了服貿協議的闖關而引爆太陽花學運，及課綱問題而引發中學生運動，這一連串事件，乃是國民黨在九合一選舉及總統大選慘敗的主因。尤其是總統大選，馬英九爲了壓制王金平參與，他罔顧大勢，力推洪秀柱過關，但洪的地位份量完全壓不住陣腳，於是從挺柱到換柱，整個國民黨鬧得四分五裂，軍心渙散。難怪台灣的街談巷議遂出現了一種耳語：「馬英九真是個曠世奇才，從二〇〇八年形勢大好，只花了八年，就把一個百年政黨搞得天怒人怨，形同即將癱瘓死亡。」馬英九真是近代新興國家少有的失政案例，它非常值得去作經驗性和學理性的研究。

國民黨被嚴重拖垮

台灣的許多媒體及評論者，喜歡用「無能」這種概括性、全稱性的概念來形容馬英九的失政。但「無能」並非分析性的概念，甚至有點倒果爲因的意味。一個領導人或一個政府，沒有把國事料理好，一句「無能」就把一切都打翻，當然最爲容易。正因「無能」這個概念是倒果爲因，它是綜合的描述，不見分析的功能，甚至馬英九本人也說大家稱他爲無能，「他很不服氣」，因此馬英九到底有能或無能，這種概念我並不願使用。我反而喜歡用「算總帳」及「報應」這種宏觀的因果概念，來談馬英九政府爲何會淪落到裏外不是人的程度？

一個現代政府及政黨，必然人才濟濟，馬政府並非全都是無能的庸才，但近年來馬政府

出了那麼多老百姓一看就知其錯誤的重大紕漏，卻為何馬政府居然毫無警覺及作出修補？國民黨的黨員系統勢力龐大，以前長期以來，就靠著黨政的內聚力，才能贏得各種選舉，穩坐政權的江山。為何到了馬英九手上，國民黨的內聚力居然快速瓦解，成了一盤散沙，這種「國民黨的散沙化」是怎麼造成的？

當近代領導學的諸大師都強調，近代世界及社會多變，因此人們的認同及利益判斷也常變，在這個多變易變的時代，國家領導人最重要的職能，就是要盡量創造新共識，凝聚國民的團結心，創造共識，設定國家的方向，但這正是馬英九最弱的弱項，試問何以致之？

近代研究政治哲學的學者強調，一個領導人及他的政黨、政府，都必須殫精竭慮，創造出政治的領導性，這必須包括方向的抉擇、行政的效率、對防弊的預見、對國家風險的預判等。當領導人及政黨政府有了領導性，社會意見就會集中，而不致於社會七嘴八舌，混亂度增加，然而馬政府八年，卻是政府領導性快速凋萎的時刻，它的原因是甚麼？馬要負甚麼責任？

因此對於馬英九和馬政府的失政，我反對用簡單而無說明力的「無能」來解釋，寧願用本文開始時所說的「報應」（Reckoning）這個更具有因果性的概念來解釋，至於較具體的原因，我也不喜歡用「無知」、「自戀」、「貪婪」、「腐化」等來解釋。寧願使用更具有機能性的「平庸」（Mediocracy）這個觀念來解釋。「平庸」是指因循、苟且、無感，失去了警覺心和企圖心，混著過日子。在政治上，「平庸」所形成的罪過，並不比殘酷暴政好多少，暴政使人快死，平庸則使人悶死！

平庸轉為恐懼、鬥爭

因此，對於馬英九及馬政府的失政，進而搞垮了國民黨政權，我是持有一種動態觀的解釋。我認爲馬是個平庸的領導人，帶領出一個同樣平庸的政府，因爲作不出政績，這個政府遂日益失去人心；而當人民的反對擴大，他的「平庸」遂開始轉變爲「恐慌」與「恐懼」，於是他遂尋找替罪羊，企圖轉移他的責任。馬英九愈到後來，以鬥爭別人作爲自我防衛手段的行爲更甚，於是馬英九所造成的亂局遂不可收拾。

國民黨在「九合一」及總統大選連敗兩次，其實就是「報應」的總結，也是選民在用選票和他算總帳。在國民黨改選黨主席時，就有兩個候選人公開要求馬英九向全體黨員認罪道歉。他們會提出這種主張，實在是於理有據。過去八年來台灣發生的一切負面事情，其實都與馬的平庸有著密切的關係。

前幾年法國巴黎第七大學哲學教授雷考特（Dominique Lecourt）出版了一本政治哲學著作《平庸：一九六八年後的法國哲學》。該書指出，一九六八年法國陷入騷亂，但在騷亂中各種新的思考也不斷出現。然而，一九六八年後新的運動和思想停頓，大家按照慣性因循度日的時代到來，那就是「平庸」。平庸是被動，是因循，是沒有批判的隨風搖擺，是一種失去了主體核心利益的選擇方向。馬英九執政下的台灣，情況亦是如此。

缺乏應付世局的識見

在一九九〇年代後，由於中國開始快速成長，台灣的官學商也把全球化這個口號叫得震天價響，當時陳水扁當政，雖然受到極大的向中國開放的壓力，但他仍有「慎重開放，嚴格管理」這個防線。到了馬英九上台，他卻大幅對中國開放，當他在推ＥＣＦＡ時，我就不表贊成，我曾表示兩岸關係的發展，可能會使「中國成爲中心，台灣淪爲邊陲」，而使兩岸成爲「中心－邊陲」的依賴化，台灣則淪爲「依賴而不發展」。近年來台灣的產業空洞化，台商的資本流出，利潤不回流，工資水準遞降，都是台灣的報應。我也曾指出，在全球化初期，德國的柯爾總理曾召開過政策定向會議，德國決定將以德國最強項的精密工業爲主，而不以資訊工業爲主，到了現在，世界經濟的發展，証明了德國的選擇才是對的。

最近我也指出，南韓面臨全球化及全球衰退的考驗，經濟受創嚴重，但南韓卻是有自覺地往新的利基產業轉型，南韓的生醫製藥產業、設計產業、航空產業、美粧產業，甚至流行文化的媒體產業及音樂影視產業，趁勢崛起。最使人驚訝的是，最近韓國女作家韓江居然奪得國際上地位極高的「布克國際文學大獎」，這顯示南韓全面升級轉型，對高檔的精緻文化產業也不含糊。韓國已放話，它們的目標是要得到諾貝爾文學獎。一個國家對升級轉型的魄力及毅力，南韓真是創下了廿一世紀的奇蹟。

但馬政府所帶領的政府卻沉酣如故，馬和他的官僚群，除了會人云亦云的呼喊「全球化」、「開放」等口號外，對實務經濟完全一無所知。當我在批ＥＣＦＡ時，行政院的經建會主委尹啓銘每天在行政院網站上貼文對我展開攻擊。如果官僚只會附和老闆表示忠心，對不同的意見只懂得攻擊，平庸的總統下，平庸的政府當然因此而形成。

因此，馬英九的大盲點，在於對世界經濟演變的知識欠缺，對國家的未來缺少了核心利益的認知，於是官僚們只是一味的倒向中國這個最大的生產基地和最大的市場。我們不能否認，在馬英九任內，的確有些台商受惠，但卻有更多的台灣民眾受害。馬英九把台商賺錢術當成了台灣的國家經濟學和經濟政策，這是一種沒有腦筋，自以爲聰明所造成的愚蠢。他遭到報應，一點也沒有冤枉！

遇弱則強，遇強則弱

再其次，台灣與中國關係複雜，勾勾纏的因果利弊極多，因此兩岸關係的確是台灣最大的難題。人類歷史上，和台灣處境有點相似的乃是瑞士。

瑞士人以德裔最多，但它在德法奧義等大國之間，由於住民多元，宗教及認同複雜，只要捲入任何大國爭端，內部就一定分裂，所以從中古末期宗教戰爭起，瑞士就拚盡努力，竭力保持中立。

我曾拜讀瑞士史學家埃德加．蓬儒（Edgar Bonjour）所著的瑞士大歷史《瑞士中立史》，那真是一部波瀾壯濶的史詩，最後是瑞士的中立對歐洲的和平發生了極大作用。因此，台灣的發展，一定要以成爲中國的諍友爲目標，在亞洲成爲和平之島的角色，強化自己，幫助別人，瑞士的努力就是個啓發。

台灣的中立化與和平化，馬英九就職時就應該試著推動，但馬和他的親信，一上任就迫

下 收場

不及待自動跳入「一中」的框架，這是變相的屈服，絕對不是和平。馬英九那種把複雜問題簡單化，一下子就簡化爲「一中原則」，從此將台灣的彈性綁死，如此自動地作繭自縛，世上少見。

如果對馬英九有一點了解，都知道他是個遇弱則強、遇強則弱的人。他只喜歡握手拍照這種宮廷式的面子禮節，對於國際上折衝角力、表示意見，就非常怯懦。就以新加坡的馬習會爲例，當時是習近平爲了要向東南亞國家示好，展現愛好和平的態度，所以習近平特地訪問了越南，最後順帶的想到台灣，因而馬英九遂臨時被照會要在新加坡舉行馬習會，演出一場和平大戲。因此馬習會的召開，乃是馬展示立場的好機會，面對這種情勢，根據一般國際規則，馬英九實在應該表示台灣的原則和不同的意見。國際社會本來就是在碰撞的火花裏產生相處之道的，但馬英九在馬習會上只是去演一個乖乖牌的配角。馬習會後，馬自己想要大做宣傳文章，但台灣民眾卻都無感，由於他不能爲台灣爭權益，最後當然難逃報應！

馬金如何對付異己

再其次，馬英九任內最大的倒退，仍是他不尊重國會，不尊重黨內其他人的意見，特別是不理會民意，對於這些壓死了馬政權的問題，我在本書中有詳細的討論。

對國民黨歷史及領導風格有研究的人，都知道國民黨的領導元素裏，有三個基因：一是古代的皇權中心，二是聯俄容共時的共產黨基因，三是蔣介石和陳立夫時引進的德義法西斯基因。這三個基因遂形成了國民黨老大獨大，官僚看臉色，不重視民意，喜歡搞權力鬥爭等反民主的惡習。馬英九當政八年，毋寧是台灣民主倒退的時刻。

國民黨政府一向以領導人及行政權最大，他們相信「領袖無誤，錯在萬方」，正因爲相信自己不會犯錯，所以馬英九就任後，從證所稅到油電雙漲，馬都一度咬牙不肯改變，直到民調大跌才不得不收手。當台灣經濟惡化，他還要硬推服貿協議，由於國民黨長期只把立法院視爲必須配合行政院的立法局，因此當立法院長王金平裁決必須逐條審查，於是馬英九銜恨王金平，認爲是嚴重的叛黨行爲，因而爆發了所謂的「鑊王計劃」。

「鑊王計劃」在手段上乃是一種利用特別的司法手段進行權力整肅的行爲，這是典型的法西斯手法，縱使蔣介石、蔣經國到李登輝時代，他們都沒有作過，但馬英九卻作了。由此已顯示了他在溫和臉孔下所掩藏的是一顆多麼硬狠的鐵石之心。

我因爲反對這種行爲，也被掃到，馬的第一號親信金溥聰對我提出誹謗之訴，官司從地院打到高院，最後到了最高法院，他全都敗訴。由此已可看出馬金爲了自己的權力，是多麼的窮凶惡極，一定要壓制到底。其實，馬英九的鑊王，已正式揭開了國民黨內外省掛與本地掛間赤裸裸的省籍鬥爭。這種省籍鬥爭，台灣歷任領導人沒有一敢去碰觸，馬英九是第一人，所以當時台灣政壇都認爲「馬英九瘋了」，「馬英九開始替國民黨掘墳」。

馬英九的鑊王，乃是正式瓦解了馬英九政權的正當性。馬英九鑊王之後，遂引發了太陽花學運，以及後來的反課綱運動，因此馬的鑊王，仍是國民黨的「政治淝水之戰」，國民黨江河日下，一敗塗地的大報應，遂告開始。

歷史的評判與究責

因此，對於馬英九，人們實在不宜用「無能」、「無知」或「笨拙」等總體性的概念來總結他的失政。不論人們喜歡或不喜歡，他總是個留洋博士，而且也長得人五人六，他這種人絕對不可能用「無能」、「無知」等來概指形容；但反過來說，他當權八年，卻的確把台灣搞得千瘡百孔，絕大多數人談到馬英九都充滿了怒氣和不屑的表情，這是鐵的事實。

馬任滿下台後，能否全身而退，現在仍言之過早。不過，馬英九落到今日的下場，學術界和媒體評論界，一定要多花心思，試著去勾勒出因果更爲清楚的解釋。

古代的暴君或無能君王，他們變成暴君或無能，都不是一開始即如此，而是有個漸變的過程，而在愈變愈壞的過程裏，必定有體制性或文化性的因素作爲潛在的底流。這些內外因素相加，總結說法就是「報應」和「算總帳」。馬英九下台，就是「報應」和「算總帳」的開始。這將是另一個漫長的故事！

我仍然記得，當馬英九第一任上台之初，曾講了許多大話，他說「台灣人民跟隨我就不會錯」，他又說「我不需要國民黨，而國民黨則需要我」，他那種志得意滿、目空一切的神態，真是近代少有。但他再怎麼睥睨一切，到了八年後的今天，驕態安在哉？

馬英九今天已成了令國民黨崩塌的始作俑者，無論藍綠對他都沒有好臉色，他沒有使台灣產業及政治升級轉型，也沒有增益台灣的國際地位，他只是擴大了台灣的省籍及地域對立；至於台灣的內政，馬的八年任期中，政府的官僚作風擴大，因此台灣治理能力倒退，僞劣食品、社會犯罪也都暴增。

近年來我致力於研究社會的「退化現象」，發現當別國都在與時俱進，而台灣卻日益失去方向，足見馬英九已替台灣的退化開了大門，這也是馬英九雖最重視歷史評價，但歷史評價可能和他無緣的主因所在。他只是歷史的一面空窗！這是馬英九的悲哀，也是台灣的悲哀。

馬英九任滿下台，他的政治下場將會如何？他有些被舉發的案子是否會被究責，這些問題，我都不敢臆測；但無論如何，至少有一點是可以肯定的。馬英九絕對不是一個好的領導人，他沒有在這個多變的時代，爲台灣找出改變的新方向；他也沒有改善任何現況；他沒有承先，更無法啓後，他讓台灣蹉跎了八年，這大概是他的終極定位！

第一部
打開潘朵拉之盒

北京開始在收網

台灣的新聞界一向有避重就輕、唬弄大眾的惡習，當碰到它們惹不起的大問題，就會閃爍其詞。

近年來最典型的例子就是，兩岸關係進入「深水區」這種說法。兩岸問題是媒體惹不起的問題，媒體不敢得罪北京、不敢得罪台商、不敢反對馬的兩岸政策，於是絞盡腦汁，想出了「兩岸關係進入深水區」這種避重就輕的說法。這句故弄玄虛的話究竟是什麼意思？

根據多數人的理解，「淺水區」和「深水區」這種晦澀比喻，它的真義是：

「淺水區」指的是北京對台灣請君入甕的階段，它只談經貿旅遊和讓利這種話題，而對主權及有主權含意的國際空間問題，則刻意含混不談，讓馬英九在那裏做文章。這是國共合作，營造出兩岸和平的氣氛，藉此使台灣反對馬的兩岸政策的聲音被邊緣化。

而「深水區」這種比喻，乃是台灣新聞界都知道「淺水區」只是一個過渡的階段，到了某個時候，就會進入「深水區」。根據台灣的語境，它指的是北京將會對台灣收網，這可能包括兩岸政治談判，確定國共內戰的結束和台灣國際人格的完全失去；也可能使台灣邦交國降爲零，這也是使台灣不再是個國家。

下 收場

當北京決定收網，台灣問題可以說就差不多正式結束。

二〇〇九年，史丹福大學出版部出了一本由馬里蘭大學助理政治教授卡斯特勒（Scott L. Kastner）所寫的《海峽兩岸的政治衝突和經濟互依及以後》。美國學者不像台灣媒體有那麼多「淺水」、「深水」的閃躲，人家是實話直說。早在二〇〇九年時，他即已注意到「台灣商人將成為北京和平統一的盟友」；他也注意到，「在適當時機，北京將可能以強制方式促統」。在讀過該書後，我就一直在揣測，什麼時候北京會開始收網。

而由甘比亞與台灣斷交，我的警覺告訴我，現在已到了北京收網的時候：

一、現在北京在經濟上收編台灣已差不多成熟，如果扣掉「台灣接單，中國生產」的部分，台灣的經濟事實上已衰退了多年，而且它的「和平統一盟友」台商勢力漸長，台灣所剩的籌碼已少得可憐。

二、北京對台灣的研究從未放鬆過，它已了解到國民黨可能失去政權，而且這次失去政權極有可能會永遠失去。因此北京對台灣問題已產生急迫感和危機感。它必須在馬的最後這兩年將網收攏，要使未來的新政權也沒籌碼可用。北京透過它的代理人，對服貿協議展開排山倒海的攻勢，所反映的即是北京的急迫感。最近的國共論壇也顯示出北京將它的重點開始往台灣的在野黨轉移。

三、北京已開始收縮台灣的主權範圍，這次甘比亞斷交事件可以說已創造了一種斷交新模式，甘比亞表示，它信奉一中，所以與台灣斷交，北京則放話，它在斷交問題上沒有扮演任何角色，這是典型的「得了便宜還賣乖」；而更離譜的是，馬政府不去追究自己的失責，不敢去面對北京的角色，於是把整個斷交重點全部放到甘比亞身上，宣傳說是甘比亞獅子大開口，台灣才與其斷交。斷交是何等大事與無能，馬政府卻藉著宣傳，刻意去醜化甘比亞，它的「誤國」遂雲淡風輕的唬弄而過。在這齣斷交戲上我看到的是在北京收網的這個時刻，已出現了一種斷交新模式，北京和台北合演雙簧，北京可以扮好人，台北則裝無辜，台灣的主權卻愈收愈緊。根據這個新模式，在馬下台前，台灣的建交國家很快就會減少到零。馬的任內，台灣已所剩不多的主權將被他賣光光。

因此，馬的無能已人所共知。但他的無能其實可分對內、對外兩個部分。它對內無能，已造成台灣的「政治衰退」，國不成國，社會不成社會；而它的對外無能，乃是把台灣的主權一點一點的讓渡了出去。

近代以來，西方出現了一種理論，那就是政治敵對的國家可以藉著經濟上的合作互相依賴，而化解敵意，增進和平。但這種模式只對兩個敵對的主權國家始能適用，對兩岸極不能適用。馬上台後，卻將這種模式亂套在台灣頭上，這是一種知識上的詐欺，兩岸經貿合作的結果，不可能是經濟的互相依賴及和平，而是加速了台灣籌碼不可逆轉的失去，最後造成台灣主權的完全失去。從這個角度言，人們指責他「賣台」，其實並不過分。當時從兩岸的ECFA起，我就反對。我認爲ECFA只會使台灣成爲被中國整合的邊陲國家，依賴而不發展。台灣經濟日益敗壞，人民困苦程度擴大，主權的被抽空，都是拜馬之賜。

前幾年，承蒙北京領導層善意，我曾數次被北京要人邀約往訪，我只是個讀書人，沒有任何包袱，可以實話直說，我即表示過，北京找了馬當代理人，其結果必然是台灣人民反馬反中情緒更加提高。在現在北京開始收網，馬政府做爲代理人，當然會繼續唬弄塞責，但台灣人民並沒有那麼笨，這也是反馬情緒日益高漲的原因！

二〇一三・十一・廿四

貪官勾串大奸商

古代諺語說：「一個和尚抬水吃，兩個和尚挑水吃，三個和尚沒水吃。」意思是說，當一件事情管事的人太多了，就有了推托卸責的空間，最後達不成目的。

前陣子，我讀了哈佛大學政治哲學教授湯普遜《Dennis F. Thampson》所著的論文集《恢復責任感》，他開宗明義第一章，就談到政府的手太多了「Many Hands」的問題。他指出，現代的政府，一件事由太多機關在管，有人管政策，有太多人管執行，有人主辦，有人會協辦。一件事情經常會搞得冤無頭，債無主。這只是現代官僚體系「集體平庸化」之關鍵。他的意思是，當政府平庸，有太多手在管事，只要有任何一隻手放水，整件事情的管理就會一塌糊塗，最後是奸商圖利。有庸吏始有奸商。

最近這半年，台灣的僞劣混冒商品、食用油風暴，再到清境的水土破壞，日月無光的日月光濫排含重金屬鎳的工業廢水事件。這些事件有好多起都是涉及資產幾十、幾百、幾千億的大公司，它們已可稱爲「大奸商」。這些大奸商是怎麼形成的？如果我們去逐一追究，就會發現它們的背後事實上有著庸吏的影子。

就以米商泉順爲例，它從九月起雖陸續被罰多次，但每次只罰十一萬元和四萬元，農委

會上星期雖然祭出撤銷執照的重罰，雖看起來很重，但它的家族成員手上還有八張執照，撤了一張根本沒有任何意義。這顯示台灣的糧商管理，懲罰及發照，是多麼浮濫，再怎麼懲罰都無所謂。

再以清境的水土危機而論，政府雖號稱有管理，但對民宿卻廣開後門，有民宿證照的一口一家，這已等於變相的承認了它的建築合法。於是內政部只得發明出一種「不合法不等於完全非法」的奇怪說辭。清境問題有太多瞻前顧後的因素，它將來如何解決，更不容樂觀。

至於日月光事件那就庸吏更多了。以前的「水污法」只防小公司，不防大公司，罰款只有區區六十萬，對像日月光這種年營收二千二百億的公司只是九牛一毫毛。而且事發後，各大工商團體立即向行政院長說情，楠梓加工區管理處這種親商機構更是亂開後門，使該公司可以接管海放，全部排向大海，至於經濟部則表示「輔導重於懲罰」這種偏向資方的談話。可以想像到，高雄環保局這種小單位要辦大公司，必須承受多大的壓力了。日月光敢於長期違規，其實是有恃無恐。在政府那麼多管事的手裏，最有力的那些官都在它的那一邊。上自行政院、經濟部、工業局，加工區管理處的一堆庸官都在幫忙護航。

有庸官斯有大奸商，因此我強烈推薦一九九二年諾貝爾經濟學獎得主瑞貝的觀點。他主張刑法中應增加經濟犯罪的專章，例如僞商品、惡意污染、詐欺案，都應根據它意圖獲得的利益，乘上違規被發現的或然率來懲罰，而不能像以前一樣，只是根據它所造成的傷害來賠償。相信重訂罰則，大奸商才可能根除！

二〇一三・十二・十七

台灣網民的反撲

近代的民主已進入所謂的「網路民主」或「數位民主」的新階段，有些理論家認爲，由於人們更有表達的管道，人民的聲音會更加突出，因而民主可以更加活化。

但這種理論是真的嗎？我最近重讀了美國法學泰斗桑士坦（Cass R. Sunstain）所著的《網路共和國》，又讀了美國亞利桑那州立大學政治教授興德曼（Matthew Hindman）所著的《數位民主之迷失》，他們的說法卻和其他人不同。他們認爲政治依靠的是結構與實力，而不是無法發生作用的表達自由。因此統治者縱使在網路上被人罵到臭頭，這對他們的結構與實力仍然影響不大，他仍在爲所欲爲。這也就是說，如果網路上的聲音不能集中成爲一個結構和固定的實力，它對統治者根本無法成爲威脅，也很難成爲改變的力量。

因此，馬英九民調只剩九．三趴怎麼樣？他被網民選爲十大惡人之首又怎麼樣？這對他的爲所欲爲完全不能發生遏止的作用。而他的吃定了人民是有理由的：

一、台灣的政府已不是個「有反應的政府」，已不會對民意作出回應，它雖然不可能壓制民意，但已養成一種不理會民意的習性，你們可以在媒體上、在網路上罵他，但這只是一種發洩的自由，卻不是改變政治的行動。一百萬人罵他，不等於一百萬人走上街頭要求改

變。

二、國民黨不管怎麼講，仍是台灣最大的政治結構。它有龐大的黨產，龐大的組織，眾多的地方角頭以及人們無從知悉的金錢資源，以及最龐大的媒體力量，只要一到了選舉，這些資源一旦發動，它仍是最大的勢力，遠遠的超過了別的勢力。這個人臭了，就換另外的人，它仍是最有可能的贏家。

三、在這個「後民主」的網路時代，整個民主政治已走往退化的方向，統治者在普通時候完全不理會人民的聲音，笑罵隨便你們，他只管自己的基本群眾加軍公教和富人的利益；到了選舉的時候，他的結構勢力全部動員並向對手發動抹黑攻勢，他的無能就會被稀釋，一切又會回到基本盤，不致於像人們想的全軍潰敗。「後民主」時代的政治由於已分爲平常時候和選舉時候這兩塊，而這兩塊並不必然相關，這乃是統治者敢膽大妄爲的主因。

因此，興德曼教授指出，人們對網路民主所形成的氣氛不要太信以爲真，氣氛可能是假，一定要把這種氣氛變成論述和結構，才可能形成足以改變現狀的結構和力量。今天的台灣，人們太注重網路上的嬉笑怒罵，太不注重反對結構及勢力的經營，這才是我擔心的。如果一個只有九趴的領導人，他的政黨在未來的選舉中還可以免於潰敗，那就真是台灣民主真正的失敗！

二〇一三・十二・廿四

對馬政府劃下紅線

政治上的授權行爲乃是一種信賴關係。如果你事情愈辦愈好，證明了你有能力，別人自然會產生「你辦事，我放心」的信賴，久而久之就放手讓你去發揮。但如果你事情愈搞愈糟，人們開始出現「你辦事，我不放心」的認知時，人們由於不再信賴，就自然而然的對你施加限制。因此當一個政府被人限制其權力時，真正應該自省的，乃是自問，爲什麼他會失去人們的信賴？爲什麼他把事情愈搞愈糟？

馬政府的兩岸政策及其執行，過去五年多裏，都是政府說了算，人民無法聞問，反對黨和國會也無法監督。在政府的一意孤行下，不但台灣的主權日益剝落，台灣的經濟也一步步被框進了中國市場中，它造成台灣產業、技術、人力和資金的大量流出。台灣經濟已進入「依賴而不發展」的階段，尤其是「台灣接單，海外生產」的比重已高達百分之五十二點九，這證明了台灣產業和就業機會的空洞化。雖然還是有許多台商賺到錢，但那是以台灣在地的凋蔽爲代價的。到了今天，馬政府還要硬推服貿協議，真不知要把台灣搞到伊於胡底！

由於兩岸政策已成了「他辦事，我們不放心」的問題，所以王郁琦春節過後要去中國訪問，人們當然要替他劃紅線。目前馬政府的親信已完全掌控了兩岸政策，他們對中國的態

度，可以由海基會董事長林中森會見中國政協主席賈慶林，脫口而出「向主席報告」看出他們的基本心態。他們真正的心裏，已把中國視爲上級，他們乃是屬下，當然要「向主席報告」。如果不對王郁琦劃紅線，他見到中國的國台辦主任張志軍，搞不好就會說出「向張主任報告」這樣的話。除此之外，他也可能在服貿協議上做出許多讓步。人們還擔心他會爲了國民黨選舉，去向中國討救兵。馬英九爲了選舉，早已把台灣內政中國化，用中國來恐嚇台灣選民，王郁琦現在去訪中，就有去討救兵的可能。當然要替他劃線。而且我認爲，不能只有這次劃紅線，更應該：

一、強化國會對兩岸政策的監督，不再讓馬政府一意孤行，傷害到台灣的核心利益。立法院長王金平主張應有常態性的「立法院兩岸事務因應對策小組」，這是正確的主張。

二、幫立法院強化兩岸政策的例行性監督，這是使得政府這個輪子加上鐵鏈，使它不致亂跑而翻車，近年來政府出了大紕漏的部門，如國防部、外交部、經濟部、內政部可能已有必要由立法院強化監督，一定要國民黨立委自我改變，找到國會自主的角色，拒絕再當橡皮圖章護航派。如果立法委員不能揚棄自己的黨派性，找到自主的監督制衡角色，那麼台灣的民主就永遠走不出行政獨裁的陰影。

二〇一三・十二・廿四

當財閥控制國家

近年來，全球批判經濟學最重視的問題之一，乃是少數財富寡頭（即所謂的「財閥」）的競租行爲。

西方當代主要經濟學家，他們是拉古拉姆．瑞詹（Raghuram Rajan）和賽門．強森（Simon Jonathan），他們都曾經擔任國際貨幣基金的首席經濟學家。他們指出：目前這個時代，政商支配階級已更純熟的利用他們掌控的政治槓桿，來擴大他們的優勢，增加他們的財富。他們的政治槓桿，從最原始的官商勾串、任意圈地、租稅特權，到最新的假私有化之名，掌控國家的新利權；和以各種鬆綁及紓困獲取更大的國家利益。政商支配階級這種以重新分配的方式使財富權力更大的模式就是「競租」，它並沒有爲經濟創造新利益，也沒有爲公眾創造新的福祉，只是透過政治槓桿，使他們個人取得更大的利益。這種「競租」行爲，易言之，就是財閥控制了國家，而政府的無能及爲虎做倀，則是共犯。因此，瑞詹教授遂說了這句很多國家都可通用的話：「很多人之所以取得暴利，是因爲他們與政府的關係密切，土地、天然資源，政府合約或營業執照，是我們億萬富豪的主要財富來源。」

財閥利用政治槓桿來擴大他們的財富，這種新型態的「競租」，台灣就是個典型的例

下 收場

子。

就以最近鬧得火熱的國道電子收費問題爲例，人民反感的亂收只是最瑣碎的部份。它的上游涉及遠東集團與「交通幫」官員的勾串，以ＢＯＴ之名取得利權，在整個過程中，交通部卸責包庇，完全沒有盡到管理監督的責任，才養成財團財大氣粗，吃人夠夠的風格。這起事件的財閥「競租」，圖利私人，而公共權益卻被出賣，才是問題的真正重點。財閥競租，爲所欲爲，其先決條件乃是必須有無能的政府來配合當共犯。這次的收費風波，交通部配合演出，表演得荒腔走板，而他們不管怎麼演，國民的權益，尤其是交通資訊的沒有保障，乃是他的後果。

近年來，台灣大大小小的財團都踴躍「競租」，圖利私人，這種「競租」圖利，早已準制化：

例如大多的財團像遠東集團，它有本領官商勾結，與官場的交通幫合作，取得所有的道路利益，其利益都是十億百億起跳。在政治槓桿上，它已取得了重要的支點地位，可以說已綁架了整個國家。

例如近年來台灣許多大大小小的財團都在ＢＯＴ之名下，取得了重大的利權，ＢＯＴ已成了政商勾串最容易的管道，ＢＯＴ已需全面重估；再例如圈地運動乃是政商勾串最古老模式，它早已在台灣復活。

現在是個財閥競租的時代，台灣也應警惕！

二〇一四・一・廿一

炮製危機的權謀

前幾期，我曾提到柏克萊及聖地牙哥加州大學教授賽門（David R. Simon）所著的《菁英的偏差行爲》。該書把政治權力和金錢權力相互勾結，進行利益交換的敗德之事做了詳盡的總盤查，的確證明了當代政治無能、貪腐是有原因的。

這本書也指出，當代政府爲了它的利益，透過「說謊」和「欺騙」，企圖「誤導」人民，早已是老吃老做的慣技，除了「說謊」和「欺騙」，還有一種「炮製危機」的操弄技術。美國二十世紀中葉的思想家米爾斯（C. Wright Mills）就指出，「炮製危機」乃是：他們把問題東拉西扯好像是個很大的危機，透過這種危機操作，遂取得了便宜行事的權力，原本應該縝密討論的公共問題，遂變成了統治者可以任意決定的問題。「危機操作」事實上是一種更大的權謀詐欺！

上個星期，台灣就有多起事件涉及到「說謊」、「欺騙」和「炮製危機」。我們可以逐一討論。

首先，鹽寮反核自救會踢爆，原能會與台電爲了護航核四，再提供給歐盟專家的報告中，居然宣稱基盤穩固，「沒有承載力不足或液化之疑慮」，這和台灣以前所做調查報告都

下 收場

不相符，明顯的是在說謊。

近年來馬政府早已有了一種「出口轉內銷」的詐騙式宣傳。當一個問題在台灣被反對，它們就會提供特定的訊息給外國專家，由於外國專家被「誤導」，極有可能被誘導出馬政府所需的意見，於是它們就把外國人的意見拿來宣傳吹噓，用以壓制台灣本地人的反對意見。這種欺騙式的出口轉內銷宣傳手法，現在已不是第一次。

除了說謊與欺騙式的宣傳外，最近國民黨「炮製危機」的操作手法已展開，最值得注意的，乃是藍色媒體在馬英九「二〇一四拚經濟」的口號下，也跟著民間高唱經濟危機。

然而，民間所謂的「經濟危機」，是指台灣被鎖進一中市場，而自己沒有產業升級的計畫，遂使得台灣經濟日益被掏空。但藍色媒體卻在南韓與中國簽訂自貿區協定上做文章，宣稱二〇一四年台灣最大的危機是不開放，因此與中國的服貿協議必須通過。馬政府透過這種「危機操作」，它的服貿協議似乎已有了理由。

對於服貿協議，我從一開始就不同意：

二〇一二年大選，馬反敗爲勝乃是向北京討救兵所致，北京發動所有台灣大老闆挺馬，改變了選舉氣氛和結果。經過這次選舉，北京做爲馬政府的宗主身分已定，馬已無法拒絕北京要求。服貿協議就是在這種情況下，由北京主導而成，過程純粹黑箱作業，北京才是制定者。

任何涉外協議都有其條件。像兩岸這種服貿協議，台灣可以和南韓、美國、日本或新加坡任何國家簽定，簽了後這些國家的業者也不會大舉入台，但中國則不然。中國有十幾萬家國有企業，幾十萬家國營轉投資及公有企業，加上兩岸的關係，這種服貿協議一簽，大大小小陸商必然大舉入台，台灣在經濟上就會被立刻統一。

台灣人反服貿，乃是主張服貿協議必須重啓談判，而不是否定開放這個前提。但是服貿協議乃是北京所擬，馬政府只能照單接受、不敢違逆。因此只好硬幹蠻幹到底，它不談人民反對的內容，只是在開放這種空洞的口號做「危機操作」式的宣傳。這樣硬幹蠻幹，只會讓台灣的經濟危機更加擴大。

中國的經濟體制與各國都不同，它有大型尖端以壟斷爲主的國企，還有龐大的所謂「紅帽子企業」，涵蓋了幾乎所有的服務經濟範圍。當今美國在推「跨太平洋經濟夥伴協議」（TPP），它即對中國的大型國企設限；而台灣服貿協議自然也需要對幾十萬家「紅帽子企業」設下限制審核機制，但馬政府對這些問題完全不懂，它只會高喊危機和開放，它對台灣的核心利益完全沒有考慮。

因此，二〇一四年馬政府開始又打經濟危機牌，把以前「冰凍在夾牆裏」的蕭萬長又抬了出來，要用這個危機牌爲硬幹服貿協議找理由。這是一種標準的「危機操作」。藉著炒作危機，而讓行政可以專權，台灣人民不能沒有警覺！

藍色媒體最近開始炒作危機牌，企圖替服貿協議找新的理由。除此之外，藍色人馬也在總統跛腳上做文章，這也是一種危機操作，好像總統跛腳就是天大危機，絕對不能讓它發生。監察院討論再次彈劾黃世銘時，即有人認爲若通過彈劾，總統的權威就會出現危機。

如何維護馬的權威，不要讓他跛腳，已成了挺馬派的最大的事情。他們不去反省馬的胡

做非爲乃是他們自動跛腳的原因，現在卻以跛腳做爲理由，支持他的無能濫權，這簡直是在與馬的「不容有兩個太陽」相互呼應。馬媒體最近喜歡炒作跛腳危機和類似的問題，也是要透過「危機操作」，繼續支持總統的濫權和胡作妄爲。

因此，一個政府的說謊和「危機操作」，都是極爲敗德的權謀手段，我們可要小心了！

二〇一四・一・廿一

解析馬的肢體語言

近年來，歐債危機已搞垮了十二個歐洲政府，唯一的例外，乃是德國的梅克爾政府。梅克爾治國有能，德國經濟表現良好，她所領導的執政聯盟在二〇一三年大選，反而大幅成長。她也三連任，並有了「歐洲新女王」的稱號。

梅克爾氣勢日盛，人們對她的領導風格也開始注意。她是量子化學專家，由於理工科出身，她很不會作秀，總是實話直說；她決策很慢，在決定前一定思慮周詳，決定後就力求貫徹。除此之外，當她與人講話，一定精神集中，用心去聽。她聽別人兩個小時，根本不必做任何筆記，兩小時談些什麼，她完全記得。

近代德國哲學家海德格曾經說過，人的語言行為有說與聽兩個部份，說只是一半而已，梅克爾這一半不太行，但聽的另一半和聽以後的想，她卻超厲害。由於她能聽會想，這種人格優點，反而使得她的不會作秀也被人正面看待，人們認為她的不會作秀，其實反而是一種最好的作秀。由世人對梅克爾的評價，可以看出做為一個領導者，聽和想的重要其實大於說，能夠認真的聽別人說和認真的去想，她縱使不太會說，當她說話，別人也一定會熱心的去聽。如果一個領導人，只會自己去說去作秀，而不聽不想，久而久之，他無論再怎麼去說

去作秀，別人也只把他說的當成排氣的一陣風。

做筆記　表示不想聽你說

在此把梅克爾的會聽會想當做引子，可以看出她的行爲肢體語言的確獨樹一幟，由梅克爾做爲例子，我們即可用來分析馬總統的行爲肢體語言了，特別是他動不動就做筆記，動不動就打瞌睡，以及最近的拚命咬指甲，他的這三個行爲肢體語言，特別值得分析檢視。

首先就他的動不動就做筆記這一點而論，一個有權力的人，他的行爲肢體語言，經常都會以一種複雜的方式，發放出「身分訊號」和「拒絕訊號」。馬不喜歡聽別人講話，因爲聽別人講話要全神貫注，這未免太累，於是對別人講話，他遂設計出了一種應對模式，就是別人講話時，他即掏出小筆記本，低頭拚命做筆記，好像是個很用功的好學生。其實別人和他講話，多半不是很技術性的意見，根本不需要低頭拚命做筆記。因此別人講話，他做筆記，他用這個動作，就等於很技巧的表達出了「我不要聽的訊號」（No Signal）。在行爲肢體語言上，他拚命低頭做筆記，等於是一種設定「籬笆」（Barrier）的技術，要把別人阻隔在外。因此他的機械式做筆記，乃是一種無意識的權力傲慢，他講話別人就應該聽，別人講話，他就扮用功而不聽。

據我所知，他低頭做筆記而不去聽別人的這一招，有次碰到了大鐵板。某天他去見星雲法師，星雲未必懂行爲肢體語言，但他見多識廣，當然懂得權力的傲慢。因此當馬掏出小筆記本時，星雲法師立刻說：「不要記，注意聽！」

因此我對馬的那個小筆記本總是充滿好奇，上面都記些什麼？我曾希望攝影記者用望遠鏡頭去拍攝看他在寫些什麼？甚至希望大膽的記者把它搶過來看看。可能裏面什麼也沒有，只是一堆鬼畫符，或者寫滿了「煩」和「無聊」這些字眼。在談過馬的低頭猛做筆記後，我們再來談他的打瞌睡。

打瞌睡　對該場合厭煩

一般人都認爲累了就會打瞌睡，但這種說法其實並不對。一個人在面對他很在意的場合，例如他的老闆蔣經國在座，他就是再累，也絕不會打瞌睡。意思是說，在某個場合會打瞌睡之前，是以對該場合不在意，潛意識裏認爲可以打瞌睡爲前提的。打瞌睡這個動作是有「身分地位顯示」（Status Display）的。馬權勢獨攬，聽簡報會打瞌睡，去防颱中心視察會打瞌睡，已無時無刻都會打瞌睡，這已顯示他對這些場合已覺得厭煩、不在意，和他沒有關係。他已成了沒有注意力的人，並發展到「一皮天下無難事」的境界。不聽別人講話，不理會別人的事，怪不得台灣每下愈況了！

咬指甲　代表焦慮不安

最後我們再來談馬的娘娘腔式的咬指甲這個行爲肢體的動作。根據人類行爲的研究，人類經常有一種「代換」或「轉移」（Displacement）的行爲。當嬰兒怕母親不理他，就會咬媽媽奶頭，這種「咬」的行爲一路發展，諸如咬奶瓶奶頭、咬手指、咬指甲、咬鉛筆、咬原

子筆、咬口香糖，永遠都在咬。咬已成了焦慮、不安、無聊這種情緒的代碼。馬的出訪宏都拉斯，宏國不重視、語言也不通，純粹是趟「焦慮之旅」，除了咬指甲，還能幹什麼？特別值得注意的，男人咬指甲的已不多，縱使咬指甲也是咬右手食指指甲，只有女生才咬右手小指指甲，但也不多了。而馬的咬指甲動作，就是娘娘腔似的咬右手小指指甲。和電影「王牌大賤諜」裏那個娘娘腔邪惡博士完全一樣。

咬指甲這種動作，從它的來源而論，乃是人類從襁褓階段的咬奶頭開始，因此又稱爲「遺跡式的姿勢」（Relic gesture），也被認爲是一種「幼稚的行爲」。一般人在成年後都會消失，而馬在垂老之年卻咬得更厲害，由此可見他的人格養成，不知道在哪裏出了大問題！

二〇一四・二・九

親信政治與大檔頭

西方有句諺語：「每個統治者身邊永遠要養一種人，要他們去做不能叫正人君子去做的事。」

這就是「親信政治」的起源。因爲統治者有他的限制，他必須裝出一付很有道德的樣子，他不能將卑鄙的一面公開的露出。所以他卑鄙的那一面，只有交代親信去幫他完成。例如惡意的整人，惡劣的權力鬥爭，以及不正當的搞錢，諸如此類的事就只能由親信去幫他執行。馬爲了要贏回南台灣，而提拔他的親信林益世爲行政院秘書長，就是希望林益世能以他的秘書身分去運作南台灣的政經人脈，收買派系樁腳，只是這種事有許多不能見諸天日，一見光就涉及貪污腐化和不當利益輸送，這就是林益世的下場。至於馬的另一個親信，他的黨主席辦公室主任賴素如，她當然要負責幫主席搞錢和收受獻金，稍有差錯，當然也會涉及刑責。所謂親信，本來就是平庸之輩，他們就是要幫主子去做不能見諸天日的勾當。他們得意時可以平地一聲雷的突然竄起，打著主子的招牌呼風喚雨，但只要東窗事發，出了紕漏，主子爲了自保，當然必須和他們劃清界線。

因此，從古到今，這種親信式的官僚，他們的得意並沒有什麼值得羨慕的，他們的坐牢

下 收場

也不值得同情。親信類官僚沒有爲國奉公之念，他們只會爲一人盡忠。由於每個統治者都有自己的親信，所以當每個統治者下台，他的手下那一掛親信，必然樹倒猢猻散。

也正因此，這次金溥聰出任國安會秘書長，我們應視之爲這是馬和他的親信已正式展開「救駕」大作戰。馬有領導人的名份，又利用權力非法延任黨主席，現在他的親信分身又掌握了國安會，國安會轄下又有國安局這個最高的特務機構。台灣的最大權力乃是黨政軍特及媒體文宣全部一把抓。由最近他們敢於以粗暴的方式微調歷史課綱，已可看出台灣的行政和政治操作，已進入了一個無所不爲的階段。不只他們完全不理反對的聲音，甚至國民黨內，最近甚至連勝文都對金溥聰知所忌憚，低聲下氣，可見縱使連家也知道他們的厲害。當一個政府已像馬政府這麼豁了出去，親信們全部上陣，一個無所不爲的政府已告出現。

人們都當知道，國安會乃是奇怪的機構。它說不管就什麼事都管不到，因此從蔣介石以後，國安會都很少管事，但若國安會要管事，則無論什麼事都可視爲國安事務，而可以無所不管，將來金溥聰手下的國安會，就必定是個無所不管的國安會，由於它管轄下有國安局，它的權力更大，它可以國安爲名監聽任何人的通訊，所有立委和國民黨人員必定被監聽；諸如選舉，人民示威，當然也和國家安全有關。一個無事不管的國安會，其實就是現代版的東廠和西廠。近代各國的國安會，無一例外都是由資深的國防外交首長或國安學者負責，從來沒有派親信出任這個職務的前例。今天台灣卻派個大親信出任，未來台灣的國安會，一定是個很可怕的國安會。國安會秘書長必然成爲馬政府的「大檔頭」！

二〇一四・二・十一

玩火自焚的權術

一九四九年是近代中國及台灣的巨變時刻。這一年，中華民國被趕出了中國大陸，中共宣布建國，中華民國在大陸已等於被消滅。

這一年，國民黨軍隊占領了台灣。因為蔣介石已於當年一月二十一日宣布下野，失去了總統身分。他的來台不是合法政府的流亡，只是一個失敗的武力集團對台灣的占領。因此在真正的歷史上，今天的台灣只能算是「國民黨占領階段」。

由於一九四九年台灣是被來自中國的非法政府所占領，縱使認為台灣是中國的一部分，因為台灣未被合法的中國政府占領過，因此只能說「中國與台灣關係未定」。中華人民共和國如果要宣布對台灣有主權，也要台灣人民認可才行。

雖然蔣介石在一九四九年三月一日「復行視事」，意圖恢復總統身分，但完全不合法。國民黨乃非法占領台灣，遂行其統治，乃是鐵錚錚的事實，這才是應該被寫進歷史教科書的。

國民黨政府在一九四九年占領台灣後，台灣與中國的互動可分為四個階段：

一九四九年到七八年為第一個階段。國民黨政府仍在想著要「光復」大陸，在美援下，

下 收場

持續國共戰爭。台灣的閩海突擊隊，一直到六四年中國已經穩定，突擊無效才告停止。雙方空戰到六七年結束，海戰到六九年停止，金馬砲戰則到七八年告終。

除了軍事熱戰，這段期間還有外交上的熱戰。由於國際社會對國民黨政府已不具合法性不瞭解，「中華民國」仍被認爲有代表性。這個中華民國在聯合國一直阻擋中華人民共和國的代表權，直到一九七一年聯合國大會通過驅逐中華民國，它只得主動退出。另外，一九七八年年底，美國也宣布與中華民國斷交。自此，中華民國的失敗即告法理化，而成了非法的國家和政府。

從一九八〇年到二〇〇五年是第二個階段。國民黨政府已失去國際上的合法性，而中華人民共和國則開始開放改革，國勢漸增，促統壓力增強，國民黨政府只好用很奇怪的「三民主義統一中國」宣傳口號拒統。

由於國民黨政府是來自中國的失敗占領政府，因此不可能爭取台灣獨立的機會。台獨只會瓦解它自己存在的基礎，因此它武力鎭壓台獨。國民黨的拒統並沒有理論基礎，而且隨時視情況而定，過去中國貧窮成了拒統主要理由，隨著中國經濟起飛，這個拒統最大理由已告失去。

繼台商之後，國民黨人士在阿扁執政時期拚命往中國跑，向北京告狀，醜化有本土或獨立意識的民進黨，形同國共聯手打壓本土勢力。

前幾年本人多次受邀訪問北京，即向北京領導層提出警告，北京從未占領過台灣，台灣人民對北京不一定有惡感，北京應有自己對待台灣人民的策略，不能隨國民黨起舞，否則只會讓台灣人民反國民黨情緒被轉嫁到北京頭上。可惜北京認為國民黨較容易對付，因此「國共合作」遂成為其政策。這乃是台灣本土人士在反國民黨時，反北京情緒也高漲的理由。

從二〇〇五年四月國民黨主席連戰訪問北京，舉行「連胡會」起到一二年底止，這是國民黨以黨對黨方式進行互動的第三階段。此階段國民黨主導兩岸互動的是連戰，執行則為海基海協兩會。海基會的江丙坤、高孔廉都是連系人馬。北京原則上不承認中華民國的存在，黨對黨即可避免它不承認中華民國的問題。

而從一二年起，馬的權力意志高漲，決定自己黨政軍和兩岸一把抓。他把江丙坤和高孔廉全部幹掉，換上自己親信，也派自己的小親信王郁琦出任陸委會，方便控制。馬的這一招有其盤算：

一、大小親信出籠占據兩岸事務單位，可幹掉連戰勢力，也可降低海基海協兩會的作用。

二、馬心裏有個最祕密的願望，就是使中華民國的偏安永遠化，這是北京所謂的「B型台獨」。他一廂情願的認為，將兩岸關係由黨對黨變為政府對政府，就等於北京已承認國民黨政府、承認中華民國的存在，它失去的國際人格即可恢復。

三、北京要服貿，他就服貿；北京要改台灣的教科書，他就改課綱。他要向北京證明，他是個乖乖牌，希望北京能夠請他出席亞太經合會、舉行「馬習會」。如此就等於北京承認了中華民國的治權，中華民國的存在即可合法化。

問題是，馬在搞什麼陰謀，北京早已心知肚明。就北京的立場，中華民國早已被消滅，根本不承認它是個合法政府。最近一年，馬拚命在「馬習會」上搞宣傳，北京只是在那裏看看你還在搞什麼把戲，已等著找個時機狠狠的把馬打回去；現在王郁琦前往南京只是一次無效的宣傳秀。

馬企圖搞永遠的偏安，將來北京一定防範得更嚴。古代有句話說：「扮豬吃老虎」，這是說一個人企圖藉著扮演乖寶寶來討別人便宜，但扮豬吃老虎，最後可能真的變成了豬。馬英九爲了討北京信任，把自己的主權愈玩愈小，最後只是把中華民國玩成一隻待人宰割的豬！王郁琦去過南京後，北京已邀連戰率團訪問北京，習近平可能會在這個場合送幾句話給馬。王郁琦的訪問沒有意義，習的說話才有意義！

二〇一四・二・廿五

服貿案掀起巨浪

台灣社會之所以不長進，最大的原因乃是媒體界的不長進，媒體上動不動就把朝野互動說成是「藍綠惡鬥」，用這種各打五十大板的鄉愿方式模糊掉公平是非的問題，就是媒體不長進的明證。

事實上，並沒有「藍綠惡鬥」這種事。當藍綠發生了衝突，如果肯用心、有是非，一定可以搞清楚到底是「藍鬥綠」或者「綠鬥藍」，只有把鬥爭的真相搞清楚，才可以防止鬥爭的持續。西方的議會也是每天都在鬥爭，但如美國媒體絕不會和稀泥地說「民（民主黨）共（共和黨）惡鬥」。鬥爭是常態，惡鬥乃是異態，別國的媒體絕不會鄉愿的不釐清真相。

就以這次服貿協議的立法院審查爲例，之前的朝野協商，早就有了逐條審查的共識，但到了後來，馬政府顯然受到了北京的壓力，遂決定必須「一字不改」的通過，甚至揚言要以行政命令的方式遂行宣布，擺出這種反民主的態度。當黨的大老闆已決定「一字不改」，於是國民黨的立法委員遂只好服從命令，被迫當打手。

因此最近連續多日的立法院混戰，本質上乃是「藍鬥綠」的反民主鬧劇。最先上演的國民黨立委全力杯葛議事，目的就是不要讓服貿協議被審查，接著乃是國民黨召委張慶忠在混

下 收場

亂中自行宣布將服貿協議送院會「存查」。國民黨不尊重先前的朝野協商、不尊重議事規則與權力，愛怎麼搞就怎麼搞，如果這不是野蠻，什麼才是野蠻？

因此，有關服貿協議在立法院造成的混亂，絕對不是「藍綠惡鬥」，也不是某些御用媒體所說的「逢中必反」，相反的乃是「藍鬥綠」、「藍濫權」的一場反民主鬧劇。

在這場荒誕劇裏，我們已看到了幾個可悲的現象。首先，台灣的馬政府已淪爲真正的兒皇帝。近代研究人類精神現象最傑出的德國哲學家黑格爾指出過，主子和奴隸之間，奴隸會形成一種失去主體的意識，主子叫他做什麼，他就會加倍服從。北京說服貿協議不要拖，他就拿了雞毛當令箭，變成「一字不改」。他居然不管自己的國會、不理會國會的審查權和議事規則。這不是兒皇帝，什麼才是兒皇帝？

此外，我也爲國民黨立委覺得悲哀。當他們接到荒唐離譜的上意，如果他們還有起碼的是非判斷能力，就應該向上級直諫，應該表示「一字不改」是不對的，因爲這已違背了議會民主的基本價值。問題是國民黨立委有這樣的「忠臣」嗎？一個也沒有。國民黨已經用黨紀綁架了所有黨籍立委，當黨紀祭出，甲級動員令一下達，他們就淪爲打手和表決部隊。如果沒有張慶忠，搶著去當張慶忠的多著啦！國民黨的惡質，乃是每次它「藍鬥綠」，還不准別人反制，一旦反制，它就寄出「藍綠惡鬥」這個道德帽子。這也印證了「惡人最會告狀」這個道理。

在服貿協議審查期間，最使人不能接受的，乃是一大批所謂台商在國民黨媒體上大幅刊登廣告。我對台商沒有任何偏見，但台商乃是台灣出去的商人，他們表達自己的意見時，多少總應該有一點台灣自主的價値，不能淪爲北京和國民黨的傳聲筒。但當今的台商唯利是圖，他們已成了北京和國民黨的雙重御用工具。

我已經指出過，台商的賺錢術絕對不等於、也不能等於台灣的經濟學。這個道理台商中的有識者應當知道。因此台商最好的角色，乃是在兩岸經濟互動上扮演中道角色，這也會得到北京的重視和尊敬。如果只是成爲中國利益的傳聲筒，而罔顧台灣的利益，他們就成了「陸商」而不再是「台商」。由香港的經驗，人們已知道北京使用廣告攻勢控制媒體與公共政策的走向，它已造成香港新聞自由退後，公共政策的錯誤增多。希望台商也停止對台灣內部公共政策的不當干預！

服貿協議在立法院起亂，而且亂了好多天，它已清楚的顯示出，真正在亂乃是國民黨，國民黨自己不尊重立法院審查權，任意亂來，無理取鬧。它就是國民黨在鬧事，哪是什麼「藍綠惡鬥」。由於事情已經如此明顯，台灣新聞界一定要明辨是非，不要像以前一樣用「藍綠惡鬥」、「立法院混戰」、「議事效率不彰」、「立法院空轉」諸如此類的鄉愿形容來報導此事，而應該直話實說！「國民黨在亂」！

二〇一四・三・廿三

遍地烽火的太陽光

研究群眾事件的都知道，群眾事件有三種。

第一種是「運動」，它多半是對人對事所採取的抗議手段。舉凡遊行、靜坐、示威等均屬之。它是目的有限的群眾性手段，並不排斥手段的激烈。例如法國的群眾運動可以癱瘓地鐵，韓國學運可以和警察對打，美國及歐洲青年反貿易自由化，可以在街上和警察打游擊戰等。群眾運動可以有一定的暴力行爲。非暴力的運動除了極少的例子外，基本上是不可能的。

第二種是「起義」，它是激烈的運動，在意見訴求上已開始政治化。這次台灣的太陽花學運，由於它已公開的否認了馬政府統治的正當性性，而且它的抗議手段已包括佔領立法院和行政院等官署。因此，稱之爲「太陽花學生起義」，或許才更爲準確。

三種是「革命」，它已把運動和起義的訴求指向統治者和整個政府。如果一場群眾運動，它的訴求是政府及統治者垮台，這時候它就成了群眾革命。這次「太陽花學生起義」，雖然已否定政府的正當性，但只是要江宜樺下台，要馬英九道歉，因此它根本不算「學生革命」，但卻可說是「學生起義」。

不過，群眾事件雖有「運動」，「起義」和「革命」之分，但這三者的分野卻極小。一場運動開始時可能是個小事件，但卻可能陰差陽錯，處理不當，而使一場運動的小火變成革命的滿天大火。這也是全球每個政府，對群眾事件的處理都小心翼翼的原因。而這次台灣由立法院審議服貿時國民黨的違法妄行，演變爲太陽花運動，又由於馬英九的記者會談話激起人民反感，不啻火上加油，終於造成佔領行政院事件，已可看出馬英九已成了整個問題的焦點。

這次服貿事件，尤其是最後驅離行政院的學生，馬是贏到了秩序，但馬的權威顯然已跌到了谷底，馬的服貿黑箱，他對服貿審查程序非法，他使用國家暴力對付學生，都使他自己受到重傷。由整個服貿事件，人們已可看到他日暮途窮，滿街人民喊打的窘境。如果服貿問題打從頭開始就能妥善處理，怎麼會有太陽花運動，怎麼會有佔領行政院的學生起義？馬的自以爲是，獨斷妄行，已把台灣搞成了遍地烽火的局面！

馬從連任起，油電雙漲、美牛事件、證所稅風波，他都一意孤行，最近課綱微調，更是學術界和教育界怨聲載道，但他都對人們的反彈不理不睬。他對民意不理不睬的態度，這次終於在服貿問題上碰到了人民及學生的忍耐底線。我倒是良心建議馬總統，在這次太陽花事件後，他最好不要在台灣趴趴走，小心隨時隨地都會有飛來的鞋子，衝來的砂石車，或不滿的大學生！

二〇一四・三・廿五

危機四伏的政權

一九八〇年代後期，西方的社會與經濟學科出現了一門綜合性的「危機理論」，將危機的形成、發展及環環相扣作了既實證又理論的探討。

在那個時候，美國加州大學聖塔克魯茲分校的經濟學和社會學教授詹姆士‧奧康諾（James o'connor）即是個綜合性的學派領導人。他寫過多本經濟和財政危機的著作，後來寫了《危機的意義：一個理論性的初論》，詳細討論了危機環環相扣的肌理。

他在該書中指出，危機由經濟危機開始，而後往政治危機和社會危機擴延，最後垂直降落，成爲具有道德性的正當性危機以及整個社會的人格危機，社會上所有的人都被搞得疲勞不堪，筋疲力竭。奧康諾教授遂指出，危機的總結，乃是體制的拆散和重組，以及社會上每種角色間權力關係的重新設定，用德國思想家哈貝瑪斯（Jurgen Habermas）的話來說，就是整個「社會的文法」已必須重來。

九〇年代歐美許多重要的政治人物都提出「重訂社會新契約」，可以說就是危機社會和危機理論的總結，換成台灣人能懂的說法，就是整個憲政秩序的重建，社會各種角色權力體的關係重建。只有如此，台灣社會始能在一個新而更高階的秩序下形成新的社會聚合。

因此我認爲，這次太陽花學運乃是台灣轉型的重要里程碑。過去幾年裏，馬由於大權獨攬，加上無能妄行，其實已把國民黨的封建性和台灣體制的不健全表露無遺，終於在這次服貿的問題上總爆發。這次的服貿問題，讓台灣人民見識到一個正常國家絕不可能出現的情況：

一、任何正常的國家，重大政策的形成都必然有一定的程序，民意也必然有反映回饋的機制，最後在國會也有把關的功能。但台灣則是所有的角色都失去了功能。台灣已成了現代式的王朝制度，只有一個人說了算，其他角色都必須配合那一個人。這種情況縱使在民主程度相當不成熟的非洲和拉丁美洲亦不多見。

二、近代研究民主理論的學者早已指出，「自由」與「民主」並不相容，但西方從很早就把「自由民主」視爲一個整體，就是西方理論家很早即找到了「自制」這個公約數。特別是權力的自制最爲重要。除了「自制」外，能夠就事論事的去回應，以及合理的討論和「相互說服」也是自由民主的公約數。但馬政府卻沒有「自制」和「討論說服」這兩個最重要的品質，因而成了一種自由民主包裝下的獨裁，整個馬政府近年來，對民意和反對的聲音完全不理不睬，這種經驗和一九三〇年代德義法西斯主義完全如出一轍。就台灣而言，這是嚴重的民主倒退。

三、台灣的這種情況，領導人已出現了罕見的人格危機。他普通時候挾帶了控制黨國機器的絕對優勢權力而爲所欲爲，彷彿是個萬能的上帝；但因爲每件事都忤逆了民意，都被人民厭恨，他又顯得非常的無助。這種「萬能—無助」的症候所造成的人格分裂，只會使他更

下 收場

加的往自以爲萬能這個方向移動，近一年來，馬的民調支持度愈低，他的濫權妄行也愈嚴重。這種權力的瘋狂已在馬身上完全體現。太陽花學運過後，任何正常國家的領導人，多少都必會作出某種回應，但馬政府卻不，它仍在處心積慮的伺機反撲。迷信權力已成了馬的精神著魔。

因此，馬政府對學運已完全無感，學運後馬的國民黨改革，也只是想到必須強化宣傳，而不是他的整個黨國機器已完全的失智失能。不過這樣也好。這已使得整個學運成了喚起民眾的里程碑。學運等於瓦解了馬政府的正當性，其次的問題則是此刻的台灣，將由誰來扮演重新凝聚民氣、收拾台灣舊山河的任務？

由於學運只是一種衝散舊結構的力量，學運不可能扮演整編新秩序的功能。因此整編秩序、創造新局，嘗試替台灣訂出新的契約和願景的角色，自然就要回歸到在野黨身上。

學運退場後，頗使我感動的，乃是民進黨主席蘇貞昌主動的在下屆黨主席選舉登記前宣布不參選連任，緊接著謝長廷也聲明不會登記。蘇謝兩人的退選，各方或許會有不同的權謀解釋。而我體會到的，乃是學運所造成的衝擊，在沒有影響到國民黨之前，已先影響到了民進黨，民進黨的內部已開始形成一股動力，要替台灣的政治尋找新的感動人的力量，因此蘇謝的退選，基本上是一種站在道德制高點上的行爲。

任何一個新時代或新階段的開創，都必須有影響力的人出來做出具有道德制高點的表率。蘇謝這種行爲和馬的迷信權力，不擇手段的連任黨主席，已成了高下立判的對比。因此，我相信，當一個政黨對道德力有了自覺，它未來的負責人必然會對政黨的行爲、政治的轉型、願景的提出，未來的國民新契約的設定等具有道德意涵的問題會有和以前不同的思考。上個星期的一天，即學運退場之日，蘇主席深夜特地來我家探問，我忽然想起，那就是他的主席辭行，感動之餘，我祝福這個開始變得不同的政黨！

二〇一四・四・二十

遍地開花的運動

早年我對六〇至七〇年代美國的學生運動甚爲關切，並於一九八〇年寫了一本《憤怒之愛：六〇年代美國學生運動》，書沒有寫好，但至少是迄今唯一的中文研究著作。

到了現在，美國由於各種文件陸續曝光，人們對學生運動的全程已有了通盤理解。美國的學運從一九六〇年到六五年主要在大學校園內發展；最多只到南方貧窮黑人被欺凌地帶活動。學生道德能量一直提升，所以從六五到六八年進入全面開花、全面反叛階段。

在六八年之前，學生共識清楚、組織分明，學運領導也極單純。但全面開花、全面反抗後，聯邦調查局的滲透、威嚇、誘導即大量展開，稱之爲「聯邦調查局的反顛覆作業」，於是各種複雜的學運及民間團體大量出現，已沒有任何人或組織能號令天下，激烈、混亂，團體間相互鬥爭遂告出現。

當學運成長壯大，政府特務和司法力量就會介入。司法的介入是在威嚇及向學運挑釁、激怒學生，使學運愈來愈激進化，當學運趨於激烈，政府對學運的抹黑就有了理由，學運正當性就會被削弱。

除了政府特務及司法力量會在學運擴大後介入，學運壯大後，本身也很容易質變。當年學運領袖之一的吉特林（Todd Gitlin）在學運結束後繼續研究，現已成加州大學著名教授。他後來寫了《全世界都在注視我們》（The Whole World is Watching）這本重要的學運理論著作。

吉特林指出，在這個大眾媒體發達的時代，學運的發展最後很容易由「學運領袖」領導，演變爲「學運名人」領導。學運節奏會被新聞節奏牽著走，學運的智性色彩降低，衝突性和事件性的色彩加重，由於媒體報導主宰了學運，激烈的學運名人很容易出線，其他激烈小組織也很容易搶掉學運原本的光采。

六〇年代美國學生運動就是在全面開花、全面反叛後快速激烈化，甚至產生許多革命小團體，於是給了體制汙名化學運的機會。學運遂快速失去正當性，很快就告瓦解。

全世界不論哪個國家，統治者在打擊學運上都有共同本能；而近代每個國家的運動也都有相同的發展軌跡。因此，太陽花學運退場，「轉守爲攻」、「遍地開花」，對運動既是轉型機會，但也是嚴酷考驗的開始。

太陽花學運退場，各種挑戰已紛至沓來，概括而言，計有下列數點：

一、政府的司法騷擾已經展開。司法騷擾目的有一是在恫嚇，二是在激怒挑釁。如果學運幹部憤怒，採取激烈抗議，那就剛好入其彀中。因此，學運與馬政府的司法追殺交手，一定不能憤怒，要用柔性的攻擊面對。這種柔性的攻擊，立法院長王金平已創造出了成功模式。去年九月馬英九發動滅王攻勢，如果王採取強勢的抵抗，必定早已被消滅；幸而王採取的是低調柔性的守勢，所以民心輿情都站在王的這一邊。王在司法上也一路獲勝，馬的滅王

遂全面潰敗。

由王金平模式，可見在和強勢的馬政府交手時，強勢手段絕非學生的籌碼，保持住學生純潔的弱者正義感，乃是學生必勝的資本。學生必須堅守住自己純潔弱者的立場。

二、國民黨長期以來就很嫻熟「惡人先告狀」以及「扮弱者」的伎倆。當年高雄「美麗島事件」，就唱作俱佳演出「罵不還口、打不還手」這齣假扮弱者好人的戲，從而製造出黨外是暴力集團的假象。

這次在群眾包圍中正一分局事件上，國民黨即展開大反撲，它大舉動員「按讚部隊」，很短時間裏就蒐集到二十五萬個讚，藍色的平面及廣播電視也跟著大肆宣傳，企圖把學運抹黑。雖然這個按讚運動很快就被人踢爆有大量的「殭屍帳號」，但至少已顯示出馬政府處心積慮在想的，並非台灣體制的改革，而是等著學運犯錯而伺機大反撲。

學運暫時離開立法院議場之始，也是更艱難戰鬥的開端。馬政府在那裏伺機而動，一旦學生犯錯，馬政府就會排山倒海發動宣傳戰，削弱學運的正當性。也正因此，在可見的最近，學運和支持學運的公民團體，一定要提高警覺，不容犯錯。自古以來，所有的社會運動都沒有犯錯的權利，台灣的太陽花所面對的是可怕的馬政府，更不容犯錯。

三、前述美國學運領導者之一吉特林的觀點就指出，在這個媒體時代，媒體的報導經常左右了運動的發展方向。當運動初起時，媒體會大幅報導；當運動穩定後，如果沒有新聞性很強的大動作，新聞就興趣缺缺。新聞的這種喜歡對立衝突的特性，經常左右了運動的發展。當年美國學運，到了全面開花的階段，激進的學運人物最爲媒體喜愛，如果有了衝突的大動作，媒體一定大幅報導。而當學運激烈到一定程度，媒體就會對學運造成的危險大力撻伐。吉特林遂說，在這個媒體時代，媒體對運動有著「既促成又破壞」（making and no making）的作用。這是一種全世界共同的現象，台灣可能亦不能免。

所以學運進入遍地開花的階段，一定不能過分激進化，必須跟著學運自己的節奏走下去！

二〇一四．四．廿二

馬政府又在擺爛

近代美國學術界，對類似拉丁美洲這種表面爲民主，實質上卻是一人或少數寡頭專政的制度，稱之爲「新專制」。「新專制」有一些共同的特點：

（一）它的統治者從不將公共議題訴諸公共討論，仍是用「順我者對，逆我者錯」的專制標準看問題，當人民反彈，他就能壓就壓，一切都按專制的方式辦事。

（二）這種體制非常重視古代權謀式的操縱手法，應講清楚的事他就是不講清楚，而喜歡黨政不分，能混則混，能騙則騙，凡事唬弄的結果是國事日非，國家全都亂了套。整個國家形同完全失了方向。這是在「擺爛」！

而非常不幸的，今天的台灣就是個「新專制」的典型。政府無能沒有關係，如果他知道自己無能，而肯聽別人的意見和尊重民意，好歹還可以做一點對的事情。問題是，他既無能，又不聽別人的意見，在民意的反彈下，他只能口是心非的做出一些模稜兩可，含糊不清的假裝妥協。這種新專制已把台灣搞得全都亂了套。

就以太陽花學運爲例，王金平對學生作了一些承諾，學運也光榮退場。但王金平的承諾馬英九有承認嗎？當然沒有，國民黨的立委仍在按照老規矩辦事，馬英九也還在發動它的學生團體，在那裏高呼馬總統的英明。學運退了場，爛攤子仍繼續留存，等著學運的再度爆發。

而最近的反核廢核所造成的風潮就更離譜了。反核廢核已鬧了許多年，任何有爲的政府，都有足夠的時間去思考核能政策的有無必要，以及廢核後台灣的能源政策何去何從等基本的問題。但這麼多年過去了，政府對這些問題完全沒有動過頭腦，只有等到這次反核廢核鬧得太大，馬英九才心不甘情不願的作出權謀性的假妥協，至於最重要的公投問題則絕口不提。這顯示出，當權者所考慮的只是如何讓反核廢核運動退場，問題則繼續擺在那裏，這是一種典型的「擺爛」行爲。除了召開全國能源會議作爲緩衝外，它完全沒有盡到一個政府應盡的責任！

由反核廢核運動，以及馬政府的「擺爛」，宣稱這是替下一代保留選擇權。我就想到一個有爲的政府，真正應該做的，乃是要替後代創造選擇的機會。如果政府有能，在這麼多年裏，應當在太陽能、風能、地熱能、潮汐能、生質能做出極大的努力，當有做其他的努力，我們談後代的選擇權才有意義。若其他努力都沒有做，只是在合理化核能上絞盡腦汁，他們所謂的選擇權，就只是在替核能製造機會，在等待核四反撲而已。

因此，一個國家出了一個無能而又惡劣的政府，實在是國民最大的悲哀。當政府面對反核廢核，卻在那裏「擺爛」，卻又號稱「替後代保留選擇權」，我的悲哀更重了！

二〇一四・四・廿九

反核與自由選擇

現代的每個國家都時時處於被挑戰的狀態，如果統治者能本於職責，審時度勢，與民對話，每次挑戰都能及時做出最適當的選擇和決策，則這個國家雖不一定會非常進步，但至少不會愈來愈差。

但近代學者已發現到有些國家會出現一種「決策遲延（delay making decisions）」或「避免決策（avoid making decisions）」的現象，統治者由於無能，無法判斷問題，以及或因怯懦、怕得罪人，以及被特定的利益團體綁架，於是在該做決定時，他就編造出各種理由，用拖延取代一切。

今天的台灣，就出了一個這樣的無能政府。面對廢核運動，它不願改變，也不敢做出任何決定，於是它就絞盡腦汁，想出了「封存」、「停工不等於停建」這種以拖待變的話語詐術；爲了騙人騙到死，它居然編出了「替下一代保留選擇權」這個大帽子，好像它很關心下一代的幸福。但如果我們將「替下一代保留選擇權」這句話去做語意學和語用學的分析，則會發現它的邪惡程度絕對不只是一點點而已。

首先就政治的責任意識而言，每一代的統治者對自己該做的，都不容推諉。我們不能忘了，下一代的幸福也是這一代的責任。如果這一代只求自己輕鬆過日子，把所有的責任推給下一代，這簡直是把爛攤子丟給下一代。這不只是向這一代「擺爛」，甚至還向下一代「擺爛」。因此，「替下一代保留選擇權」，乃是一句隱藏著惡劣居心的漂亮假話，在道德上乃是「僞善」的極致。如果碰到重大的問題，這一代就閃避責任，推給下一代來負責，那這一代的統治者真是太容易了，我們隨便去街上找個人都可以幹得比他好，那麼這一代的統治者何不乾脆死掉，等到了下一代才復活重幹？

近代政治學已注意到統治者的「不作爲（inaction）」，這個字可譯爲「不作爲」、「怠惰」，在理論術語上又稱之爲「決策停滯」或「決策癱瘓」。這種政府等於已失去了它的正面功能，形同沒有存在下去的意義。今天的馬政府就是個名存實亡、形同已自宮的政府。

其次，把問題丟給下一代，核能問題並非第一次。人們當記得，以前對台灣前途問題，馬就用下一代決定來唬弄人民。但每次當馬說「下一代決定」時，他都只是在玩語言詐術，他用這種詐術來逃避風頭，但卻利用人民沒有警覺到時候，靜悄悄地將他的「意向（intention）」推展。

就以「統獨由下一代決定」這句話而論，馬逃避了問題的直接風頭，但他卻利用爭取到的時間，靜悄悄地展開他「化獨漸統」的陰謀。他把台灣鎖進了中國經濟圈，企圖在經濟上使台灣失去自主的籌碼，將來下一代在面對統獨問題要做決定時，就被迫只有一個選項。因此，他所謂的「下一代決定」，其實是「替下一代布置出沒有選擇權的條件」。

近代學者在討論人民的公共選擇時，都強調，當一個重大問題要由人民決定時，它一定

下 收場

要有許多條件：一、人民必須有各種機會均等的選項。二、各種選項都必須能有立足點的平等，可以讓人民在不被扭曲下去做選擇。但馬政府在說「人民決定」時，卻有它自己的居心，它要使某種選項取得有利的位置，它不支持的選項則必須失去優勢。最後人民就被迫做出「不自由的自由選擇」。馬自己在搞「化獨漸統」，將來下一代還能有什麼選擇？

至於能源政策的下一代選擇亦然。如果要下一代能自主選擇，就一定要讓其他選項如太陽能、風能、地熱能、潮汐能、生質能都與核能有均等的機會，人民在做決定時才有依憑。問題是馬政府對其他選項完全沒有做任何努力，只為核能吹噓。

因此，馬政府的所謂「下一代的選擇權」，只是在替下一代營造「沒有選擇自由的選擇」，因此它的「下一代的選擇權」，當然只是騙人的空話。馬政府的所謂「封存」，所謂「停工」，當然只是一種拖延的策略，它仍在替核能製造反撲的機會！

對於馬政府，我們一定要切記，不要聽它在說什麼，馬政府別的不會，但語言詐術它卻本領一流。它會用語言騙術拖延問題、閃避風頭。因此，當它說「替下一代保留選擇權」時，我們必須去注意它的「意向」和「居心」。語言可以騙，居心則不能騙！

二〇一四・四・三十

小確幸與大敗德

台灣太陽花學運後，各種要求深化民主、主張公義的社會運動相繼發生。但台灣的統治者和統治階級卻對這些要求公義的呼聲不予理會，而統治階級的名流則對這些運動無所不用其極地加以醜化和汙名化。大大小小的名流們，都宣稱這些運動影響到人民安穩的日常生活，影響到社會安定，有些名流要抗議者少批評，多發揮個人的建設性作用。而最離譜的，則是郭台銘者流，甚至揚言「民主不能當飯吃」，這是公然的反民主、反公義。

太陽花學運後，我曾指出美國在一九六〇年代爆發了長達十年的大規模學運，幾乎成學生革命。儘管學運滔天，像美國頂級菁英名流，如洛克斐勒三世、美國銀行董事長藍德堡（Louis B. Lundborg）等人，卻站出來肯定學運。

他們認爲學運有正當性，美國能有理想、敢憤怒的青年，乃是上天對美國的賜福。洛克斐勒三世甚至認爲那次學運的歷史地位，和美國立國的獨立革命同樣偉大，因此他把學運稱爲「第二次美國革命」。正因爲這些頂級名流的加持，學運過後，美國遂開始了美國歷史上最偉大的民權改革及內政改革。

下 收場

因此，由美台統治階級名流的不同表現，我們已可看出美方民主社會與台灣民主社會本質上的不同：

一、西方社會已將民主與公義畫上等號關係，所以當社會出現要求公義的呼聲，統治者和統治階級的名流，就一定會傾聽，並做出反應。所以西方社會才可以在不斷的人民反抗以及各種政治及社會運動中成長，它們把要求公義的社會運動視爲進步的動力。

二、而在東方的中國以及台灣，所繼承的乃古者的專制文化，它只要人民乖乖的聽話，每個人最好只管生活的安穩，少去管什麼社會公義等公共事務。東方專制文化只鼓吹每個人安穩過日子的自私道德。自私極大化，乃是中國及台灣無法形成一個民主公義社會、只有假民主的原因。

太陽花學運後，台灣統治階級名流所發的那些謬論，如果是在西方民主社會，必定爲人所不齒，甚至根本不可能出現，但在台灣，統治者的媒體卻在大肆宣傳，由此可知，台灣的古老封建專制文化是多麼頑強了。

由於台灣長期鼓吹自私的價值，毫無公義的社會意識及責任意識，因此，我想再談影響一九六〇和七〇年代社會進步極大的美國進步神學家尼布爾（Karl Paul Reinhold Niebuhr）。對近代美國思想有理解的，都知道他是把神學和政治及社會公義做了綜合的偉大神學家。近代美國人民很重視公義及改革，都受到他的啓發。戰後美國民主黨，特別是甘迺迪總統時代，之所以會推動許多民權及政治社會改革，尼布爾居功至偉。他把公義思想透過宗教的力量，成爲美國人民的信仰。

尼布爾是個台灣不熟悉的名字，他是美國新教牧師及最重要的協和神學院教授，乃是近代最偉大的神學家之一，曾獲牛津、哈佛、普林斯頓、耶魯等學校的榮譽博士。他最大的貢獻是他指出，一個人如果虔誠信神、多行善事，縱使是個符合道德的個人，但這種美好的自私無法形成道德的社會與國家。

於是他廣泛研究國家史與政治社會史，將個人對上帝的信仰與公義做了結合，認爲對神的虔誠必須與社會公義的追求合而爲一，才可以解決「道德的個人與不道德的社會」這種人類最大的道德困境。

宗教以前都教人要信神、做好人，那是一種高尚的自私與僞善，人類只有透過追求公義，才有可能成就合道德的國家與社會。他自己是個神學家與神職人員，即以身作則出來反越戰、反對種族歧視與各種不公平。他認爲，自私，縱使是最高尚的自私，都是一種不道德。他對美國人真是起了振聾發聵的作用。

尼布爾這位偉大的神學家，改變了信仰的方向，人不能只做個合道德的好人，更要做合公義的人！

我在此重提尼布爾這位偉大的神學家，乃是痛切感受台灣信仰水準的低落，台灣受到中國封建專制文化的影響，只會宣揚自私的價值，大家只求安穩過日子，貪圖人生的小確幸。有信仰的人也只知道吃齋唸佛，希望有福報，而不去追求公義。不在公義的實現裏去找神，怪不得真正合公義的社會離我們愈來愈遠。

台灣要想重生，必須丟棄自私，追求公義！尼布爾說過：「道德的、自私的個人，只會造成不道德的社會與國家。」這句話值得我們警惕！

二〇一四・五・二十

下 收場

且看「貪腐共和國」

近年來，台灣的貪腐日益嚴重，台灣已儼然成了「貪腐共和國」。就以最近引爆和判刑確定的，即有：

●新北市中小學營養午餐貪污弊案已被宣判，卅八名涉案校長裏，有卅二人被認定有罪，分別處三個月到十年六月徒刑，這是教育史上最嚴重的弊案。中小學校長的待遇不薄，而且職務享有清譽，卻有那麼多人在學生的營養午餐上動歪腦筋。師道淪落，能不使人慨歎！

●早前桃園縣副縣長葉世文涉嫌貪污收賄已被收押，除葉之外，台灣營建鉅子遠雄集團董事長趙藤雄等人亦涉嫌送賄，而國立台北科技大學設計學院前院長蔡仁惠則居間串連送賄。此案涉及官商勾結，貪污收賄，也涉及學術教育界的向下沉淪。

●大官大貪，中小學校長則是幾百萬的中貪，至於台中市政府路燈管理科一堆更小的官，則集體假簽到加班，蹺班領薪水，以及偷公家的東西去販賣。他們這種小官小貪的本領已到了極致。

●而最荒唐的，則是堂堂國立中山大學教授暨國立聯合大學人文與社會學院院長徐正戎

居然連一千多元的小利也想佔便宜，他從台北搭高鐵南下左營，卻購買台北到板橋的車票進站，又買台南到左營的車票出站。這是坐小型霸王車，堂堂大教授居然動起這種小聰明，真讓人跌破眼鏡。

以上這些弊案，讓人看到了官場的腐化，以及教育界的斯文掃地，而在企業界方面，則問題更大了。除了遠雄集團在桃園縣長葉世文案上送賄外，其他還有：

- 知名運動鞋NIKE代工廠，台灣上市公司豐泰居然長期把大量廢棄物非法掩埋在雲林虎尾溪旁河川地，它污染河川甚至海洋極大，豐泰案就使人想起稍早的日月光濫排工業廢水案。
- 另外，台中市利達製藥廠，以低價高報的方式，與中部四百多家醫療院所共同詐領健保藥品給付七千多萬元，台灣醫藥界吃健保早已惡名昭彰，現在又多了一例。

由最近這些貪腐案，我們說今天的台灣已成了「貪腐共和國」應不爲過。最近去逝的諾貝爾經濟學獎得主蓋瑞．貝克（Gary S.Becker）過去曾以犯罪成本和犯罪利得的觀念來談經濟型犯罪問題。用他的觀念來看今天台灣貪腐的盛行，主要乃是今天台灣的貪腐成本極低，貪腐利得又極大。

在官官相護的官場文化下，整個體制都在遮掩貪腐，使得貪腐被發現的機率極低，而貪腐者只要大貪中貪個幾次，利得即有千萬或上億，於是大官大貪，中官中貪，小官小貪這種無官不貪的局面當然形成。至於企業犯罪、亂丟廢棄物，一定輕判解決，當違規腐化成本太低，簡直就是在變相鼓勵大家犯罪違法。

今天台灣已大官大貪、小官小貪、無官不貪、無商不貪，顯示出台灣對白領犯罪的懲罰已完全與現實脫節。台灣司法只管打殺偷搶等藍領犯罪，對貪污、詐欺、污染等白領爲主的金錢型犯罪則極縱容。這套體制不改，台灣的貪腐是不可能改善的！

二〇一四・六・三

江宜樺吃貪污案

近年來，我讀中國古代史，注意到一個現象，那就是中國古代除了清朝的和珅等少數人之外，絕大多數貪官都能有善終。許多貪官當時都有被御史彈劾，但皇帝不是不追究，就是暫時罷官，風頭過了後，又再重新進用，他們又雨過天晴的重過快樂的日子。

由於注意到貪官多有好下場，我遂開始研究中國官場的潛規則。中國的官場和西方的官場不同。中國的官場像是個大型的幫派，官場出事了，主要是按幫規處理，而不是用普遍性更高的國法來處理。一個有關係的貪官出事了，皇帝會最先按家法幫規去辦，例如罰俸、暫時解除官職或降官等。中國古代對貪官並沒有一套客觀的國法體系。這也就是說，在中國的官場幫派文化下，對貪官主要是以私了的方式來處理，只有對小官的貪污才會用國法來處理。

這次桃園縣副縣長葉世文貪污案發生後，行政院院長江宜樺爲了要表功作宣傳，他已多次表示，他早就接獲檢舉，所以才提前逼退葉世文的營建署署長職位。但江宜樺的表功，卻不小心的透露出國民黨的官場私了文化：

●在一個法治國家，如果上級接獲下級涉貪的檢舉或政風情資，應有的標準動作，是把這些資料移送到擁有司法調查權的肅貪組織或檢調組織，讓這些機構去作法律上的追究或澄清，而不是任由上級根據這些資料來逼退別人。

●江宜樺會根據檢舉去逼退別人，這已顯示出他接獲的檢舉已相當的具體確實，他因爲相信才會用這些資料去逼退葉世文。如果一個行政院長接獲可信而確實的檢舉，而他不把這些資料移送給檢調系統，那他就構成了隱匿資料的瀆職之罪。

●由江宜樺的表現，我們已可看出，今天的國民黨所繼承的仍是古代官場的幫派文化。它明知某人有確實可信的涉貪行爲，它只希望以私了的方式讓那個涉貪官員離開職位，因此江宜樺的行爲已是一種政策性的吃案。他只求在他任上不要爆發手下官員的貪污案，國民黨官場只想以私了的方式把貪污遮羞掉，當有了這樣的上級，對政府的貪官當然是最大的鼓勵。當一個政府只想私了貪污案，他們怕貪污案出現，那豈不等於下層的貪官已綁架了整個政府。

中國古代的官場乃是個幫派，它對貪官都傾向於私了，私了可以使貪污案由大化小，而不會鬧得人盡皆知，有損整個政府的威信。正是因爲中國官場都以這種私了的潛規則在辦貪污案，所以中國官場上的貪官才有恃無恐。中國官場是個大官大貪、小官小貪、無官不貪的大幫派，這也是今天的台灣貪腐愈來愈嚴重的原因！

二〇一四・六・十

在大變天的前夕

年底將有「七合一」選舉，而最重要的乃是「五都」加上即將升格的桃園，一共「六都」的選舉，根據截至目前的選情，國民黨在台南、高雄、台中已是失敗之局，在台北市和桃園市則是注定將敗，可能苟延殘喘勉強過關的只有新北市。如果「六都」國民黨輸掉「五都」，甚至於民進黨「六都」全拿。那麼台灣的「大變天」就會提前開始。

如果國民黨六都全敗或輸掉五都，最好的情況是只保住桃園和新北市，輸掉台北市和台中市，國民黨內一定反成一片，要馬英九辭掉黨主席。如果國民黨敗得夠多，甚至不排除另有人出來揭竿起義，要馬下台以負黨政全責。苟若情況真的如此，那就是國民黨的大變天會進一步的造成國民黨內的大革命。

而我會如此大膽揣測，絕非向壁虛構。因爲由許多跡象，我們已可看出，今天的台灣的確已到了人民覺醒，並準備放棄國民黨的時候。

人們由歷史的普遍經驗已知道，一個多麼無能專制的政權，如果人民欠缺了反省，都是可能被人接受並習慣的，因此史達林、希特勒、毛澤東、蔣介石等人當年的確能夠有效統治並被人習慣。但一個政權的被人習慣，並不是永久的。當專制久了，社會變化使得人心改變，這種政權就難以繼續維繫。而國民黨政權在馬英九任內，就到了千瘡百孔，集體迸發的時刻。

國民黨以前長期執政，它主要是靠著綿密的社會控制體系，特別是媒體控制。它會吹捧自己的「秘書黨」、「太子黨」等封建價值及人物，國民黨的要人如宋楚瑜、胡志強、馬英九等人都是「秘書黨」，郝龍斌、朱立倫、吳志揚、連勝文等則是「太子黨」。以前一提起這種人，大家就會肅然起敬。而到了今天，一提這些「秘書黨」或「太子黨」，人們就鄙視不信。在這個網路手機時代，國民黨的封建造神控制模式已告瓦解。

國民黨長期執政，已成了一個特權腐敗結構，它用公帑照顧軍公教，這是一種特權的制度化；它用公帑養台電、中油等特權機關，使國家建設的弊病（如核四）及浪費巨大。當一個國家特權氾濫，必然會造成大官大貪、小官小貪、無官不貪的局面。今天台灣貪腐氾濫，施政無能已成了國人共知的惡名。

國民黨繼承了古代的認同，而沒有把台灣本地作爲認同的對象，因此它從最根本就方向錯誤，使台灣發展停滯，國家被掏空，青年所得降低，台灣的年輕人愈來愈反國民黨，這已成了必然。任何國家的政黨失去了青年的認同，它就注定會被未來淘汰。

最近我非常注意印度的大變天，印度的國大黨執政五十幾年，現在已將被印度人民拋棄，台灣的國民黨，其實很像印度的國大黨，也到了要被覺醒的人民拋棄的時候！

二〇一四・六・十六

馬政府下的貪官

桃園縣副縣長葉世文涉貪案，發展到現在，葉世文誇張豪華的作風、荒淫的生活，都一一顯露在媒體上。

例如，人們知道了，原來葉世文有好幾戶豪華的房舍，他在台北天母豪華地段有價值七千萬元的住宅，他在小三陳麗玲名下有一戶總價上千萬元的新北新莊豪宅「一品莊」。

另外，葉世文在桃園租了有「桃園帝寶」之稱的「大吾疆」，一般至少要十萬元才可租到，桃園縣府核定給他的租金是四萬元，那麼超過的那些錢從何而來？此外他還有一千六百萬元房貸。單單這些房產，就不是一個十幾萬元的副縣長所能承擔的。

另外，人們已知道，葉世文從一九八五年任玉山國家公園管理處處長時，就與阿里山賓館職員陳麗玲結識；而後葉即與陳交往，葉調到那裏，都由陳當機要秘書兼小三，使得陳與她的原來丈夫離婚，葉形同是淫人妻奪人妻，陳是葉洗錢的主要幫手。

此外，媒體還報導說葉世文生活奢華，要吃高檔日本料理，要喝高級洋酒，這種豪奢的生活方式，絕對不是一個領薪水的公務員可能負擔得起的。

媒體還報導，葉在任職營建署陽明山、太魯閣國家公園管理處前後，與他關係緊密的長官、部屬都被查獲涉貪，最高貪瀆金額達七千多萬元；甚至，台北市議員也踢爆，葉與他的徒弟，營建署資訊室主任梁勝開師徒朋比為惡，喝花酒都由建商埋單。

上面這些媒體披露的事例，顯然都是桃園縣、營建署等單位的官員告訴新聞界的，雖然這些事例並非貪瀆的證據，但至少已顯示了葉世文這個人操守之可疑，已可視為是個貪汙預備犯。因此：

一、如果台灣是個發條上得很緊的國家，葉世文以前的各級長官如果肯用心，一定早就對葉盯得很緊，而且對他發出了警告，使他知道檢點，不敢有所蠢動。因此，葉世文這種作風很有問題的人一路升官，胃口愈養愈大，這個大貪官可以說是被整個體制所養出來的。

二、最近媒體所報導的事情，如葉有好幾戶豪華房產、他把小三當機要祕書、他生活奢華，這些事應該都不是什麼祕密，在內政部或桃園縣一些與葉有來往的官員，一定知之甚詳。這些機構的政風單位如果盡責，早就由同事的口耳相傳裏知道了蛛絲馬跡，並向主官或上級做了報告。

可是我們已知道，今天台灣的官場，每個當官的只求個人的榮華富貴，當主官的人只求不要顧人怨，對自己的部屬已不再用心，政風單位在意的也只是政黨鬥爭的問題，對自己單位同仁及長官的操守作風已根本不予理會。

當一個機構缺少了操守作風的內控預警機制，整個政府當然等於完全失去了發條。桃園縣長吳志揚在葉世文案發後辯稱他不知情，但同時又把縣府兩波人事大變動，幾乎所有的營建地政官員全部撤換，顯示出他對營建地政官員全部不相信，深怕他們哪一個又爆出貪瀆

下 收場

案，他的警覺心未免太遲鈍了。

三、在葉世文案裏，最可疑的乃是行政院長江宜樺的表現了，在葉世文案爆發後，江爲了表現自己有先見之明，已多次表示，他因爲接獲檢舉，曾約見葉世文當面告誡，接著又下令調查，而後又要求撤換。

但奇怪的是，葉世文在江行政院長任內被選爲模範公務員，江的政治道德標準是什麼？真的很令人懷疑。

在一個法治國家長官警覺到屬下有問題，就應該把屬下移交司法檢調單位偵辦，有罪就辦，無罪就還人清白。操守可疑就把屬下逼退，一則是上級的濫權，二則是趕在屬下貪瀆案爆發前，將他的貪瀆案先吃掉，以免貪瀆案在長官任內爆發，傷到長官的形象。

江宜樺在葉世文案爆發後的表現，我認爲他逼退葉世文的營建署署長，就是這種企圖要把大事化小，企圖吃案的考慮。

近年來的台灣政府，由於已沒有了發條，已出現了大官大貪、小官小貪、無官不貪的局面。尤其是最近，大官小官的貪瀆案接二連三引爆，整個馬政府的無能與無發條，已盡現在國人面前。

所以，趕在貪瀆爆發前，將引爆的火種拆除，遂成了馬政府的反貪手段。用中國政治的觀念來說，就是要用私了的方式，將貪瀆的官員在案子爆發前免去職務，以免屬下的貪瀆案子爆發後傷到老闆的形象。

只是，葉世文畢竟神通廣大，「你搞掉了我的署長，我靠關係還是可以幹桃園縣副縣長！」仍舊照貪不誤。

因此，由葉世文的貪瀆，已顯示了台灣沒有了發條，已到了多麼嚴重的程度，一個大官大貪、小官小貪的政府，有了這樣的政府，只好社會遭殃。

二〇一四．六．十七

馬的大嘴巴惹事

前幾年，美國的作家米勒（Stephen Miller）寫了一本《話語：一種衰退的藝術之歷史》，該書主要是在談「話語」的藝術和它的衰敗。

書中指出，十八世紀的英國，理性主義的抬頭，而古典的教養也開始擴散，所以那個時代，人與人講話討論成了一種智慧的互動。因爲大家的理性標準相通，溝通很容易，意見容易集中；而且因爲人們都有教養，當自己錯了，只要以自我解嘲的方式，找個台階下，表示認錯，也不會有人去深究。因此十八世紀是個話語進步，社會改革也加速的時代。因此米勒遂說，時代在話語中開始進步。

但到了近代，這種話語的藝術已快速衰退。黨同伐異、鬼扯硬拗、公然說謊、恣意而爲，這種新的言行方式，遂在有權者的示範之下大盛，於是道理講不通，人的隔閡開始擴大，社會的紛擾混亂自然擴大。話語的退化，最關鍵的乃是話語的根本：「誠實」和「教養」這兩種品質已經失落。

最近，「財訊」雜誌訪問了前總統李登輝和現任總統馬英九，在訪問馬英九之後，「財訊」自己的記者都覺得很受不了，要我在《財訊》的專欄裏加以評論，於是在這一期裏，我遂寫了《看領導，要看他的話語術》。我就指出，話語不誠實，東拉西扯、避重就輕、故意唬人等特色，乃是馬的話語術。而就在我寫了該文後，馬的嘴巴閉了下來，最近這幾天他那張過動的嘴，又暴露出了他的負面人格特質。

前幾天，國台辦主任張志軍在西子灣，被小潑白漆和冥紙攻擊，顯然對北京方面這是極大的震撼。於是馬就開始撇責任，將它賴給了高雄市政府。

這是一種極爲惡意的說謊，不但陳菊出面澄清，甚至陸委會也出來打馬臉，由此可以看出馬的無賴本質，只要出了問題，他就會耍無賴、撇責任、惡意的要推給別人。除了惡意的說謊外，由於這種說謊很快就被揭穿，因此他的說謊除了是一種「壞」之外，還是一種「笨」，既壞又笨，已成了馬的註冊商標！

最近台獨黨綱又成了新聞，這是民進黨的家務，干馬屁事。但馬對蔡英文就是喜歡騷擾，於是又再放話。馬喜歡在藍綠統獨上做文章，這已是他的舊梗，在以前或許有效，但現在馬已信用破產，不去管好自己的家務事，卻只想去管別人的家務事，難怪許多人都說：「馬英九把蔡英文忘了吧！」

最近金溥聰的濫權已成了大課題，於是馬受不了，公開出來護金，居然連「國安會秘書長是總統的幕僚長」這種渾話也都奪口而出，這已是違法違憲的言論了。

馬最敢公開的講渾話，最近才說過「〈服貿協議〉是立法院有史以來最透明、最不黑箱的法案。」，現在又有「國安會秘書長是總統的幕僚長」這句更渾的話。他的確語不誠實，頭腦混亂已由此可見。

一個國家的領導人，它的話語太重要了。他如果誠實、不說謊、不亂拗，大官們和官僚體系，就會循規蹈矩，務實的做事。當領導人自己就不誠實，一直在說謊硬拗，這個國家的理性應對就會倒退。馬英九的話語術，實在是台灣的亂源！

二〇一四・七・四

糜爛的台灣學界

學術是知識和技術，同時也是一種體制和一套行規。其中有關體制和行規的部份，在台灣真是問題重重，充滿了黑暗。

據我所知，台灣學術界的黑暗大致如下：

一、每個研究領域，大致上都有一兩個教父。他們遊走在政商之間，每年都手上抓了一堆研究計劃。這些教父自己忙得不得了，已不可能作研究，他們是學術圈的皇帝。

二、因爲教父已不可能自己動手作研究，所以他們需要很多手下，諸如他的學生，其他學校的小咖學者等，來作他手下的學術工人。這就是學術幫派化的源起。因爲他有這些手下的學術工人，所以他年年仍有論文發表，而當他的手下，有老闆在罩，他們申請研究補助才可能通得過，教授升等才有希望。學術的幫派化，也是個學術界的利益共同體。論文發表時的共同掛名，就是手下向教父所作的回報和進貢。一個小咖學者能夠進到幫派中，才可以有機會升等，由小咖變成中咖，如果命運夠好，有朝一日才有可能也變成吃香喝辣的大咖。

三、學術幫派化，這種趨勢在美國亦然。只是美國的學術倫理和紀律極嚴。大咖對自己沒有貢獻的論文，都不會隨便掛名，許多五、六十歲的大咖學者還是每天在實驗室作研究。

這種紀律的自我要求在台灣就很馬虎。

最近陳震遠、蔣偉寧、陳震武的學術醜聞鬧得好大。對這起醜聞，如果我們提綱挈領，應當可以看出，蔣偉寧乃是大咖教父，陳震遠和陳震武則是他手下幫派的學術工人。他們的這種幫派關係事屬正常。只是陳震遠出人頭地之心太強，以致於造假欺騙，搞出了大紕漏。而蔣偉寧既然是大咖教父，更應有大咖的紀律，不該掛名就不要掛，而他卻亂掛，蔣偉寧自己不守行規紀律，終於惹火燒身，必須一直說謊來撇清。由蔣的說法三天三變，更讓人懷疑，他是不是有什麼難言之隱。

我自己以前也在學術圈打滾過。我由經驗法則，已敢斷定，蔣偉寧的部份必有許多不便公開的黑暗。他可能有介入陳震遠研究補助的申請和運作。他會在陳震遠和陳震武兄弟的論文裏亂掛名，這絕非偶然。他們是個利害共同體，其中必有許多秘辛！

台灣的學術界有許多黑暗的故事，主因是台灣學者對學術行規和紀律都太過馬虎，因此這次才出了那麼大的醜聞。因此在這次事件後，我真的期望學術界能有人站出來，把學術界的黑暗作次總清查。學術應該是個良心事業，應有高度的自律行規。蔣偉寧和陳震遠、陳震武案，一定要清查到底！

二〇一四・七・十五

國民黨招式用老

每次一到選舉，我的心情就會很鬱卒。我的鬱卒有三：

一、國民黨的執政縣市長滿意度排名，無論任何媒體所做，它都是居於末段班，民進黨則永遠在前段班，最近國民黨的天王「郝立強」，都排名在十九或廿一名之間。但只要一到選舉，這些排名最後的人物卻都突然變得虎虎有聲。這種情況唯一的解釋，乃是國民黨的媒體操作實在厲害。它可以操作出選民的是非判斷，可以操作出人民的選舉惰性。執政表現再怎麼差，只要一動員宣傳，就可以全部扭轉。因此，國民黨的惰性操作一定要打破。

二、國民黨還有種本領，它非常嫻熟於操作「藍綠惡鬥」這個題目。任何對當今台灣情勢有瞭解的都知道，今天台灣的問題關鍵是「領導無能」，但國民黨卻能把無能撇清，歸咎於「藍綠惡鬥」，許多藍色媒體和藍色名嘴也跟著起鬨，於是國民黨馬政府的無能亂搞就被稀釋，民進黨也莫名奇妙的要爲它的無能負起責任。「藍綠惡鬥」已成了馬政府撇責任的萬靈丹。最近，藍色媒體又開始在「藍綠惡鬥」上大做文章，而居然有很多人相信。台灣選民的愚笨善良，給了國民黨硬拗鬼扯的龐大空間。

三、國民黨還有一個萬靈丹。那就是一到選舉，它就會猛打「台獨牌」，明示暗示民進

黨是危險的，不要投票給民進黨。國民黨用「台獨牌」來恐嚇台灣選民，已用了好多年，而且的確證明有效。這一招久而久之，甚至於民進黨內也有許多人被嚇到，今年有了提出「凍獨」，顯然就是受到了國民黨的影響。因此，我對「凍獨」並不支持，我的理由是：

●台獨是台灣人民自我防衛的底線，沒有必要自失立場。

●台灣是主權獨立的國家，早已成了台灣人民的共識。台灣與中國互動，大小完全不成比例。在人類的行爲上，當有摩擦的對立，都不能要求弱小的一方先行表態，而應該強大的一方先行表態。這也就是說要求台灣「廢獨」或「凍獨」是本末倒置，真正的兩岸互動，中國應該主動，台灣看中國的表態才決定我們的選擇。「台獨」是台灣防衛的最後選項。這個選項不能自廢武功。

●國家形成是一種選擇。美國當年是英國的殖民地，後來美國人選擇了獨立。美國獨立乃是一個由統而獨的變化過程。今天的蘇格蘭獨立，也是由統而獨，目前英國爲了留住蘇格蘭正在拚命釋出善意和承諾，蘇格蘭人民因爲是弱小的一方，他們正等待英格蘭釋出善意後，他們去作最後的仲裁。因此台灣的台獨主張是符合國際行爲規範的。我們沒有必要隨著國民黨起舞。

國民黨是舉世少見的宣傳型威權政黨，它會透過宣傳製造出選民的惰性和集體恐懼。因此它的幾個萬靈招數，一定要加以打破！

二〇一四．七．廿二

學者治國的神話

研究英國史，一定知道從文藝復興到近代，活躍英國政壇兩百多年的塞希爾家族。這個家族在十九世紀出了羅伯特·塞希爾（Robert Cecil），他被封爲沙爾斯伯利侯爵第三世，曾三度組閣、四任外相，也是保守黨主席。十九世紀是英國盛世，後半段都與他有關。

塞希爾官大學問也大，他出身伊頓公學，後來念牛津，留下許多絕世演說與書信。常被人引用的一段話是：「人生經驗告訴我們最大的一個道理，就是人們千萬不要相信專家。如果你相信博士，就自然而然的，會使你只去管細微末節，失去了整體；如果你相信神學家，什麼事你都要找神學理由，你就會懷疑人的純真無邪；如果你只信賴戰士，你就會失去安全。專家本位的思考，乃是一種既強又辣的酒，它必須用常識的淡酒來稀釋。」

十九紀的英國，離開啓蒙時代還不久。啓蒙時代乃是人類進入自由、理性與科學的新時代，肯定了個人與社會自由價值，也確定了不離開常識的知識的至高價值；亦即認爲，人的群體，如社會與國家，都有一種整體性，治理國事就必須重視人的整體價值。塞希爾的這一段名言，即強調了整體的重要，看穿了專家的手腳，他乃是近代「反專家論」的始祖。他在兩百年前就已瞭解到，專家只有片面思考的能力，不懂得整體思考，可見他的智慧確實不凡。

十八世紀大哲學家康德（Immanuel Kant），乃理性啓蒙時代的宗師級人物，他在〈大學教授的衝突〉這篇文章中就有一段話，可以與塞希爾上述名言相互印證。康德說：「大學教師的高等階級（即知識議會的右翼），他們會捍衛政府的身分權威；但在一個自由體制裏，人們尊敬真理的追求，也知道必須有反對聽眾（即左翼）的存在，因爲若無後者的嚴格檢視與反對，則政府將無法充分知道什麼是有助益的或者有害。」

由康德的話，可以看出，他早已瞭解到，隨著知識的發達與分工，學術專家是福是禍，已更難確定；學術專家更需要被反對與檢視，而後才可融通無礙。康德這段話的意思，與塞希爾可說完全相同。

近代以來，知識的發展更加快速，分工也更細。法國當代思想家皮耶．布赫迪厄（Pierre Bourdieu）在他的著作《學術人》（Homo Academicus）裏即指出，所謂的學術，乃是一種知識與技術，也是一種被權力穿透的場域。一種學術乃是一套語言論述，當它形成後，在許多地方的確會增加許多視野與能力；但與此同時，則是它也會形成許多盲點與誤區。當學術本身已成了一種特權體系，我們就會發現它會出現兩個大問題：

第一就是，它會刻意建構出排外的行話系統。行話與行話的邏輯就左右了某個領域，不是行內人就被迫噤聲。由於該行業已經封閉化，它的盲點，以及與廣泛常識世界的聯繫關係，就會切割，所以愈是專家，愈容易犯錯。專家經常被人稱爲蛋頭，就是明顯的弊病。技術性的理性思考模式，經常見樹不見林；容易不當的大題小做或小題大做，把個簡單的問題故意複雜。塞希爾與康德認爲，專家必須用廣泛的常識來制衡，這才是至理。

而講到專家與學者，我們一定要談到國民黨，尤其是馬政府的博士或院長、校長治國的神話。國民黨的官二代，他們長期以來，都懂得學位的重要；因此，許多官二代都有外國的博士學位，並在台灣形成了一種畸型的文化，人們也相信有外國博士學位才是人才。

在馬政府任內這種博士或院長、校長治國已被玩到了極致。但馬政府這種模式，只是用博士、院長、校長這種頭銜來唬人而已，這些有學位的人當了大官後，立刻就露出學位的傲慢與有學位者的自閉，而缺乏了制訂妥當政策的能力。台灣的財經大官哪個沒有學位，但有了學位又怎麼樣？

就以蔣偉寧的教育部長爲例，十二年國教給他搞得亂七八糟，尤其是國中升高中會考及選塡志願的問題，真是把個簡單的問題複雜到不知所云的程度，難怪會搞得天怒人怨。所謂的博士、校長治國，不過是在禍國。

其次，在西方知識進步的社會，學術界知道在這個知識即權力的時代，學術界已成了特權階級，他們爲了合理自己的道德正當性，都對學術的紀律要求極高，一篇論文自己有貢獻才會掛名，否則絕不隨便掛。但台灣那些人，卻什麼都是權力，學位是權力，當官是權力，論文掛名也是權力；當學術的權力已大到如此的地步，難怪學術的紀律蕩然，政治的紀律同樣蕩然。馬政府用有學位的官吏來唬弄人民，最後當然造成無能，妄行種種弊病不絕如縷了。也暴露了馬政府所謂的學者從政，只是一場騙局！

二〇一四・七・廿九

泛道德政治的殘餘

幾年前，他們要請我當監察委員，於是我對監察委員做了一番研究，發現這種官實在不能幹。當個監委除了可以領高薪外，實在不能幹任何事。如果去當監委，尸位素餐，一定只得到罵名，所以，後來我就對監委敬謝不敏。幸而當時我決定不幹，否則到今天，一定被人罵得臭頭，被人們看不起。我不幹監委，可真是一項英明的決定。

御史是個過度神話的鄉愁

正因爲對監委有做研究，所以我一向主張應該廢監察院。將來修憲，規規矩矩的實行三權分立，不要再搞四不像的五權分立。中華民國的制憲行憲，會搞出一個自以爲聰明的監察院，乃是肇因於兩個並不美麗的誤會：

一、中華民國在制憲時，對中國古代的御史制度有過分神話的鄉愁，當監察院成了御史院，也就註定了它不可能有功能。

二、中華民國在制憲時，對西方民主制衡的原理原則完全沒有認識，因而在設計國會的制衡時就不完整。一個國會權不完整的立法院，卻又加上一個莫名其妙的監察院，遂使得中華民國的民主政治支離破碎，也造成行政權的一枝獨大。到了馬政府手上，台灣遂形同帝制復辟，這是制度設計時的自以爲聰明，最後造成最大的愚蠢。

為皇帝炮製正當性

中國近代最好的學問家之一陳寅恪先生曾說過：「讀書必先識字。」他這句名言所說的「識字」，並不只是認識字而已。而是指研究學問，一定要對字與辭的起源及其演變加以追究探討，瞭解它的文化制度史與思想史，才可保障頭腦的清晰。因此，這一次我願就御史制度去做知識上的考古。

有關「御史」這個稱呼，首見於《周禮》卷二十七，它說：「御史，掌邦國都鄙及萬民之治令，以讚冢宰，凡治者受法令焉。掌讚書。」另外，《周禮》卷一，也對「史」這種官職做了定義，「史」是掌理官書以幫助統治的官職。在周代，「御史」乃是一種負責詔文書的官吏。用今天的理論來說，它是負責文告，替皇帝炮製正當性爲主要政務的官吏。

後來秦始皇當政，爲了強化統治正當性，遂在設官分職時，將御史這種主管文告的大官設定爲「御史大夫」，位在上卿，屬於副丞相的級別。從周朝、春秋戰國一直到秦漢，乃是文字文明初興的時代，皇帝的詔文極其重要，掌管詔文的官吏也當然位階極高。到了後來，由於社會逐漸複雜，其他官吏的級別上升，御史地位遂降。

只會泛泛談論為君做官之道

因此，古代的御史制度，乃是中國式道德政治的延長。古代御史制度，是皇帝找幾個有道德資產的讀書人放在朝廷當鏡子，早期是負責替皇帝寫詔文與發布有道德作用的命令。到了唐代以後，它變成朝廷內的批判性官吏，無論是監察御史或諫議大夫，這種人並不是司法官，只是一種道德性的監督力量。

所以御史所幹的事，都是「處大體而不及細事」、「聞風斷事，提綱而已」。御史只是根據官場的綜合氣氛，認爲什麼人是好官或壞官，御史只是做官場上的印象式批評而已。如果我們去查古代著名御史的責議，即可發現他們多半都是泛泛而論的談君道與官道，很少是就事論事的針砭問題。御史這種制度，形成了古代中國的御史文化與文人批評文化，大家都是從道德角度談問題，很少去談具體的財經及管理上的問題。

古代的御史制度，強化了中國的泛道德政治，這種泛道德政治，只會造成朝廷內的黨同伐異；如果把這種道德性的批判用來針對皇帝，搞不好是御史自己引火上身。御史制度因爲是一種泛道德政治，它註定功效不大，而有限的功效又必須看皇帝的臉色，如果皇帝寬容度夠大，御史還可能有邊際性的作用，否則御史制度形同廢弛。

不打蒼蠅老虎只會誤國誤民

正因爲古代御史制度乃是中國道德政治的延長，因此，制憲時受到泛道德文化影響的人，遂把御史制度神話化，因而使得中華民國的《憲法》成爲一個大雜燴。監察院這個現代版的御史院，當然什麼好事也做不出來。它不但不能打老虎，甚至連蒼蠅也不會打。即將卸任的監察院長王建煊自爆，監察院毫無功能，監委自己拚命關說享特權而不務正業，監察院的確可以廢了。這次提名的監委乃是有史以來最爛的監委，一個這麼爛的名單，只會誤國誤民！

西方的民主講究權力制衡。當權力有制衡，每個權力體自然而然會往最適角色的方向發展，但中國人的腦筋卻硬是與別人不一樣。中國人的泛道德政治已有幾千年，我們不相信權力制衡這種普世的真理，卻自以爲聰明地搞出了一個監察院。爲了讓台灣的民主繼續走下去，實在應該廢了這個現代版的御史制度！

二〇一四・八・五

踩著屍體搞鬥爭

高雄氣爆已滿頭七，羅難者的遺體還沒有找齊，爆炸的地點也還泡在雨水裏，真正的重建工作可說尚未開始，整個情況只能用「慘」字來形容。

而就在這個時刻，我們看到了台灣的兩種人性。

一種是台灣善良的人性，台灣的人展開競爭性的捐款，短短的時間內已捐到二十億以上，捐款裏面有很多動人的故事。台灣一直有著慈善憐憫的深層文化，看到別人的慘狀，人們就自然而然的興起不忍人之心，特別是在金錢上絕不吝嗇。這是台灣人的一種高尚品質，特別是在小市民階段最爲明顯。

但就在我們看到台灣人善良品質的同時，我們也看到了台灣人最惡劣的一面。那就是踩著別人的屍體搞鬥爭，台灣的政客和特定的名嘴就是這種人。高雄氣爆那些罹難者真的不該死，那些踩著別人屍體搞鬥爭的人，才真正的該死，他們是台灣的垃圾。

任何人都知道，一件事情本來就因果複雜，有主要原因，有次要原因，還有許多似乎相關但其實不必然的因素。但台灣的政客和名嘴，卻最擅於東拉西扯，當事情發生了，若對自己不利，他們就把明明很清楚的主要原因挪開，而去扯其他不相干的問題，把問題扯掉糊掉。若別人有一個缺點的對自己有力，他們就會把那個缺點放大，將一切責任都套在那個缺點上。這種東拉西扯、避重就輕，或者變小為大的手法，台灣的人應不陌生。

就以這次高雄氣爆為例，由於它是地下管線出問題，因為不是肉眼所能見到，它格外有了東拉西扯的空間。幸而漏氣的管線沒有被炸掉，否則這件事將永無真相。由於漏氣的管線尚存，所以才有真相。漏氣的管線是誰的？當時為何未做處理？這些點才是真相及責任釐清的關鍵。但這個真正的關鍵點，到了後來已被轉移掉，而變成那個箱涵是誰建的？高雄市知不知道榮化那條管線？於是高雄市政府說謊，遂突然變成了主要問題，彷彿高雄市政府要為氣爆負責，高雄知不知道那個箱涵，知不知道榮化的那條管線，當然很重要，但畢竟與氣爆事件並無直接的因果關係，這是兩個不相干的問題，而現在為了政治鬥爭的需要，已被扯到了一起。我不得不承認。這的確是鬥爭的高手手段，但踩著別人的屍體搞鬥爭，故意去顛倒事務的因果關係，他們對這種惡劣的鬥爭，會不會覺得不安？

二〇一四・八・八

他們為何不自殺？

日本人有沒有「罪惡感」，一直是近代學術界的爭議課題。有一派學者認爲，日本人沒有「罪惡感」，但有極強的「羞恥感」，因此日本人不會爲了作了罪惡感的事而道歉，但會爲了作出丟臉的事而自殺。

前幾年，日本有一對開養雞場的老夫婦，因爲一時有僥倖的念頭，把病死雞拿出來販賣，他們的事被踢爆後，這對老夫婦立即自殺謝罪，他們認爲作了丟臉至極的事。

最近，座落於日本神戶的「理化學研究發展自主科學中心」副中心長笹井芳樹，因爲他指導的研究員小保方晴子所發表的論文被認爲有涉及造假，因而英國的「自然」雜誌撤回論文，於是笹井芳樹立即自殺。他那麼強烈的羞恥感真是舉世少見。

笹井芳樹的自殺，我就想到一九九〇年代義大利的反貪，那次大反貪一共起訴了三、四百人。起訴後至少有一打人因爲涉貪而自殺，真令人刮目相看。

日本老農夫婦會爲了販賣病死雞而自殺；日本頂級科學家會因爲發表論文指導不周而自殺；義大利的中小政客會因爲涉貪而自殺。他們都是因爲做錯了事而羞愧無比。而這種事，對台灣人而言，乃是不可思議的事。台灣是個無恥的社會，台灣的政商學界，大家都極聰明，聰明的違規違法，聰明的硬拗卸責，一個人把國家搞得亂七八糟，他絕不會羞愧的去自殺；一個讀書人發表了一堆論文，被外國撤銷，他也絕對不可能覺得丟臉而自殺；至於商人販售僞劣商品更是習慣已成自然，隨便被抓到，也還能硬拗；當然更別說害死一堆人的大老闆，或把教育政策搞得天怒人怨的大官了。他們不但不會自殺，甚至連一點羞愧之心也沒有。他們都是無恥之徒。無恥的原因乃是無心，因爲無心，遂無感；因爲無感，當然無恥！

古代社會很講究「恥」，尤其是政商學的有權者更應知恥，知恥始會知病，因此古代王朝時，在黃都的某個偏僻角落，多半是在菜園旁邊，都會有個房間，大官無能，就在那個地方切腹自殺，日本後來末代武士道的切腹就是王朝制度的延長。日本人比較知恥，不是沒有原因的。而中國人則不然。後來的中國日益專制，因爲專制，遂日益無恥，作錯事而自殺已成了不可能的事。

今天的台灣，有太多政學商的大人物，都是該死之徒，他們貪腐，無能，胡搞亂搞，看著他們在那裏無恥的狡辯，我就想到國人的自殺。台灣的那些人，爲甚麼不去自殺呢？

二〇一四・八・十五

禍事頻出的台灣

任何國家，如果每個人都知法守紀，當然最好，但要每個人都好好的幹卻很難，因此一定要政府的上層帶頭。上層肯負責，會領導，中下層就不敢馬虎亂搞。因此上層所做的事，相當於替體制上發條，發條如果上得緊，下面的每個螺絲就不敢鬆。一個發條上得很緊，螺絲栓得也很緊的體制，就自然運作良好，也不會發生意外。

而今天台灣的最大悲哀，乃是政府的上層已澈底無能，於是台灣這個機器等於已沒有了發條，當整個體制已沒有了發條，中下層的每一級當然就形同沒有了螺絲，於是整個體制就只是在懶洋洋的根據慣性而運作，做不出任何好事，也擋不住任何壞事。

就以台灣的地下管線爲例，它是個何等嚴肅的問題，政府的上層如果有見識和魄力，早該做出決斷性的改革，但這些管線都屬於國營或壟斷性的公民營公司所有，它們早已成了龐大的特權體系，它們和政府形同一體，已抗拒任何改變。特權造成的顢頇無能，以及視人民的利益如無物，當然會造成高雄的氣爆。

而更令人慨歎的是，高雄氣爆後，新北市已有兩起以上瓦斯漏氣，但都幸而未爆，於是新北市的官員也就繼續去過他們的快樂日子。但這種快樂的日子並不可能久長，於是八月十五日新北市新店遂發生住宅區氣爆。最離譜的是新店這起氣爆，它的瓦斯漏氣已漏了好多天，最後當漏氣嚴重，欣欣瓦斯派人來檢視，但欣欣瓦斯的人根本不當一回事，只用鼻子聞了一下，就武斷的認爲是電梯間地下室的漏氣。欣欣當然是特權壟斷公司，它的特權草率，這次已成了草菅人命。

今天的台灣已既無發條，又無螺絲，政府已形同消失，用台灣百姓的話來說，那就是每個人只好「自求多福」。最近這段期間，台灣人已出現一種絕望式的歇斯底里情緒，大家隨時隨刻都用心到處去聞，看看那裏在漏氣漏瓦斯。從八月一日至今，台北市接獲的漏氣舉報已多達一百七十三起，不但台北人歇斯底里，這兩天甚至新竹也發生嚴重的漏氣事件，其他縣市大概也好不到哪去。台灣已出現「聞氣而色變」恐懼症。

西諺有曰：「壞事必成三」。西方人知道，一種由於體制不良而造成的意外，若體制不變，意外就會一直發生。正因爲西方政府知道「壞事必成三」的道理，所以西方政府出了意外，都會特別緊張，一定趕快去上緊發條和拴緊螺絲，不要讓壞事成雙。但台灣則不然，台灣既無發條，又無螺絲，高雄爆了新北市爆，新竹市爆了，下一次又是那裏要爆？我倒是希望，氣體或瓦斯有知，下一次要爆，不要選民宅，乾脆去爆總統府或行政院！

二〇一四・八・十九

馬金公然在玩火

古代中國，昏君和奸臣加特務，乃是把一個朝代搞垮的三要素。而今天的台灣，這三要素已在合併發作。而張顯耀案，就是個代表。

張顯耀不是馬金的嫡系，他們要他滾蛋，爲了安撫，他們還決定給他去幹漢翔董事長作爲酬庸。但馬金沒有想到張顯耀居然如此不識抬舉，卻大動作的喊冤，把一件小事鬧大，於是馬金爲了顧及面子和權威，遂開始反擊辦人。他們只有一個目的，就是要給張顯耀死！

問題是要張顯耀死，一定要有殺他的理由，但馬金除了有殺張顯耀的念頭外，並沒有殺他的證據，因此人們如果注意張顯耀案的發展，當可看出，從八月十七日張自爆喊冤迄今，長達兩個星期裏，馬金都是在利用媒體亂放話，讓放話塑造輿論審判，去把張顯耀鬥垮鬥臭，而後看發展去找辦人的理由。於是辦張的理由一路發展，由「行政疏失」到「洩密」，再到「共諜」，最後到「外患罪」。馬金兩人乃是且戰且走，一步一步的在羅織，由於馬金將辦張的責任交給特務機關調查局，由於調查局沒有別的本領，對扣人匪諜的帽子卻是「老吃老做」非常在行，因此張顯耀被往匪諜上栽贓，已幾乎無法避免。

馬金的追殺張顯耀已定，他們的栽贓是否會成功，目前猶未可知。問題是世事是盤棋，動了一個子，就會牽動出許多子。這裏放了把小火。可能就會牽動出另外的大火。馬金要殺張顯耀，不論理由是「洩密」、「共諜」或「外患」，由於馬金是在故意牽拖北京，北京基於它的國家利益，對馬金的步數當然有他們的解讀：

——張顯耀是台灣談判的首席代表，這樣的人物被以「洩密」、「共諜」、「外患」之類的罪名殺掉，那麼以前兩岸的許多協議算是甚麼？馬金是不是不準備認帳？當首席談判代表都被幹掉，兩岸之間還有甚麼基礎？

——我曾會見過中國的極高層，我確實知道中國的最高領導人對馬極不相信，說過「那個姓馬的不可信任」，「那個姓馬的很奸很壞」，當他們對姓馬的不信任，北京當然懷疑馬金的小動作又是在搞甚麼陰謀。怪不得當馬金在張顯耀案大肆炒作「共諜」、「洩密」、「外患」時，北京會表示：「希望不要作不負責任和子虛烏有的猜測，以免對兩岸關係造成負面影響。」這也就是說，馬金這次追殺張顯耀，他們已捅到了新的馬蜂窩。如果馬金招惹北京，北京一旦發火，公佈馬金和北京來往的秘密，那問題就大條了！

馬金在追殺張顯耀，並往北京身上做文章、搞牽拖。這是馬金在台灣本島放小火，卻可能惹出兩岸間的大火。馬金喜歡玩火，這次玩火大概會燒到他們自己！

二〇一四・八・廿九

自稱台灣很幸福

我一向認爲，有些國家和領導人很誠實但卻很笨，因爲它們總是會公佈一些找罵的資料和數據；而有些領導，則不誠實但卻很聰明，他們懂得暗槓不好的資料，炮製出好資料，因此顯示他的英明統治。

美國就是個很笨的國家。美國的司法部每年都會公佈監獄中被關的人數，也會公佈警察用槍不當而致人於死的數字。它顯示，美國每十萬人有七百多人關在牢裏，因此美國已成了世上最大的監獄國家，而且黑人比例極高。另外美國警察隨便就開槍，平均一個星期就有兩人被警察殺死，也是黑人最多。這兩項數字都是美國最大的恥辱，但美國卻笨到每年還是宣佈，並不會用維護國家形象之類的理由把這兩個資料暗槓起來。

我認爲前總統陳水扁也是個笨蛋。他任內台灣自殺率攀升，每次公佈自殺率他都被罵成一片，但他還是每年照常公佈，照常挨罵。

但現任總統馬英九卻聰明多了。他任內自殺率還是攀升，於是他找個理由，「爲了防止自殺會傳染」，因此乾脆取消公佈自殺率。對自己政績不利的資訊不公佈，政績自然就會變好。馬英九比陳水扁聰明多了！

除了不公佈對自己不利的數據外，馬英九更厲害的是他懂得無中生有的去炮製資訊，將政績灌水。前年他下令所屬的主計總處，去制定「國民幸福指數」，當老闆下令，於是下面的小官自然就絞盡腦汁，去炮製很漂亮的指標。

只要對統計及檔案這種技術略有所知，當知道統計乃是一種似真還假的魔術，至於表意的指標，他就更容易操作。它就像瞎子摸象，如果我們想叫瞎子認爲象長得像根柱子，就叫瞎子拚命去摸象腿就可。指標的參數，就可決定指標的意義。今年的台灣官方幸福指數居然是亞洲第一，它在老闆的交代下拚命灌水，灌成亞洲第一，這有何難?只是這種爲了製造自我良好感覺的操作，有誰會相信!

前幾年，我讀了英國「倫敦經濟學院」幸福學頂級學者萊雅德（Richard Layard）所著的《幸福：一門新科學的各種課題》。萊雅德教授在書中指出，幸福學作爲一門新興的科學，當然有許多難題，例如指標之設定，度量的方法等都有爭論。但他在書中卻有一段話使我很感動，他說幸福是什麼，我們並不知道，因此幸福學在研究上，必須對不幸福的問題嚴肅看待。只有敢於面對不幸福，才可能增加幸福。將他的這段話延伸，即就是如果幸福學只是要搞宣傳，即就是宣傳愈幸福，人民離幸福也會愈來愈遠。台灣人有多幸福我不知道，但至少我知道，在馬英九治下，他只會炮製台灣的幸福指標，卻沒做增加人民幸福的事，台灣必然愈來愈不幸福!

二〇一四・九・二

台灣的德雷福案

今天有個字已成了全世界的共同資產，這個字就是「知識分子」（intellectual），這個字的典故出自老拉丁文，意思是「有聰明才智的人」，這個字變成「知識分子」這種社會性的角色，和十九世紀的文豪左拉（Emile Zola）有著密切關係，而這有一個漫長的故事。

十九世紀末是法國第三共和的時代，由於法、德關係不正常，遂出現了歷史上有名的「德雷福事件」，法國的軍方國安單位，透過僞造證據等卑劣的手段，將一個法國的猶太裔陸軍上尉德雷福（Affaire Dreyfus），硬是羅織成將國家機密賣給德國的間諜，最後將他辦成叛國罪，一八九四年十二月判爲終身監禁，翌年一月拔除軍銜後不久，被發監到蓋亞那的惡魔島監獄執行。

這起法國軍方國安單位惡意整人、炮製出來的冤案，德雷福本人當然喊冤，由於此案的疑點太多，而且後來又出現許多軍方惡搞亂搞的證據，於是德雷福案更被人懷疑。

一八九八年法國文豪左拉在《曙光報》上具名發表了〈我控訴〉（J'accuse）的公開信，將此案的荒唐離譜一一指出。左拉在公開信裏正氣澎湃地發出了怒吼。我最近翻閱了他的公開信，信中就說：

「當案情的真相被埋在地底下，它就會滋長，並累積爆炸的力道，一旦這個炸彈爆發，它就會炸飛此案上面的一切。我們很快將會見證到，對這個影響深遠的災難，我們是否加上了足夠的炸藥！」

德雷福冤案，由於左拉的登高一呼，令法國的讀書人和民意全都改觀，國安單位縱使想透過御用媒體來反撲，也無濟於事。於是此案被迫一再重審，許多僞造的證據也被揭露。

一八九九年的重審，法國軍事法庭企圖搞和稀泥，德雷福還是被判有罪，以維繫政府的面子，但由無期改判十年有期徒刑，判刑後政府即宣布特赦，但這種不顧是非，只求漂亮下台的手法，法國人拒絕接受。

最後一九〇六年上訴法院對此案作了最後裁定，全案撤銷，軍方恢復德雷福名譽，並將他授勳升爲少校，全案終告了結。

由於法國的讀書人在德雷福案上，鍥而不捨、追求是非，做出了改變時代的貢獻，因此intellectual這種讀了一點書比較聰明一點的人，他們遂有了不同的意義。以前這種人只是比較聰明，具有智力的個人，而現在他們已被認爲是一種對公共事務扮演著評判是非善惡的整體，他們不再是個體，而是一種新的整體，intellectual這個字的意義已自然而然地發生了改變，他們已不再是個人，而是一種類型，在社會理論上，他們可以說是一個具有特定角色的新階級。漢語將它譯爲「知識分子」，可說是相當正確的翻譯。

西方的intellectual，在德雷福事件上奠定了這個字以及它指涉的群體之正當地位。歐美的知識分子在那個民主法治初興的時代崛起，他們關心人的意義、社會與國家的意義、公平

正義等基本的問題。

就以德雷福事件而論，它就涉及族群正義、國家權力的正當行使，以及行政和司法的濫權等，它對法國及歐洲的民主法治的確有奠基之功；但俄國與中國卻沒有這種關心基本價值的知識分子，只有服從型和造反型讀書人，讀書人在政治及社會的進化上，並沒有扮演起西方知識分子的時代角色。正因爲缺乏了知識分子的公義角色，台灣才出現馬政權的專制復辟。

近年來馬政權的專制已到了無法無天的程度，馬英九以司法手段鬥爭王金平，手段極其惡劣，他利用了具有特務性質的特偵組，以非法的監聽手段，蒐集別人的資料，然後以片面的資料羅織別人入罪；而到了現在，馬和他的親信金溥聰、王郁琦等更是大動作地整肅陸委會前副主委張顯耀，企圖將張辦成共諜叛國罪，其羅織的痕跡昭昭可明，它和一八九四年法國國安單位羅織德雷福案簡直如出一轍。

德雷福事件距今已一百二十六年，當年的法國知識分子們就已瞭解到，政府惡意地濫用權力整人辦人害人，將無罪之人羅織成有罪，這是絕對不容許的邪惡行徑。因此，全法國的知識分子們在左拉登高一呼下幾乎全部站了出來。而今天的台灣卻一而再地辦人整人鬥人，無能又邪惡，他們已是在考驗台灣人民的忍受底線，這個政府自己似乎已走到內亂罪和外患罪的邊緣。

中國古代的昏庸皇帝，由於獨攬權力，經常都會殺大臣、害忠良，因此羅織入罪，乃中國專制政治最大的特性。今天的馬政府乃是個專制復辟的政權，它已把國家搞得不像個國家，社會不像社會，政府不像政府。整個台灣已到處都是炸彈在等著被引爆，當年的法國有個文豪左拉出來控訴，而台灣會是誰來扮演這樣的角色呢？

二〇一四・九・二

仍在「自我感覺良好」

漢字裏，有許多是「會意字」，它的意思由其組成即可不難想像。例如「恥」這個字由「耳」與「心」組成，耳朵能聽，心能去想，因而人能分辨對錯，做了錯事，也會覺得不好意思，這就是知恥。根據造字的這種邏輯，一個人不聽不想，無耳無心，就會不要臉，就會無恥。

因此，「知恥」太重要了，一個人，特別是重要的領導人，知道自己不行，而覺得羞恥，他就會有進步的空間。因此《禮記．中庸》遂說「知恥近乎勇」，要承認自己不行，乃需要多大的道德勇氣。有了這種「知恥」的勇氣，他才會進步，國家也才會進步。

但使人覺得悲哀的，乃是今天的馬政府乃是台灣近代史上僅見的不要臉政府。今天台灣早已百孔千瘡，但它居然敢去炮製指標和數字，硬是宣稱台灣爲亞洲最幸福的國家，全台灣和全亞洲有誰會相信？前兩天，瑞士世界經濟論壇發佈全球競爭力報告，台灣排名由第十二名掉到第十四名，爲五年的最差成績。由於這個報告是外國所做，當然不能像台灣官方那樣灌水，台灣競爭力在亞洲，遠遠落後新加坡、日本和香港。對台灣排名下滑，馬政府不去誠實面對，卻去亂扯什麼和太陽花學運有關，馬政府的這種胡亂牽拖，什麼壞事都推給別人的惡劣作風，我就想到近代西方社會新學裏的一種說法，人的無恥是有習慣的，當一個政府無恥久了，它已不可能真正的去面對問題。馬政府只會炮製幸福指數，當國際排名下滑，就只會牽拖太陽花學運，它只想活在一個自我感覺良好的世界裏，真實的世界卻已不想去面對。

由馬政府的無恥，我就想到了《荀子．解蔽篇》。近年來我的學術興趣專攻思想史，戰國時代的荀子，在我的標準裏是古代的第一。他在《荀子．解蔽篇》裏指出，一個領導人不聽不想、不知人、不會用人，只懂得玩弄一些奇說的口號來迷惑人心，最後一定只剩囂張詭辯，他也會「厚顏而忍詬」，這句話將它譯成白話，就是他會臉皮愈來愈厚，不論別人怎麼罵他，他都無動於衷。這種無耳無心的人由於已被蒙蔽，他已做不出好事，只會「好相推擠」，意思是說他只會搞人的派系鬥爭，荀子當年的觀察，今天在台灣都獲得了印證！

一個自以爲是，無耳無心的領導人，什麼都不會，他只會造成「內以自亂，外以惑人，上以蔽下，下以蔽上」的亂局，整個政府無能到了頂點。但他仍在製造著自我感覺的良好。馬政府恬不知恥的程度已是古今罕見，他所領導的台灣，還會有什麼前途？

二〇一四．九．五

下 收場

追殺政敵和忠良

世事的關係非常複雜，在合理的範圍內進行思考和反應選擇，雖然許多選擇差距很大，但他們仍是理性的，例如在台灣，政治上的統或獨，儘管差得南轅北轍，但都是理性的選擇。

不過有一種人，通常都是自以爲聰明的人，他們對複雜的世事卻喜歡自以爲是的片面去解讀訊息，而後根據自己的企圖去做選擇。由於他的選擇違背了人們共知的理性，因此他那種不通不通的選擇就成了只是在癡人作夢。但因爲他是自以爲聰明，他不會承認自己是愚癡，反而會沉迷在其中。在精神病理上，這種現象就叫做「著迷」（obsession），它是一種沒有立場、不切實際的狂想。一個陷入「著迷」狀態的人，他的語言和行爲都會亂七八糟，若有人妨礙了他的執迷，他就會恨人恨到死。

而今天的總統馬英九就是「著迷」的人，他狂想著要「歷史留名」，而留名就要「馬習會」，於是最近這段期間，他爲了要搞「馬習會」，真是在手段上無所不用其極。

．他相信如果在「馬習會」前，能夠通過「兩岸服貿協議」，放棄掉台灣許多利益，北京一定龍心大悅，用「服貿協議」當做朝貢的禮品，北京就會賞他一個「馬習會」。他即可利用「馬習會」大肆宣傳，那簡直是他絕世的功績。正因爲「著迷」於「馬習會」和要把「服貿協議」當成貢品，所以他才要「一字不能改」的快速通過立法院這一關，立法院長王金平的「逐條審查」，因爲延誤了日程，妨礙了「馬習會」，馬英九當然要給他死。由於在台灣要一個大官政治死，最容易的手法乃是利用特務，所以才有利用準特務的特偵組來企圖鬥死王金平的動作。因此嚴格說來，王金平可說是馬殺來祭「馬習會」這個旗的。

．「服貿協議」因爲太陽花學運而受阻，馬英九爲了「馬習會」而製造的貢品生變。於是馬只得退而求其次，寄希望於國台辦主任張志軍的訪台。如果張志軍在台灣能受到宗主級的隆重待遇，北京龍心大悅，說不定就會賞馬一個「馬習會」。但張志軍在台卻受到潑白漆抗議，不僅張志軍變了臉，北京當局也對馬的能力完全減分。張志軍潑漆事件後，馬政府還表示負責接待的張顯耀並沒有責任，但就在最近，因爲距北京十一月主辦的亞太峰會將屆，北京已在八月中上旬正式通知馬政府「馬習會」已澈底無望，於是馬遂將「馬習會」的破功，諉罪於張顯耀。這就是至今爲止，愈演愈烈的張顯耀「拔官記」，他成了繼王金平之後第二個被殺來爲「馬習會」祭旗的重要官員。

整個張顯耀案過程複雜，而且有很多是馬金在利用御用媒體放話的假消息。其實本案的實體並不複雜。馬金因爲八月份知道「馬習會」完全破功，他們遂決定要拔去張顯耀的本兼官職，爲了安撫張，他們最初的確是要給他漢翔董事長的肥閒缺。但因張顯耀被拔官後很不爽，將內情宣之於眾，於是馬金面子掛不住、遂決定痛下殺手，要把張顯耀殺到死。

利用調查局　追殺張顯耀

由於對張顯耀的追殺，是先決定要殺，然後才去尋找及編織理由。因此過去十多天以來，張顯耀案辦得真是荒唐離譜，不但說法天天在變，馬金也在利用特定媒體不斷造謠放話，整個辦案的方式完全和大宋、大明王朝時秦檜及魏忠賢的整人如出一轍。而人們也知道，這種爲了政治而動用特務機關來羅織的整人殺人方式，案子必然辦得極爲勉強，而且破綻百出，馬金利用具有特務性質的特偵組滅王，手段殘酷而非法，因此王金平案馬金已不可能司法勝訴；而今馬金利用特務機關調查局殺張顯耀，台北地檢署雖在上級命令下不得不辦，但卻辦得極爲勉強。台灣已有媒體透露，由於無法羅織成功，地檢署可能不擬起訴張顯耀。如果張顯耀不被起訴，他即可逃過追殺。而馬政權就會出現整個嚴重的道德正當性危機。馬政權等於已被宣判了正當性的死刑！

馬英九爲了要「歷史留名」，而使盡力氣去搞「馬習會」，凡不利於「馬習會」的，像王金平和張顯耀則全部殺。這已是一種精神病理。他自以爲聰明，產生了一種狂想，並著迷的深信不疑。這種著了迷的領導人，已注定將成爲最專制也最殘酷的領導人，但他的狂想卻永遠不可能實現，反而會因爲他的妄行，而引發許多危機。馬金爲了搞「馬習會」，做盡了壞事，即引發了下列重大危機：

一、他們滅王殺張，而且都是利用特務來羅織別人的罪名，在廿一世紀的此刻，台灣居然還有這種型態的特務司法，實在是台灣司法之恥。馬金的惡劣手法不但應列入司法教材，也應是司改的主要目標。

二、馬金爲了殺張而牽拖到北京，北京對馬金的惡搞已赫然震怒，爲了安撫北京，海基會董事長林中森日前專程至北京見海協會會長陳德銘，坦白交心。近年來，馬英九爲了搞「馬習會」，在台灣內部欺騙台灣人民，出賣台灣利益，而對北京同樣的騙來騙去。前兩年我曾一度是北京的貴客，單獨會見過幾位北京極高層，就有兩人當面告訴我，「那個姓馬的不可信」，這可見馬爲了搞「馬習會」，東騙西騙，出賣了許多台灣利益，其實並未增進兩岸關係。因此由張顯耀案及之前的王金平案，人們對馬的兩岸策略已需特別提高警覺，國會成立跨黨派的監督小組已有必要！

二〇一四・九・七

國家變成了江湖

古代漢人社會有「江湖」這種說法。宋代的范仲淹在《岳陽樓記》裏就說過：「居廟堂之高，則憂其民；處江湖之遠，則憂其君。」「江湖」的原意是和「廟堂」、「朝廷」配對的比喻。

但到了清代，「江湖」已從虛擬的比喻，變成了一個實體。原因乃是清代乃是少數民族的滿人統治，滿人除了掌控京畿要地之外，他的人數根本不足以支配漢人爲主的社會。於是清代的漢人民間遂根據社會自組織的方式去發展，由於清代漢人社會最大的勢力乃是各地水路碼頭的「清幫」與「洪門」，於是漢人社會的幫派化遂告形成，這種自行組織出來的社會就是「江湖」。

它以各地的角頭老大爲主，形成地方秩序，團體內講究輩分和江湖義氣，因而清代時的江湖小說特別盛行。由於滿人勢力到不了地方，因而大型的幫派如「清幫」、「洪門」、「貿商幫」、川滇主管茶葉運銷的「馬幫」、以及東北孔道的「霸匪」都是地方大勢力，而各地的商業行爲裏，「坑蒙拐騙」遂成常態。人們都是各憑本領在那裏賺錢。賣假貨做假貨，製造假香料，做假古董等都是常事。前幾年，我曾買了中國江湖大老連闊如的遺作《江湖內幕》，就把當年的假貨騙術一一詳細道來。賣假貨使人上當，乃是一種專業，他們的專長是使人上當，因此又稱「賣當的」。

一個現代化的國家，必須政府極有能力，制定標準，嚴格把關，除此之外，政府還必須整合民間，形成國民的誠實價值，使賣假貨騙人無所用其技，如有廠商販售僞劣商品就會受到嚴懲，被人告到公司要倒閉。但中國從清代以來，朝廷即無能無用，於是和人民間社會遂自行發展，各憑本事賺錢，坑蒙拐騙及僞劣商品充斥，由於時間已久，這種壞風氣已成了固定的「騙人文化」。做生意的，大家都在各憑本事賺錢，假貨劣質又怎麼樣？對漢人而言，不論在中國或台灣，整個國家就是個「江湖」！

今天的台灣，政府無能已到了匪夷所思的程度，商人販賣僞劣食品或用餿水油，反正也沒人死掉，政府也就馬馬虎虎，許多老牌的大食品公司，明明都已是資產百億以上的商號，餿水油還是照用不誤。各憑本事賺錢才是真的，什麼商業良心，商業道德，都是假的。今天的中華民國，在商業行爲上和大清王朝時可說完全一樣，大家做生意都是坑蒙拐騙當道！

因此，什麼是「江湖」，它就是各憑本事賺錢的社會，可貪就貪，能騙則騙，可以賣假貨和賣劣貨的，不賣白不賣，只要不死人，事情鬧一陣，很快就成爲過去。這都是江湖文化，中華民國整個國家早已成了一個大江湖。清代的中國，江湖搞到最後，最大的幫派乃是「丐幫」，當乞丐愈來愈多，他們就會形成丐幫，乞丐當流氓、當騙子，集江湖之大成，這難道也將是中華民國這個江湖的結局！

二〇一四・九・九

台灣的黑白共治

研究中國社會史的都知道，清代爲滿人入關，建立了少數民族的政權。由於滿人極少，根本無法有效分佈到漢人的地區，因此清代漢人地區的治理，都是以漢人社會自我組織的方式來進行。而漢人社會的自我組織最大的勢力乃是幫派，在重要的水陸碼頭及通衢大道，不是清幫，就是洪門這兩大幫派。因此清代開始了中國黑白共治的傳統。

而清代的黑白共治，後來被國民黨繼承。國民黨的倒滿革命依靠的主要是洪門，後來國民黨的權力集中在蔣介石手上，而蔣介石依靠的就是江浙的清幫。當年蔣介石就和上海的清幫老大杜月笙是換帖兄弟，軍統局的戴笠手下也多半是清幫子弟，後來國民黨流亡台灣，它的軍警特務，清幫和洪門的勢力也極大，尤其是早年，國民黨的軍警特務爲了要對大陸作工作，主要也是透過清幫和洪門而展開。

這也就是說，清代的黑白共治模式已被全盤移植到了台灣。經過幾十年的發展，台灣的清幫和洪門早已式微，但黑道卻同樣在地化，國民黨旗下的外省掛黑道如竹聯幫、四海幫等，仍有極大的政治及軍警特勢力。太陽花學運時，前竹聯幫大老白狼所組的「中華統一黨」，就出來挺國民黨政府，已可見國民黨在台灣的黑白共治！

而這次富二代曾威豪的結夥殺警案，已愈鬧愈大。原來富二代已和黑二代萬少丞等搞成了一掛。到了現在，又扯上了三個現役軍人董玉堂、馬寅紘、王培安等也介入殺警，其中的董玉堂，居然是總統的保安憲兵。由此已可看出台灣的黑道勢力之大，當總統的保鏢都是黑道爪牙，這不是黑白共治，甚麼才是黑白共治？

近代中國從清朝開始，就已形成了人類史上少見的黑白共治傳統。表面上是白道治國，事實上從商業，政府的軍警特，到社會的許多角落，都是黑道在把持。白中有黑，黑比白大，這種表面是白，實際是黑的現象，正是台灣運作的潛規則。任何一個國家都有白道黑道，若代表白道的政府有能，黑道就會受到擠壓而沒落，但今天的台灣卻不然，白到政府日益無能無爲，於是白退黑進，整個國家和社會當然愈來愈黑道化。近日來台灣各種事故不斷，貪官和奸商好像黑道，無所不爲。清朝黑白共治，最後搞到天怒人怨，清末的亂局其實已在台灣出現。

因此，研究台灣的政治與社會，一定不能疏忽了一九四九年後，國民黨所帶來的「黑白共治」習性。國民黨當年在江浙時，就是個黑白共治的體制，正是黑大於白，中國才搞得腐敗混亂不堪，最後終於亡掉了政府。到了今天，由於台灣的白道日益無能，黑大於白的亂象又現，富二代和黑二代混流，連部隊也開始黑道化，台灣的情況怎麼得了！

二〇一四・九・廿三

無良政客的障眼法

近代已出現了一種新的行業，它主要負責「形象修補」（image rehab），它是廣告及公關的分支，也是品牌及形象管理的一部分，更是當代最流行的「道歉學」之主題。

西方從一九九〇年末與二十一世紀初開始，出現了一種新式的公眾人物。他們不是政治家、思想家或發明家，那些老式的公眾人物都比較有規範，不容易出問題，萬一出了問題，大概就很難再混下去了。而新式的公眾人物，多半是影星、歌星、名模及球星，這些星字號的人物更容易犯錯，一旦犯了大錯，他／她們的形象就會大傷，收入也大減。而這種人所犯的錯並不是十惡不赦的殺人放火，因此他／她們的形象是可設法去修補的，於是「形象修補」這門技術遂告應運而生。

認錯、低調、重塑形象

近年來，這種新型公眾人物犯錯的極多。有「醜聞小天后」派瑞絲・希爾頓（Paris W. Hilton）鬧出負面新聞；影星休葛蘭（Hugh Grant）召妓；英國歌星喬治男孩（George Boys）的吸食海洛因；英國名模凱蒂・摩絲（Kate Moss）的吸食古柯鹼等；還有美國大聯盟有很多位球星注射類固醇。因應這類新公眾人物的犯錯、醜聞，一套相當公式化的「形象修補」運作模式即告出現。綜合而言，它的修補招術不外：

一、當事人必須在第一時間「痛哭認錯」，一則用以爭取不必坐牢，也保留住粉絲，以備東山再起。

二、這些人出了問題，大媒體與大公司爲了它們的商譽，一般都會很快的切割，取消演戲的契約與代言的合同。這是星字號人物必然要付的代價，沒有什麼可怨嘆的，當事人只能接受。但他們必須知道，他們出了事之後，雖然應該低調，但並不能低調太久，因爲低調得太久，可能就會被人忘記，損失更大。因此，保持低調一陣後，就必須準備東山再起。

而東山再起最需要的，就是在小媒體上安排長訪問、重造形象、建造新風格，儘量不去談以前的犯錯、甩掉過去、重新出發。而所謂的新風格，一定要有較強的懇求元素。這也吻合了世上的道理：失敗者要在謙虛中重新站起。

三、如果所犯的錯誤較爲嚴重，則犯錯者可以考慮藉著參加適當的公益活動，改變形象，把負債轉化成資產。例如「大聯盟」有許多明星球員注射類固醇藥物，「大聯盟」即發起正常飲食的「多喝牛奶」公益活動，以求修補及轉移。

修補形象假中有真

當代星字級的公眾人物，他／她們的「修補形象」較爲單純。這種新型公眾人物，靠個人賺大錢，犯錯毀了形象，賺錢就無望；如果以某種方式認錯並修補形象，就可保持住賺錢

地位，他們當然會去認錯修補形象。因此，修補形象固然只是一種公關廣告術，但它在假中多少也必須有點真，他們必須真的認錯，必須真的在意大眾的反應。

但星字號的人物的「修補形象」，對政客與商客卻無用。星字號人物的道歉是有益的，他們當然會拚命道歉，修補形象；但政客與商客的犯錯都涉及體制，錯是會全盤錯，如果承認犯錯，就等於否定了他們存在的正當性。因此，從古到今，政客無論犯了多大的錯，絕對不會認錯。

英文裏有個字非常寫實。這個字是hairsplitting，意思是「撕開頭髮」。頭髮非常細，根本不可能撕得開，但政客講話卻有本領把撕不開的東西搞到可以撕得開。譯成漢文，它的意思相當於對自己的話硬「拗」，對別人的話硬是找「碴」。馬政府近年來犯了多少天大的錯，但它有認錯嗎？當然沒有，它只會沒話找話的硬拗，愈拗愈奸，愈拗愈詐！

而這種拗與奸，在商客亦然。最近的餿水油風暴，那是多麼禍國殃民的大案。但他們是怎麼處理的？

以拖待變死不認錯

第一時間，商客都神隱起來，由政商共同體的政客，出來宣稱餿油產品都檢驗合格，又有人出來說餿水油吃一點沒有關係。台灣的官商對商品的標準很低，只要吃了不立刻死人，他們認爲都可以。他們的這種反應，是企圖用低標來將大事化小，小事化無，他們或許以爲這件事拖一陣子就會拖過去。近年來，台灣出了那麼多食品事件，如果肯去面對，台灣早就該對食品管理做出改革了，但以前的問題不都是拖過去了嗎？

由於政府無能已久，它甚至對餿水油事件的判斷力也失去，此案政府以拖待變，其實是愈鬧愈大。政府的食管問題已全部暴露，例如GMP形同虛設，政府食物進口形同無政府。

當事情鬧大，而且成爲跨國醜聞，商客到了最後才出面，它們是加害者卻表現得像是受害者，明明與香港出口商是一家，卻宣稱也是被港商所害，狡賴與政客一模一樣。星宇號人物犯錯，還懂得痛哭認錯，而政客與商客害人更大，卻死不認錯。難怪台灣會每況愈下了！

二〇一四・九・廿三

黑心政府，黑心商人

人的行爲都受到國家及社會制定的「賞罰報應系統（Awarding system）」所制約。如果這個「賞罰報應系統」清楚有效，人們自然會循規蹈矩，不敢爲非作歹。但若這個系統無效，對爲非作歹的人，就等於是變相鼓勵。當一個社會，做好人的得不到獎勵，反而等於受到懲罰，當然大家都拚命去做壞人。

前幾年，美國加州大學聖地亞哥分校教授大衛．賽門（David R.Simon）寫了一本《精英偏差行爲》。書中即指出，當今的國家社會，由於只注意打殺燒搶等藍領階級的街頭犯罪，對白領階級的公司犯罪和金融犯罪都不重視，於是大公司的污染環境，甚至製造有害商品之事，遂層出不絕，一個公司，尤其是大公司犯罪，也不傾向判決坐牢，只是罰一點小錢了事。用「金錢罰」取代「自由罰」，等於用一點小錢就可買罪。當白領階級的公司犯罪已如此便宜，不去犯罪的才是傻瓜。

過去一年來，台灣的食安問題一個接一個爆開，現在終於爆到台灣最大咖的頂新魏家頭上。頂新親家已是台灣第三大富豪，當一個企業賺了那麼多錢，做起生意來，自然應當知法守紀，爲商人之表率，而頂新雖然富可敵國，但它在食用油問題上，卻一年連三爆，其黑心無良程度舉世少見。

對近年來食安風暴不斷，食品業者無商不奸，媒體都把重點放在「黑心商品」和「黑心廠商」上，但我則不然。根據「賞罰報應系統」的觀念，好人會被制度獎勵出來，壞蛋同樣也會被制度獎勵出來。因此我相信，當一個社會黑心商人氾濫，必定是以政府的黑心為前提。當一個社會的黑心商人，黑心變成本小利大的行為，它就鼓勵出不黑就吃虧的商業普遍價值，最後當然無商不奸，無商不黑了。

所謂「黑心政府」，並不是指政府明目張膽的去做壞事，而是說政府故意在黑心食品問題上棄權，它該管而不管，官商勾串，官員和民代替黑心商人護航，出了事他們這一票人只會出來說一堆漂亮的空話來避鋒頭，拖時間，等到大家都忘了，什麼也沒改，什麼也沒變，一且照舊。馬政府的黑心，乃是它在食安問題上講盡漂亮的空話，卻又實質澈底無為卸責，台灣的黑心商人一定高呼「馬政府萬歲」！

一個政府從事食管，其實是很容易的事。如果政府有能，有足夠的食管檢驗人員，有效的例行檢驗；違規者該罰就重罰，負責人該關就關，當然混冒違法之事就無人敢做，但在台灣卻不然：

一、台灣的政府只會做表面文章，只靠著廠商的產品標示和廠商們自己搞的所謂國家認證，就把責任撇開，以為廠商就會誠實標示。這是黑心政府的自欺欺民。

二、這個政府完全沒有在強化廠商管理和商品檢驗上多花心力。因此台灣的食品安檢有等於沒有。近年有的食品風暴，都是人民檢舉或地方小官所踢爆。這意味著製造黑心食品被

發現的機率很低，這對黑心商人不啻爲最大的鼓勵。

三、黑心食品被踢爆，台灣的行政罰極爲輕微，對黑心廠商只不過形同被蚊子叮了一下，毫無懲罰的意義，甚至更有政府機關知而不辦，形同幫忙吃案之情事，事情鬧大，縱使起訴，量罪亦極輕，如果有人主張修法加重罰則，執政黨的立委也都在官商聯合體的關說下，修法受阻。台灣食安和工安風暴不斷，但到如今，大老闆被抓去關的連一個也沒有，重罰的也一個都沒有。當一個「賞罰報應系統」形同虛設，對黑心商人就等於最大的鼓勵。

古人認爲，一個人在穿草鞋時，比較會寡廉鮮恥，去賺黑心錢，等到有錢後改穿皮鞋西裝，就會有廉恥心，不再賺黑心錢。但這種規律，在台灣是不存在的。頂新魏家已是台灣第二大富豪，他們已是開自用飛機的最富一族，但他們仍在大賺黑心錢。對這種黑心商人，黑心政府當然只會縱容，人民的抵制會有用嗎?真正的方法，是讓這個黑心政府倒台！

二〇一四・十・十四

當司法遇到富豪

前幾年，哈佛大學著名教授桑德爾（Michael J. Sandel）出了一本名著《錢買不到的東西》，該書的台灣譯本是我寫的導讀。

桑德爾教授在該書裏指出，現在的世界一切是非正義都變小了，只有金錢愈來愈大。有錢就可以買到各種特權和世間的一切，包括了有錢可以買罪。

桑德爾的論點不只對美國有效，對台灣可能更加的精准。台灣的司法只要一碰到富豪級的大老闆，就會自動轉彎。錢在台灣是可以買罪的。最近就有兩例。

台灣的電子資訊大亨張虔生，是排名十幾的大富豪，他的「日月光」年收爲兩千億。生意做那麼大，錢賺的那麼多，心應該很白才是。但「日月光」的K7廠，去年被查獲亂排廢水進入高雄後勁溪。該案十月二十日高雄地院宣判，超乎常理的輕判，四個公司高幹分處一年四個月到一年十個月的徒刑，但均緩刑，張虔生則不起訴，如此輕描淡寫的劃下句點，這不就是司法碰到巨富大老闆就轉彎嗎？

除了「日月光」的輕判外，大統黑心油事件發生在去年十月十六日，主角大統董事長高振利只是個小富豪，因此很快就被起訴，今年七月已被判刑十二年，罰金三千八百萬。但同

案的頂新味全卻拖到十月廿一日，才被台北地檢署起訴求刑十五年。頂新涉及的強冠餿水油及正義飼料油還沒有起訴。頂新涉及的大統部分，事情已過了一年多才起訴。如果頂新沒有飼料油案，它的大統案可能根本沒有下文。

由一個食安案件，可以拖一年多，可見台灣的司法檢察系統，對頂新魏家的包庇與客氣。我甚至已認爲，到時候，頂新的案件極可能會像日月光一樣，也馬馬虎虎的輕判結案。頂新魏家是台灣第二大富豪，一年營業四千億，他們的政商官學關係一定比「日月光」更多。日月光都可以由有事搞成沒事，頂新怎麼會有事？司法碰到超級富豪大老闆都會轉彎，日月光的張家如此，頂新的魏家大概也如此！

因此，美國桑德爾教授的論說，實在值得台灣借鏡。今天的世界一切都變小了，只有錢愈來愈大。有錢的大老闆，可以養許多政客幫他們護航，也可以養許多學者幫他找理由，到了最壞的情況，他可以花錢找到一堆最精明的律師，幫他找司法的漏洞，因此司法和法律必然會向大老闆傾斜。這次日月光的被輕判，合議庭法官絞盡腦汁在替日月光開脫，其理由都極牽強。看了日月光的輕判，我更加相信，司法在台灣不受尊敬是對的！

因此有錢真好，有錢的大老闆可以污染河川，可以大賣黑心商品，出了事就可以靠著金錢的權力，大事化小，重罪變成沒罪。因此，大老闆萬歲！

二〇一四・十・廿三

台灣開始大崩壞

我寫文章幾十年，都在追求知識的深度，從不用「愛台」、「賣台」這種意識型態語言。但最近台灣經濟和社會的持續惡化，已使我按捺不住脾氣，我要說馬政府由於無知無識，他們已澈底「出賣」了台灣的利益，台灣已告大崩壞！

當馬英九在搞ＥＣＦＡ時，我就公開反對，我反對的理論基礎是近代的「依賴理論」，我認爲馬的中國政策，將使得中國成爲「中心國家」，台灣則淪爲「依賴而不發展」的「依賴國家」，其結果就是台灣的技術、人力和資本加速向中國移出，抽空了台灣，商人則是「資金流出，利潤不回流」，肥了台商，瘦了台灣這個國家。

而過去幾年的發展，我的論點已得到證實。根據最新的數據，九百份的外銷訂單，海外（**主要當然是中國**）生產的比率已達到百分之五十五點六，創下歷史新高。這意謂著台灣的生產只對台商有意義，對台灣的就業、薪資，以及社會的財富都沒有意義。

其次，則是「錢留海外，債留台灣」的情況日益嚴重，它們以投資爲名，將錢和借貸大量匯出，利潤也不回流，反而是持續向台灣擴大借貸。

就以「鴻海」爲例，它累積海外未匯回獲利已高達五千六百七十億，而向台灣的長短期

借款高達兩千五百一十六億元，所有的大台商都是同一模式。就以最近在台灣惹出大事的「頂新」和「日月光」爲例：

「頂新」旗下的「味全」，負債高達兩百五十八億，而持股都在它設於開曼群島的「頂新開曼」名下。

至於亂排廢水進高雄後勁溪的「日月光」，累積海外獲利已達一千兩百三十九億，債留台灣則高達六百零一億。

而這些大台商在中國久了，由於中國的工業安全和食品安全標準極低，在中國設廠，亂排廢氣廢水，中國官方都馬馬虎虎，中國食安也標準很低，只要不立刻死人或生病，都無人聞問。當這些大台商習慣於中國的低標準後，就很自然的把中國的低標準帶回到台灣。於是「依賴理論」那種經濟上的「依賴而不發展」遂告擴大，台灣的政府也進入「依賴而不發展」的階段。

台灣的政府以前爲了公眾利益，多少還會對大公司進行調控，不能亂排廢氣廢水，不能生產僞劣食品，但現在的大型台商都帶頭在做黑心事，馬政府當然不管不問，甚至還蓄意袒護。

這些黑心大台商之所以敢於張狂如此黑心，其實是有一個黑心政府所致。黑心大商人加上黑心政府，已把整個台灣社會拖到了退化的方向，台灣已被中國所同化。「依賴而不發展」，已從經濟擴延到政府、政治和社會等價值面。近年來，馬政府許多風格已愈來愈像北京，台灣也愈來愈像中國，這都是「依賴型國家」的宿命。

基於上述的推論，我遂認爲，今天的台灣日益退化，各種大台商帶頭的工安和食安事故不斷，這都不是個別性事件，而是結構的必然，所以這個政府還能讓它存在下去嗎？台灣人怎能不覺悟呢？

二〇一四・十・廿八

返鄉的強盜鮭魚

這一次我想談一組專有辭彙，它與當今的「土豪資本主義」的社會條件完全類似。這一組辭彙有四個辭：

第一個是「鍍金時代」（Gilded Age），它主要是指美國在一八六五年打完南北內戰，國家統一，市場做大。這即是歷史上第一次一個大國覺醒，全美國處處都是商機、遍地都是油水，整個美國一片繁榮、金光閃閃。美國文豪馬克吐溫寫了一本小說《鍍金時代》，來形容那個時代的風俗，人人向錢看，都想發財，各種不擇手段的政商行爲氾濫。

第二個是「強盜公侯」（Robber Barons），它是指那個年代的生意人不擇手段地做生意，坑蒙拐騙無所不用其極，官商勾結也到了極點。例如，當時美國第一富豪阿斯特（John J. Astor）是房地產大亨，他與紐約市政府勾結，廉價取得土地，建成住宅租給人們。他最得意的名言就是「整畝整畝的買，小塊小塊的賣」。只用了二、三萬元就可以賺進二千萬元，他成了紐約貧民窟的大王。再例如，包括史丹福大學創辦人利蘭．史丹福（Leland Stanford）在內的「加州四人幫」，他們建造太平洋鐵路，雇了三千名愛爾蘭工人、一萬名華工，爲了不發工資，製造一下爆炸意外就死了許多工人，省掉許多工資。

第三個是「誇張到令人側目的消費」（conspicuous consumption），這是當時思想家凡伯倫（Thorstein Veblen）在他的傑作《有閒階級論》（The Theory of the Leisure Class）裏所發明的形容片語。它是在說那些賺錢如同搶錢的黑心巨富，他們由於錢來得容易，花起來也豪奢無比，他們住的地方如同皇宮，在那個時代就已有遊艇；甚至他們的貓狗寵物都配戴鑽石、珍珠項鍊，財大氣粗，窮奢極侈，已到了人類史上前所未有的高峰。

第四個是「腐化政治」（corrupted politics）也到了極點，在那個官商一體的時代，上自白宮，下到地方地方政府與議員，無人不貪、無黨不貪，最有名的是紐約的「坦慕尼協會」（Tammany Hall）。那個時代共和黨最大、最貪，民主黨也不遑多讓。「坦慕尼協會」是紐約民主黨的組織，它原本是個慈善組織，後來也被貪腐同化，成了紐約民主黨的貪腐總部；但總體而論，共和黨的貪腐仍是第一。

中國土豪奸商勝過美國強盜公侯

於是一八九六年，美國遂出現歷史上最厲害的反動選舉。中產市民與民主黨結盟，形成「人民黨——民主黨連線」，推出布萊恩（William J. Bryan）競選總統，要把貪腐的共和黨拉下來，於是富人們出現危機意識，大團結支持共和黨的麥金萊（William McKinley）。結果靠賄選，麥金萊以七〇三萬票大勝布萊恩的六四七萬票，那是美國政治史最黑暗的一頁，貪腐的黨獲勝。

因此，這次我集中來談美國當年「鍍金時代」，及當時黑心巨商、貪腐政客與惡劣的社

會風氣，其實是想以古鑑今，來談兩岸及台灣。

近年來中國經濟崛起，中國人口近十四億，它的崛起是個比當年美國崛起還要大的「鍍金時代」。由於中國滿地皆油水，所以中國貪官與土豪奸商，他們的場面遠遠勝過當年的美國。在中國經濟崛起的過程中，大型台商當然也有分，所以中國的土豪資本主義及貪官文化中，一定程度的移植進了台灣：

一、中國成長的主要目的是要增加就業，因此在「就業第一」的經濟政策下，其他諸如環保、食安、消費者保護都不在中國政府考慮範圍內，也造成中國的空氣汙染與河川汙染世界第一。這對大型台商當然極爲有利，到中國投資設廠，亂排廢氣、廢水無人管理，當他們在中國習慣了那一套，就自然地把它也搬回了台灣。日月光是兩岸間的紅頂大商人，它會把有毒廢水排進高雄後勁溪，一點也不使人意外。透過兩岸市場的合一，兩岸的環境標準已經被拉平。台灣對日月光會輕罰，也是證明。

台商把中國模式移植台灣

二、中國的食安標準極低。一種東西吃了不立刻死人或生病，中國就會接受，至於對健康是否有害，中國根本不會介意。而大型台商就利用了中國食安低標準的天賜良機，在中國發財致富。在中國發了財，它們成了大鮭魚，也把中國那一套帶回了台灣。因此，大台商頂新會搞出食用油風暴，一點也不讓人意外。在中國就是這麼搞的，在中國可以，在台灣當然也可以！而且我敢預測，到時候頂新必然也會像日月光一樣輕判。

三、台灣這些大台商巨富，他們在台灣的風格也移植了中國的土豪風格，住豪宅、開豪車與富豪飛機，子女結個婚也會花掉幾千萬元。他們以強盜土匪的方式大賺其錢，而享受到公侯皇室的待遇，他們不是現代的「強盜公侯」，又是什麼?在這些土豪台商的帶頭下，台灣其實已被中國所同化，這也意謂著台灣政經的快速退化！

二〇一四・十・廿八

奈何刑不上大奸商

古代中國以「禮」治國。所謂的「禮」，並不是後代人認爲的「禮節」、「禮貌」，「禮」的本義乃是指人類行爲中的核心價值，它包括了廉恥、節制等至高的道德項目。因此，作爲統治階段的官僚士大夫如果犯錯，就必須知恥，自己跑去皇城偏僻角落的皇家菜園，向管理菜園的「甸師」報到，然後北向跪拜，自己切腹了斷。古代周朝的切腹，在《周禮》有很清楚的記載。

關於周朝時官吏大夫的切腹謝罪，西漢時的官僚學問家賈誼，寫過長篇奏議《陳政事疏》，其中就有詳細的發揮。後代所謂的「禮不及庶人，刑不至大夫」就是出自這篇奏議。

大夫犯罪自己切腹

西漢離周朝還不久，對周朝制度的真正意旨還印象猶存。賈誼在奏議中表示，做爲統治階級的一員，就應該有較高的道德標準，犯錯違法就應自行了斷；如果官吏大夫犯罪，也像老百姓一樣，拖拖拉拉抓去砍頭，對統治階級而言，這是多麼沒面子的事，有損統治階級的正當性。因此可見遠古的周朝，它的政治價值與制度雖然原始，但還是很有進步性的。

因此，古代的「刑不上大夫」，不是統治階級犯罪就不必處罰，而是說統治階級如果犯罪，就應該用更高標準去處理——乾脆一點自己切腹了斷，不要再鬼扯硬拗。只是到了後來，中國的專制政治加強，封建性擴大，開始官官相護，「刑不上大夫」被解釋成官僚士大夫犯罪不必處罰，於是中國開始進入政治的黑暗時代。

不過，遠古時代知恥自裁的價值，在中國雖已消失，但在知恥性格較強烈的日、韓，卻多少保留了下來。最近日韓就有兩件事使人感動又感慨！

日韓出事自殺謝罪，台灣好官我自為之

在日本，乃是神戶「理化學研究發展再生科學中心」副主任笹井芳樹，他指導的研究員小保方晴子所發表的論文被認爲涉及造假，遭到英國《自然》（Nature）雜誌撤銷。這起事件笹井芳樹只是指導人，而非當事者，但他仍認爲指導不周，乃是奇恥大辱，因而在今年八月自殺謝罪。近代學術醜聞已多，只有笹井芳樹這個大牌學者自殺，他的自我求全，廉恥心強到如此程度，真令人動容。

在韓國，乃是十月間一個科技園區慶祝造勢活動，找了幾個偶像團體去表演，觀眾人多，有些人站在不該站的出風口鐵網上，鐵網不堪載重而崩陷，造成十六死、十一人重傷的慘劇，負責這項活動維安的一個吳姓科長，雖然不是他的錯，但他也羞愧地自認有責，跳樓自殺。

日、韓這兩起自殺案，都讓人感動，他們都只有間接責任，卻選擇了自殺謝罪；他們的

作法，在台灣或中國這種華人地區，是絕對不可能出現的。華人的無恥早已成了習慣，當官的無論多麼無能，無論出了多大的紕漏，他們如果知恥，早該自裁不知道幾次了。而台灣這些大官，卻仍「好官我自爲之」的尸位素餐，不必負任何責任，不必下台，也沒有究責。台灣已不是「刑不上大夫」，而是更嚴重的「責不上大官」了！

最近一年多，台灣食安風暴不斷，工業安全也事故頻傳；但由最近的發展，我們已可看出，台灣不但「刑不上大夫」、「責不上大官」，甚至更進化到了「刑不上大奸商」這個新的境界。

遇巨商富賈法律轉彎退位

日月光是年收二千億元的巨富，它排放廢水進入高雄後勁溪，公司高幹雖然被判有罪，但都緩刑，老闆張虔生甚至不必起訴，這是司法碰到大商人就轉彎的證明。至於食用油風暴，最初的大統高振利只是個地方小財團，馬政府辦起來很俐落，十幾天就起訴，一審判刑十六年，及罰款五千萬元，但同案的頂新，卻拖了一年多才起訴；另外則是同時的富味鄉也是大財團，它的老闆也是緩刑。由大統重刑，大老闆富味鄉輕判，更大的頂新拖過一年才起訴，已可看出台灣的司法是看人辦案，看人量刑的。

巨富豪商有好的黨政關係，他們有許多名流政客護航，出了事他們由於錢多，可以找最精明的律師幫他們出主意、鑽漏洞，甚至去遊說法官。他們利用金錢所造成的權力，可以大事化小，小事化無，司法也對他們有所忌憚。司法是用來對付窮人的，有錢人也只辦到大統高振利這種地方財團爲止；再大一點的豪商，甚至像頂新魏家、統一高家這種富可敵國的超級巨富，司法一定對他們讓道。

從「刑不上大夫」到「刑不上巨富奸商」，當法律碰到巨富就會轉彎，難怪台灣的人愈有錢愈黑心了。我甚至敢斷言，頂新的黑心油現在雖然鬧得那麼大，但只要時間拖久了，熱潮拖過，頂新必定也在黨政司法的護航下，船過水無痕的輕判了事。若要想頂新案不能唬弄而過，唯一的方法，就是讓袒護黑心商人的這個政府澈底倒台！

二〇一四・十・廿九

追出魏家的大門神

頂新魏家的新聞愈鬧愈大。魏家以最大尾鮭魚的身分，返台回鄉，享盡所有的合法與非法特權，不可能沒有一個特大號的門神幫他們鳴鑼開道。因此，魏家敢於如此張狂，他們的門神是誰？新聞界有責任將它抓出來，也只有抓出這個大門神，頂新案的許多重要環節，才可以水落石出，一切瞭然。

有些媒體已有報導，宣稱「馬英九是魏家最大門神」，這種說法一出，我們的「九趴總統」，當然嚇得手軟腳軟，因爲這種說法若被證實，不僅馬的行情將下跌，「九合一選舉」國民黨也不用選了。所以馬英九立即發出警告，要求道歉，否則就要提告。我希望他提告，因爲他若提告，就有利於澄清魏家大門神這個問題。無論真相如何，魏家肯定是有一個大門神，這個門神如果不是馬英九，那麼是誰？

魏家當然有個大門神，而且這個門神必然是非常的大，大到是以隻手遮天：

魏家入主一〇一，是誰有權去指揮財政部，以及各大原始股東讓出股權給魏家，讓魏家可以出任副董兼總經理，這個有權去號令財政部和行庫的人是誰？

魏家的頂新味全，涉及大統劣油案，居然拖了一年多，才被起訴，因此頂新魏家的那個大門神，一定享有號令司法檢調的特別權力。這種權力大到如此程度的人，在台灣不出兩、三個，那麼他是誰？

頂新魏家在台灣相關的附屬企業，貸款總額幾百億，而且多屬特權性很強的聯貸案，這種大型的聯貸，沒有大門神級的大老闆去打招呼，都是不可能的。因此，這個大門神如果不是馬英九，他會是誰。

頂新味全案爆發的過程，我們的政府難脫反應遲鈍，特意袒護之嫌，只是到了後來，民眾反應強烈，政府才改變態度。這意謂了我們的行政管理食安系統，的確是碰到了頂新這麼大咖的老闆就只有觀望，要等到「上面」表態後，他們才敢有動作，這個「上面」是誰？

最後一〇一董事會逼退不成，有「上面」的人過來施壓，到了下午，魏應交才辭，這個上面的人是誰？財長張盛和應該清楚的交待，魏家也應交待，人們才知道其運作的真相。這些事不容都在黑箱裏！

因此，魏家的事，有許多都是躲在暗處運作，顯示他們家的大門神，擁有極大的權力，可以在暗中運作政府的食安部門、司法部門，以及財政及行庫，誰有那麼大的權力？

如果不是馬英九，那個人是誰？台灣的立法委員和新聞界，有責任把它搞清楚！

二〇一四・十・三十

台灣變天兩段論

國民黨在蔣家兩代死亡後，即進入走向衰敗的過程，國民黨的勢力版圖，也由濁水溪一路北退，退向大甲溪甚至淡水河。從今年的「九合一」地方大選到下次總統大選，已到了國民黨可能永遠失去台灣政權的前夜，馬政權的歷史地位現在大致已可確定，它是國民黨的「末代皇帝」。

今天距「九合一」的投票只剩三個星期，由迄至目前的態勢已可看出，由於馬政府的無能妄爲，台灣反對國民黨的情緒已到了前所未有的程度，國民黨如果輸了中彰投，那就是它已敗退到了大甲溪；如果它輸了台北市和基隆市，那就是已敗退到了淡水河。而這都是非常可能發生的情況。國民黨真正的鐵票區，只剩桃竹苗地區，藍營也只剩花東這個後山地區，以及福建的金門連江兩縣，這也就是說，今年的「九合一」已是台灣大變天的前奏，它預告了下次總統大選的中央變天。這是台灣的「兩階段變天論」，第一階段是地方變天，接著是中央變天。

「九合一」選舉由於涉及第一階段的變天，易言之，它當然是國民黨保衛政權的第一仗。而且「九合一」如果敗仗，國民黨內必定出現要馬辭掉黨主席的聲浪；如果是大輸，國民黨更甚至有人會出來要他提前下台。因此「九合一」，除了攸關變天外，也和馬的未來下場密切相關。正因爲「九合一」關係如此重大，所以從十月份起，馬和國民黨的整個黨團體系全都投入了選舉，各種手段也開始無所不用其極。

政治有兩種，一種是教科書的政治，另一種則是只許成功、不可失敗的「權術政治」。當一個政治體在進步時，教科書的理性政治就會當道。但若一個政治體的主角面臨生死存亡的政權保衛，這時政治就會退化，走向不擇手段的權術政治。由於目前的馬政權已面臨變天的考驗，所以今年的「九合一」選舉已註定成爲一次最不擇手段的競選。最近這段時間，馬下令對柯文哲展開ＰＫ攻擊，現在又傳出柯陣營的竊聽事件，馬又放話將食安問題全部推給前朝，這些都是奸狡齷齪的手法。馬早已行情下跌，成了票房毒藥，而他卻悍然領軍去拚選舉，保政權和保自己，因此未來的三個星期，他們必會使出更不堪的手段。

因此，未來三星期，卑劣的競選手段，已必須特別注意。由世界各國的普遍經驗，當一個政黨爲了保衛政權，都必然會在手段上無所不用其極。馬政府現在距投票還有三星期，惡劣的手段已玩到這種程度，未來三星期必會變本加厲。而最可能的「撇步」，不外是：

一、賄選買票擴大。近年來，國民黨動輒喜歡合併選舉，表面理由是合併選舉可以節省政府支出，但真正的理由，乃是合併選舉，可以用套票的方式進行賄選。一張賄選的套票，可以包下村里長到縣市長好幾個職位，賄選的效果更佳，選民賣票的收入也多，大家也比較願意出賣。報導即指出，金門一組套票已喊價到五、六千元，出賣選票真的不無小補。因此「九合一」選舉的賄選必然大盛。在主要的都市，一票一萬，可以包下縣市長、縣市議員等

下 收場

好幾個職位。根據當年美國的經驗，一八九六年乃是共和黨保衛政權之年，貪腐無能的共和黨爲了保住政權，賄選手段已到了極端，最後靠買票終於保住了政權，但共和黨的當選人麥金萊當選後卻發現他已無法派任任何官職，因爲共和黨爲了要錢，所有的官職都已賣掉。當一個政黨爲了保衛政權，它的賄選必然大舉出動。

二、一個政黨爲了保衛政權，必然特務手段盡出。一九七二年六月美國之所以發生「水門案」，原因就是尼克森爲了拚連任，防止失去政權，遂闖入水門大廈的民主黨總部，竊取資料並裝設竊聽器。因此柯文哲的總部會找到竊聽器，一點也不使人意外。竊聽和監聽乃是國民黨老吃老做的慣技，上次大選，蔡英文所有的行程以及找彭淮南當副手的事，馬都在事先即知道，這不是竊聽監聽，什麼才是竊聽監聽？統治者和統治政黨，掌控了國家機器，特務是最好用的利器，今年的「九合一」，特務們會搞出什麼手段，會炮製炸彈槍擊案？或製造出什麼事端？台灣的候選人或選民，一定要提高警覺。

三、近年來，台灣的政治已有很大一塊被中國化。透過大咖台商放話喊話；以賄選的方式鼓勵台商台眷投票，補助回台的機票，這都已成了例行的手段。而人們尚未警覺到的，乃是國共合作，靠著合演雙簧拉抬選情這種新的選舉模式。馬英九第一任選舉，當時中國多事，馬也知道若不講話，將對選情不利，因而找了某位企業界人士到北京見了胡錦濤，得到胡的首肯，胡表示「只要有利於你們的選情，你們如何批評，我們不會介意」，該次選舉，馬因而對胡溫發出重砲，顯示他的神勇，對拉抬選情的確有很大的幫助。

從此以後，國共合演雙簧，拉抬選情的模式即告確定。而現在北京當局也知道，國民黨馬政權危機重重，又到了北京出手救國民黨的時候。因此最近馬英九對香港佔中運動大放厥辭，北京也展開還擊。

對此有許多人認爲是兩岸關係已趨惡化，但我的解釋則不然，我認爲這是北京出手救國民黨的新雙簧的開始。國共在共同利益之下，可能在炮製兩岸緊張，兩岸愈緊張，對國民黨選情愈有利。如果兩岸緊張到了一定程度，造成人心惶惶，國民黨的選情不是沒有可能逆轉的。香港佔中已超過一個月，馬在初期悶不吭聲，到了台灣選情吃緊後，他才一次比一次勇猛，因此我們真的不能排除這是國共的新雙簧之可能！

二〇一四・十一・九

九合一選舉來了！

以前蔣經國有次敦請辜振甫出來競選市長，辜老婉拒。他的理由是，如果他出來選舉，辜家的祖宗八代一定會被刨根究底的罵成一團，他爲了愛惜祖宗，還是不選爲妙。辜振甫一生應對進退得宜，反而得以保泰，成了台灣人普遍尊敬的「辜老」。如果他選市長，當市長，絕對會搞得名聲大壞，累世不得翻身。

因此辜振甫不出來選舉，真是聰明睿智的決定。台灣這個社會，雖然號稱民主，但卻有舉世可能最糟的選舉文化。別看政客們普通時候穿著人五人六，講起話來也舌粲蓮花，但一到了選舉，尤其是對手強大的選舉，他們就身分地位全忘了，而開始口不擇言、行不擇當。於是爆粗口、行爲惡劣，遂全部出現。政治人物到了選舉的時候，他們的表現和鄉野鄙夫鄙婦，可說完全沒差。更糟的是，當選情告急，政治人物的表現更會大失人性，說出天理人情都不能接受的話。當選舉搞到如此程度，縱使贏了也等於輸了。選舉再大，絕對不能大過人性。

對於這次「九合一」選舉，由於它涉及台灣的變天和馬英九的未來，我早已指出，它會是台灣選舉史上最惡劣的一次選舉，國民黨在手段上必定無所不用其亟，政策買票，具體的賄選，惡劣的抹黑等都早已展開。到了最近，由於是短兵相接的捉對廝殺，各種不堪的謾罵和醜話更是氾濫。

最近，連戰夫婦護子心切，連戰居然爆粗口，又把別人祖宗找來抹黑，連戰妻子也忘了柯文哲當時救連勝文的恩情，在那裏說些奇怪的話，連營也刊登很不應該的選舉廣告。在我的認識裏，連戰夫婦應該不是那麼惡劣的人，但選情一急，性格就會大變。他們講了不該說的話，受到媒體指責，他們也立刻修正和致歉。

選舉是一種很獨特的考驗人格的機會。絕大多數政客一到選舉，尤其是可能會輸的選舉，都會人格大變，人心最深處的惡意就會迸發。這種事，在西方民主深厚的國家，大致上已不可能出現這種情況。西方政治人物至少已知道，選舉雖是競爭，但犯不著用恨之欲其死的態度來對待。對別人作出人身攻擊，或罵別人的祖宗八代，這都暴露出自己的無品。選舉的輸贏可能很重要，但人品更重要。輸了選舉和輸了人品相比，輸了人品才是更大的悲哀！

據我所知，最近由於國民黨的選情不樂觀，國民黨內那種宵小型的人物突然大增，他們在散布危機感，並主張不擇手段也要贏得選舉。目前國民黨內每個候選人陣營，都是這種宵小當道，所以選舉已愈來愈無品。我鄭重呼籲選民朋友，對無品的行為要警惕、要唾棄，也期望國民黨的候選人要有自覺，輸也要輸得漂亮。如果手段很不漂亮，那就會毀了台灣的民主選舉！

二〇一四・十一・二十

「票倉政治」的解構

在台灣，若一個縣市有固定的投票偏好，我們就會說它是藍營或綠營的「票倉」，美國則說某個州是民主黨或共和黨的「票倉州」（Solidly state）。

但這種「票倉政治」其實是不好的。「票倉」會使得該州領導人缺乏政治彈性，也容易在該州形成僵化的體制，甚至會影響到美國總統的政策。美國總統經常爲了鞏固他的地方實力，去做不利於國家，但卻有利於「票倉」的決策。因此這次美國期中選舉，民主黨大敗，甚至還輸掉三個民主黨大「票倉」，馬里蘭州、麻薩諸塞州，以及伊利諾州的州長職位。對於這種「票倉州」的失敗，美國的評論界和政治學者認爲這其實是好事：

一、美國評論界認爲，近年來美國的「票倉」已趨固定，而且難分軒輊，這已造成兩黨意氣式的對立趨於嚴重，公是公非的對話愈來愈少。對政治人物，政黨的利益已凌駕於國家的利益。

二、當兩黨各有各的票倉，遂造成政治人物只管自己這一邊的票倉利益，而不去構想國家的未來改革問題，歐巴馬就是個典型的「票倉政治」代表人物。他靠著民主黨擁有行政權和參院控制權的優勢，對共和黨不理不睬，自行其是，他的外交和軍事到處製造麻煩，使得民主黨在美國人心目中的評價快速貶值。

三、美國有些州是民主黨票倉，有些州是共和黨票倉，但美國也有許多州哪一黨也不是，這種州就是「搖擺州」（Swing state）。這種「搖擺州」的兩黨選民比較彈性和理性，這些「搖擺州」的民主黨選民對歐巴馬的許多表現都有意見。

但對這些州的民主黨溫和派，歐巴馬卻不理會。因此這些「搖擺州」的民主黨州長參選人都視歐巴馬爲票房毒藥，不要歐巴馬來站台助選。「搖擺州」是美國比較理性的州，這些州沒有哪一個黨獨大，所以他們的政治人物遂比較中道，歐巴馬非常討厭這些州，這些州也很討厭歐巴馬，歐巴馬已拖累到民主黨。

因此「票倉政治」是一種壞政治。因爲有「票倉」，所以當政者只求穩住「票倉」，施政只會守舊，不可能創新和傾聽不同聲音。馬政府執政混亂無能，就是因爲他相信有許多藍營「票倉」，他只要抓住了這些「票倉」，選舉就可無往不利。因此，要使馬政府改變，一定要使他的「票倉」大敗。當他發現藍營已不再有「票倉」，他才會重視每個地方，每種人的聲音。一個真正良好的民主政治，是不應該有「票倉」的。

歐巴馬的民主黨，在好多個「票倉州」都大敗，美國評論家認爲這是好事，因此如果國民黨也輸了「票倉」，我也認爲是好事。當一個政黨沒有了「票倉」，就等於它再沒有是非不分的死忠群眾，這時候，台灣的政治才可能理性進步。「票倉政治」只會形成黨派政治，「票倉」垮了，才有真的民主政治！

二〇一四・十一・廿五

國民黨敗象已露

選舉已到了投票前夕，我現在已敢鐵口直斷，由於國民黨的手段無所不用其極，台灣選民的公是公非正義感已被激發，所以這次選舉，已成了新淝水之戰，國民黨已經敗了！

近年來，由於國民黨的馬政府恣意妄爲，不但台灣的經濟日益敗壞，人民的收入和生活日差，大官的貪腐開始增多，更糟的是，由於政府無能，更造成食安風暴的不斷。但對這些現象，馬政府均視而不見，只是一直在唬弄、欺騙和說謊。這次選舉，爲了撇責任、求勝選，於是各種賤招爛招遂全部出籠。這次選舉是我所見過最糟的選舉。國民黨的賤招爛招，歸納起來，計有：經濟恐嚇牌、政策賣票排、搶救中華民國牌、夫人助選牌、漢奸皇民牌、選前查帳牌、大老闆助選牌、暴民政治牌、藍綠對決牌、槍擊子彈牌等等。這些手段以前都用過，而且的確發生了作用。但我們已可看出，台灣的選民在奧步中受傷，但也在奧步中長大，今年似乎已到了「奧步無用論」的時候。就以台北的柯P而論，國民黨的奧步不斷推陳出新，從最初的帳戶牌，到最後的皇民漢奸牌、活摘器官牌，手段愈搞愈狠，但這些手段反而強化了選民對柯P的支持。會有二十萬人主動站出來挺柯，其實已證明了奧步的不再有用！

今天的時代已變了。現在是個網路民主的新時代，國民黨以前壟斷了資訊和意見，它可以炮製各種奧步，但現在只要一用奧步，在網路上立刻就會被踢爆。

就以國民黨立委、醫師工會全聯會理事長蘇清泉指控柯P活摘器官之事爲例，這的確是個狠招，有極大的殺傷力，但現在這種奧步一發動，網上立刻就自動反制，短短的時間內在醫界就大反彈，蘇清泉也不得不改口，甚至以前的衛生署長葉金川和林芳郁也跳出來斥責。網路的快速，已使奧步的破壞力大減，搞奧步的人最後只傷到自己！網路文明的迅速制衡，已使得以前有效的奧步，這次選舉已告無效，反而產生巨大的反效果。柯P的選舉走的是溫和路線，不容易凝聚人氣，但國民黨一直在搞奧步，反而等於是變相的在幫柯P造勢、幫柯P動員，國民黨已成了柯P的最大助選員！

因此這次選舉，國民黨的不擇手段，奧步盡出，真的已把這次選舉打成了新的淝水之戰。當一場大戰，大軍盡出，但卻戰術錯誤，軍勢愈壯，反而敗得愈慘。這次國民黨奧步太多，這種奧步戰術，其實已替它的敗選，奠定了基礎。它打得愈兇猛，人們愈知道它的手腳。

所以我才敢說，這次選舉，國民黨敗了！

二〇一四・十一・廿五

第二部
快速崩壞的政權

馬英九拖垮國民黨

在九合一投票前，我就表示台灣已到了變天的前夜，九合一是地方變天，下一次總統大選則是中央變天，國民黨在台灣已到了落幕下台的時候。而且我也斗膽直言，這次選舉後，國民黨如果大敗，國民黨內要求馬英九辭去黨主席的呼聲一定出現，如果國民黨慘敗，國民黨一定出現要馬英九辭去總統職位的呼聲。

而現在九合一選舉已告結束，由開票的結果，我們已可看出，國民黨不是大敗或慘敗，而是毀滅性的失敗或崩盤式的失敗。這種型態的失敗，就不是候選人的問題，而是該爲大環境負責的人、及馬英九的問題。所以我大膽直言，要求馬英九下台，一定會很快就成爲國民的共識，這已不是內閣改組等技術性的宣告所能轉移的。已有國民黨高層的朋友向我表示，爲了救國民黨，馬英九已須下台。

這次選舉真的是一次改變歷史的選舉：

一、一個執政黨擁有一切黨政軍特和產商所有的資源，但選舉的結果卻是六都只勉強保住一席，整個台灣都全面潰敗，這只能說是執政的全面失敗始能解釋。當一個執政者胡作非爲，就會鼓勵出人民的不滿和覺醒。

下 收場

二、現在台灣由於人民知識程度的增加，資訊的流通，人民的判斷力已告大增，它已衝破了從前左右選舉的派系、樁腳、政府的操控等因素。當每個國民都成了自己能判斷的自由人，傳統的票倉就已破產。這次選舉，國民黨會全面潰敗，肯定和它的票倉動員機器、宣傳機器全面瓦解有關。由於時代的變化，一個真正的新台灣已告誕生，而馬政府卻是個集舊式模式於大成的統治團體，它的全面性潰敗乃是必然。

三、最近這兩年，馬政府恣意妄爲，民間的不滿早已高漲，但它卻不理不睬，還認爲自己是天縱英明，到了選舉的時候，它仍以爲傳統的奧步會有效，因此恐嚇牌、造謠牌、罵人牌種種手段紛紛出籠。我認爲馬政府和馬氏國民黨的這些奧步和奧步背後所顯露的傲慢，已動了全民公憤，這不能說不是國民黨潰敗的最直接近因。

四、這次選舉，國民黨在台灣的三大溪：濁水溪、大安溪及淡水河都告失敗，這是國民黨在全台灣的失敗，這次選舉已瓦解了國民黨一向相信「藍大綠小」的神話，經過此後，台灣已開始「綠大藍小」，當台灣已經改變，下次總統大選誰屬已不難判斷。

因此我還是那句話，國民黨的有識者已必須做出重大的覺悟，他們已需瞭解到，馬政府的傲慢妄爲，其實正把國民黨帶向毀滅，國民黨的黨員爲了就黨救國，已必須有人站出來，馬英九應該辭去黨政職位，只讓江宜樺辭職及內閣改組是不夠的，馬英九不下台，國民黨還會再敗。

二〇一四・十一・三十

馬英九面臨逼宮

人的行爲裏，「辭職」最簡單。無論大官或小民，只要一遞辭呈或發表個辭職談話，東西、打包，就可以走人。清清爽爽，不留半點塵埃。

但人也是複雜的動物，有些人這個算計，那個也算計，太多的算計，會把簡單的辭職算得複雜無比。甚至於到底是不是辭職都迷糊起來。馬英九的辭去黨主席一事就是如此，我甚至敢斷言，他的辭職極有可能只是一場「以退爲進」的辭職秀，說不定事情到了最後，他的辭職問題，會在「團結」的口號下，唬弄而過。因此在馬辭職成真以前，讓我們保持合理的懷疑！

這次「九合一」選舉，國民黨敗到這樣的程度，馬英九當然要負最大的責任。因此馬若真有責任感，開票當晚就應在記者會上宣布辭職黨主席，以示負責。但馬沒有，當晚他即作了兩項佈署：

一、在總統府，總統官邸及國民黨中央黨部增派軍警，加強維安。這個動作明顯的是要防止深藍群眾的逼宮。只要沒有群眾性的逼宮，逼宮問題就容易控制得住。這顯示馬在敗選後立刻就想到逼宮問題，並展開了佈署。

下 收場

二、在敗選記者會上，他輕描淡寫的撇掉自己的責任，並把行政院長江宜樺和黨秘書長曾永權當成負責的防火牆。可見打從敗選開始，辭去黨主席之事就不在他的盤算裏，他顯然也說了必要維持住自己的權力。

到了敗選第二天，台灣媒體開始談論他的辭黨主席問題，但這則新聞卻充滿了疑點：

●馬的可能辭職，都是「放話」，並沒有一個是有適當身分的個人出來表示。因此，在新聞實務上，這是一種「風向球新聞」，並非「真實新聞」。

●馬和馬的親信，似乎是想用這種新聞，間接的試探國民黨各大諸侯在「逼宮」這個問題上的態度，以利於各個擊破。

●於此同時，馬的親信又放出閣揆人選等誘惑性的新聞，這意謂著如果有人逼宮，大概就和大宮無緣，這也是國民黨各大諸侯沒有一個願意表態的原因。

●在國民黨內，還有一個重要的因素有利於馬的戀棧權力。那就是國民黨的各大諸侯多半是外省權貴後代，這些外省權貴面對台灣人的崛起，都有共同的危機感。要求國民黨團結，不只對馬有利，對他們也同樣有利。

●最近這幾天，台灣的媒體都被誘導著在國民黨內部的矛盾上做文章。例如朱立倫的人馬反對吳敦義，國民黨的深藍反對王金平等。在這些問題上做文章，顯然是在突出沒有馬不行的困難

因此，我合理的懷疑，馬根本就不想辭去黨主席，最近的假消息只是他在佈署中常會，要使中常會成為另一次擁馬大會。本週三國民黨中常會上，他會請辭，但各家諸侯會出來發

言擁馬，於是他就順勢不辭黨主席。這就是他的「以退為進」的策略。只是我相信，國民黨中常會如果決定挺馬不辭黨主席，一定會使台灣人民及國民黨員大譁，對國民黨會澈底絕望，這點是馬的親信沒有想到的！

二〇一四・十二・二

國民黨風雨飄搖

「九合一」選舉，國民黨遇到史前無例的慘敗，於是國民黨的黨政改革，立即成了最迫切的問題。要答覆這個問題之前，我們可能要先問，國民黨有沒有可能去改革？我的答案是，由於國民黨並沒有改革派，所以國民黨的改革是不可能的。

對國民黨歷史有理解的，當知道國民黨乃是一個民族主義政黨，而不是一個民主主義或民生主義政黨。因此在國民黨的百年歷史裏，它只在民族主義階段發生過影響力，在倒滿革命及北伐統一時，國民黨的地位的確如日中天。但北伐統一後，民族主義的歷史階段已經過去，從此以後，國民黨即和歷史的發展不再有關。當年北伐後，第三國際代表鮑羅廷曾和國民黨元老廖仲愷對談，鮑羅廷即鐵口直斷：「國民黨已死，只有國民黨人，而無國民黨！」

鮑羅廷的名句名言是有理論依據的。北伐後中國統一，需要在民主和民生上作出規劃，但國民黨只想利用過去的功績來升官發財，已找不到新的歷史目標。因此國民黨就整體而言，已雖生猶死。所以他才作出「國民黨已死，只有國民黨人，而無國民黨」這句歷史上著名的斷言。

因此北伐後，中國的大事，國民黨已和發展無關。就以八年抗戰爲例，國民黨本來根本無心抗戰，只是被民情拖著走，被動的抗戰。國民黨由於不太能領導歷史，最後當然在一九四九年被逐出中國。國民黨在中國的戲已經唱完了。

接著是國民黨佔領了台灣，在冷戰時代，它依靠著冷戰結構而苟延殘喘，由於它不是民主政黨，台灣的民主是人民爭來的，不是它設定的；由於它不是經濟型政黨，在後冷戰時代，全球經濟重編，國民黨遂把台灣經濟搞得亂七八糟，「九合一」選舉，國民黨之所以慘敗，顯示出國民黨在台灣的戲已快唱完了。

如果國民黨是個民主政黨，而對這次慘敗，一定展開政治方向和政策的大幅調整，但因國民黨不是民主政黨，它並沒有民主彈性。因此國民黨內對黨主席之事，談來談去，只是在談權位，而沒有人敢去說「國民黨何去何從」這種根本性的問題。當一個黨不去談根本，它當然不可能作出真正的改變，只是苟延殘喘而已！

再如行政院總辭之事，它放出總辭的消息，最後只是行政院長換了個老面孔，其他幾乎都不動。如果這也叫改革，還有甚麼不是改革？

「九合一」選舉，對國民黨乃是致命性的慘敗，如果國民黨要真改革，就必須以「置之死地而後生」的心情作出歷史性的決斷改變，但國民黨絕不可能。它只會被動拖延，苟延殘喘，忍辱偷生，等著下一次更大的慘敗降臨！

二〇一四・十二・五

馬終於辭黨主席

九合一選舉已經揭曉，國民黨已不是大敗，而是有史以來從未有的毀滅性的慘敗。國民黨只以極微的差距，勉強的保住了新北市、南投、新竹、苗栗與台東等少數縣分，而國民黨輸的縣市都輸得很大。

台灣已經變了，國民黨已成了台灣改變的絆腳石。當一個政黨趕不上時代的改變，它就注定了失敗甚至將淘汰的命運！

修改黨章保黨權

對於這次選舉，我們要切實反省：國民黨的慘敗，是那些個別候選人努力不夠呢？或他們也是受害者？那麼這次慘敗，究竟誰才是應負責任的人？

國民黨慘敗後，國民黨秘書長曾永權已經請辭，此外，行政院長江宜樺也請辭獲准。這兩個人負起慘敗的責任，是馬英九所築的防火牆。我們都知道，曾永權與江宜樺都是唯馬之命是從的乖乖牌，他們其實負不了慘敗的責任，要他們辭職下台，只是叫他們代馬受過而已。那麼真正應該負責任的馬英九應如何自處？

在國民黨慘敗後，在敗選的記者會上，原以爲馬英九至少應做出一些「罪己」的表示，坦白承認自己執政的失敗。但在短短的記者會上，他並沒有「罪己」，只是講一些「團結」、國民黨愈挫愈勇之類的空話。由此已可看出，他已鐵了心，就是要曾永權與江宜樺負起全部政治責任。

慘敗後，國民黨內一定會出現要馬辭黨主席的呼聲，甚至還可能有人要他辭總統。馬自己早已計算到，所以去年十九次黨代表大會，他修改黨章，讓總統當然兼任黨主席，替自己的保住黨權留下伏筆。但這次國民黨慘敗，這個黨章已失去了正當性，所以從敗選開始，要他辭黨主席的聲音必然會擴大！當這種聲音大到一定程度，馬也只好低頭。而且我還相信國民黨內可能會有人提出罷免案，用罷免案來換他的辭黨主席。因此，選後國民黨內的反馬，成了值得注意的趨勢！

深藍重演馬英九逼宮李登輝

國民黨有一種文化，那就是只要選舉大敗，一定會有深藍群眾打著愛黨旗號出來逼宮；當年陳水扁第一次當選總統，馬自己就跑去向李登輝逼宮。正因爲自己有過前例，所以這次慘敗後，國民黨即下令軍警，在總統府、總統寓所及國民黨中央黨部，調派軍警維安，甚至拒馬鐵刺網都告出動，這顯示馬對深藍群眾的抗議已非常懼怕。

國民黨軍警對別的抗議者容易處理，但若深藍群眾打著愛黨救黨旗號出來示威抗議，要求他下台，他就會非常棘手。深藍群眾有許多可能是外省眷村的老年人，這種人如果出來反馬，馬英九的統治正當性就會嚴重受創。馬英九當年逼宮李登輝的故事，現在可能重新上演，而始料不及的是，這次他自己成了被逼宮的對象。未來這段時間，深藍人士會對馬做出什麼樣的反映，值得台灣人民去注意！

對於國民黨這次選舉的慘敗，稍微有點判斷力的都知道，對許多敗選的國民黨候選人而言，他們自己應負的責任，其實小於馬英九搞壞整個大環境的責任。馬的親中、靠中政策，不但搞壞了台灣的經濟，也把中國的低環境標準與低食安標準帶到了台灣。

馬除了會空口說「開放」外，對台灣的經濟轉型與政治轉型，完全沒有去做任何反省；這乃是台灣每下愈況的真正原因，這也是台灣選民全面性的反國民黨的原因。

縱使到了現在，馬似乎並無任何覺悟與反省。在國民黨敗選的記者會上，馬仍是在開放上繼續做文章，就好像他在助選時，除了會說開放外，就是指責民進黨不夠開放。當馬對台灣日益退化的問題仍然毫無反省，那麼縱使換個黨秘書長與行政院長，又有什麼意義？

集體領導重建國民黨方向

因此，國民黨之所以會慘敗，真正應負責的是馬英九，而且我相信馬英九如果不倒，國民黨即不可能改革，將來還會再敗。國民黨慘敗後，有位國民黨的官僚朋友告訴我，如果要救國民黨，唯一的方法就是拿掉馬的黨政權力，將權力交給肯傾聽人民聲音的人，讓國民黨透過集體領導，重建新的方向與效能。

馬英九一向有高壓式的專制思想，因此，他主張團結與鞏固領導中心；他永遠無法理解，一個民主社會的民主政黨，多元的集體領導才是更好的模式。國民黨被馬英九這個領導中心搞得千瘡百孔，馬英九失去權力，對國民黨只是好事，肯定只會變好，不會變得更糟。

在這次國民黨慘敗後，國民黨的各家次級領袖，可能已必須去思考國民黨的前途問題了。至少馬辭黨主席，乃是國民黨自救的第一步！

二〇一四・十二・九

馬真是票房毒藥

台灣的每個人都知道，國民黨選舉慘敗，最大的元凶乃是馬英九，他從油電雙漲，政策傾中，經濟敗壞，薪資水準跌回十六年前水準，勇於內鬥，最後到食安風暴一個接一個發生，他的無能亂搞，已使全民痛心痛首至極，因而全民才用選票加以懲罰；而各地的個別候選人，他們則是受害人！

但國民黨真的是個「見了棺材也不落淚」的政黨。敗選之後，馬英九仍死不認錯，表示他的「國家總路線」沒有錯，當總統死不認錯，國民黨在檢討敗選原因時，遂只能在真正原因上輕描淡寫，反而在不相干的問題上大作文章。

十二月十日的國民黨中常會，提出了敗選檢討報告，國民黨檢討的敗選原因有六，計有「選民以選票來表示對本黨朝政的不滿」、「本黨無法獲得多數青年人認同，並忽視了青年與網路動員力量」、「未能有效整合網路與媒體力量」、「首都選站影響外溢擴及其他縣市」、「忽略選戰議題走向，未能即時調整選戰策略」、「站在部分公民議題團題對立面，影響本黨議題掌握回應」等。這六點，對應真正負責的馬英九，只是點到為止，輕輕滑過，它沒有深入的去談馬的作風與何以失政失去民心。然後避重就輕的在技術性問題大作文章。

就以網路問題為例，這次選舉，每個候選人都在運用網路，國民黨也花了大錢在網路文宣上，但國民黨的網軍都只是官僚式的在操作，支持而主動的網民極少，當然無法主導議題。當馬政府無能失政，支持的網民當然極少。因此國民黨的失政乃是主因，而國民黨的檢討卻對此避而不談。

其次則是國民黨仍在護馬和搞鬥爭。這次選舉，連勝文大敗，他的參選和參選表現不佳當然是敗選的原因，但國民黨卻硬扯連勝文帶衰了其他縣市，這明顯的是在諉過於連陣營，國民黨為何不直接承認馬英九帶衰了所有候選人呢？在選舉期間，馬英九拚了命的在全台助選，我早就說過，馬所到之處，人民都極反對，許多候選人還視他為票房毒藥，他的助選愈用力，國民黨候選人的得票就愈少。馬的票房毒藥效果，已害了所有候選人，這麼重要的敗選原因，檢討報告為何隻字不提？

因此這次選後的檢討報告，不但沒有檢討，反而只是在替馬卸責。國民黨中常委即有人認為這份報告不誠實不深入，要求重寫，但在馬英九不能批評的前提下，重寫又能怎樣？

這次國民黨慘敗，應該是國民黨深入反省的時候。但因為馬英九容不下真正的檢討，所以檢討只能虛應故事一下。國民黨是個縱使見了棺材也不落淚的政黨，因此我們等著它的自敗吧！

二〇一四．十二．十二

下 收場

置之死地而後生？

「九合一」選舉，國民黨徹底的大潰敗，選後隔了一天，馬英九終於宣布辭去黨主席。最近這十多天，國民黨的黨主席問題已成了焦點。但令人惋惜的，大家談國民黨新任黨主席問題時，多半從權力的角度切入，很少人從「國民黨何處去」這個基本的觀點來談國民黨的轉型。

黨的轉型意義重大

我認爲若談未來的黨主席，卻不談國民黨的轉型，則未來黨主席不管誰做，意義都不會太大。只有兩者合併討論，黨主席的改選才有意義，甚至國民黨失敗得才有意義。

而要談國民黨的轉型，我們一定要先討論國民黨的過去和現在。

近代政黨政治的形成過程中，曾經出現一個怪胎，那就是義大利獨裁者墨索里尼所謂的「法西斯政黨」。「法西斯」指的是一串木棍綑綁在一起，中間是根戰斧，代表了人民必須和統治者的意志綁在一起。「法西斯政黨」的特色是：

一、它主張民主是一種集中制，政黨透過各種組織，將獨裁者的意志貫徹到底。國民黨的創黨元老陳立夫等人，當年就是法西斯的信徒，並將法西斯制度引進國民黨之中。因此，「法西斯政黨」乃是一種「支配型政黨」，以民主爲名，專制獨裁爲實。

二、「法西斯政黨」特別強調領導者的個人權威，他的權威就是鋼鐵般的黨紀，不容反對或質疑。

三、由於「法西斯政黨」強調集中，所以它反對部門的自主，而龐大的黨機器則將它的統治末梢擴充到社會的每個角落，俾做爲集中意志的工具，「領袖—意志—集中」乃是它的核心。

馬的法西斯本質

如果我們回頭去看過去幾年馬的表現，就可以看出他的法西斯本質。馬自認是國民黨的唯一太陽，他把黨政軍特所有力量都一把抓。每個部門都派親信去直接監軍：雖然台灣的議會民主已很正常在運作，但馬卻刻意醜化國會、意圖貶抑立法院，使之成爲行政院的立法局，將立法院變成行政濫權的共犯。馬任內，國民黨體制已暴露出幾個結構性的嚴重弊癌。

（一）國家元首兼黨主席，造成了一人獨攬權力，不受節制的新專制。

（二）馬因一人權力獨大，因而一意孤行。「中國國民黨」的黨名使他混淆了認知，不重視台灣的核心利益。他的權力獨大、矮化了國會的監督功能，因而整個政府遂行政不彰，無能一直擴大，他濫用司法檢調，煽起政爭。馬政府之所以造成嚴重的失政，最後使得國民

黨在選舉上大潰敗，實在都和國民黨的體制有著密切的因果關係。

（三）馬在上任黨主席之初，曾公開表示「黨產歸零」的態度，但顯然爲了現實的利益，這項主張卻跳票。國民黨靠著黨產的優勢儘管得到了很多好處，但黨產豢養了龐大的黨工和智庫，卻成了一群政治生產力很低的官僚，黨產已成了國民黨良性發展的障礙。

因此，這次選舉國民黨慘敗，包括馬英九，國民黨的各大諸侯如連吳郝胡朱等受到重創，這反而等於是老天賜給國民黨一個轉型的良好機會。如果國民黨能在代理主席和新任主席期間，找到轉型的新方向，國民黨的轉型改革就會較爲容易，保守的阻力也會較少。

確立權力二元或多元

由馬英九在黨主席任內所犯的錯誤，我認爲國民黨已必須脫法西斯化，它的第一步，就是修改黨章，明白規定總統不得兼任黨主席或黨主席不得參選總統，以防止國民黨成爲一個獨裁的法西斯政黨。爲了讓國民黨成爲一個民主政黨，未來的國民黨應強化國會的角色，使黨的國會領袖成爲黨主席的主要參考人選。若國會領袖成爲黨主席，則可強化黨內對總統或行政院的監督之權，則透過這種新制度，一種合理的黨內民主即可形成。而且就現況而論，由於馬政府的施政違背民意，下一波的受害者會是國民黨立委，下次立委改選將會有許多立委落選。在落選的壓力下，許多國民黨立委已出現「走自己的路」的呼聲，這意謂著國民黨立委已成了國民黨改革的最大推手。國民黨的權力向國會傾斜，也符合民主政治的原則。

因此，修改黨章，明定總統不得兼任黨主席，取消可能獨裁專制的源頭，確立權力的二元或多元，乃是國民黨轉型的第一要務；其次則是國民黨必須重訂政綱，使黨的政策方針以民意爲依歸。本於這種新政綱，重拾國民黨的群眾關係，尤其要有全新的青年工作綱領，強化青年的義工制，取消龐大的黨工官僚制。當黨工制削弱，黨產這個國民黨最大的原罪即可解決。因此新任黨主席需明白表示黨產解決的日程表，以半年爲期，黨產還民。

正名為「台灣國民黨」

而更重要的，乃是國民黨需和歷史決裂，作出黨的重新正名。國民黨成立至今，已易名多次，現在爲了因應時代的變化，重建認同，顯然已需將「中國國民黨」正名爲「台灣國民黨」。國民黨人士不妨捫心自問，一個台灣的政黨以中國爲名，不是很奇怪嗎？國民黨認同混亂，它的源頭就是黨名混亂。

國民黨敗選，有利於國民黨展開「置之死地而後生」的改革，這即是制度的改革，更是文化上的改革，國民黨已沒有多少時間了！

二〇一四・十二・十四

馬猶自不肯罪己

人們都知道廉頗向藺相如負荊請罪的故事。廉頗這個功高位隆的老將做了錯事，知道自己錯了，他決定放棄自己的尊嚴，向藺相如道歉謝罪。他的負荊請罪，其實冒著極大的道德風險，萬一藺相如不肯原諒，真的用荊棘向他鞭打，廉頗的人格與尊嚴就會受到重創，一世英名就毀了。

道歉認錯須承擔極大道德風險

近代道歉認罪學乃是一九九〇年代才興起的新學問，開宗立派的加拿大曼尼托巴大學（U. Manitoba）教授塔烏奇斯（Nicholas Tavuchis）在他的著作《我錯了》（Mea Culpa: A Sociology of Apology and Reconciliation）裏指出，由於道歉認罪等於是犯錯者放棄了自己所有的武裝防衛，把自己的人格放在別人的腳底下任憑處置，而別人也真的可能踩下去，加以追究。

由於道歉認錯必須冒著極大的道德風險，所以近代政治上，很少見到真正的道歉認錯。犯錯的人都是在繞著圈子玩著假道歉、真卸責的語言遊戲。尼克森犯了水門案，他只說「很遺憾」，從未道歉認錯；小布希僞造證據入侵伊拉克，他也只說：「我不後悔消滅了那個獨裁者。」

但在上古中國對道歉認錯卻有完全不同的思想方式。上古時期的夏代與商代，仍是部落酋長制，由於社會是氏族社會，政治相對單純，遂發展出一種自然學的道德主義政治——君主做事，上天會看到，做不好上天就會懲罰。這種上天懲罰的概念，夏禹開其端，商湯將其延伸。

由於商湯是個革命政權，夏桀的暴政乃是它的革命理由，它既是革命，也是上天責罰夏桀。因而商湯遂警惕到，做爲統治者是很危險的，做不好就可能被上天懲罰，被別人革命；與其如此，倒不如自己提高警覺，犯了錯就責備自己。商湯的「罪己」哲學是古代帝王的自我督促，所以商湯在《湯誥》裏遂說：「其爾萬方有罪，在予一人。予一人有罪，無以爾萬方。」在《左傳・莊公十一年》：「禹湯罪己，其興也悖（與「勃」字通，迅速之意）焉；桀、紂罪人，其亡也忽焉。」

「罪己哲學」是帝王政治最高標準

商湯所建立的「罪己哲學」乃是帝王政治的最高標準。一個好皇帝就應該知道，統治國家有如用一條朽壞的繩子駁駕著馬車，必須時時小心、步步小心，做不好就會被人推翻。因此，統治是「完全執政、完全負責」的難事，出了狀況就要責怪自己，不能責怪別人。一個懂得罪己的君王因爲戒慎恐懼，通常都會成爲賢明之主。

下 收場

馬英九不自責反卸責「大家」

遠古的好皇帝，當國家有事都會下詔罪己，這不是發表一篇文告推卸責任，而是皇帝向人民告解，請求原諒。皇帝下詔罪己，其實也冒著極大的風險，但這種風險有時候也會成爲一種道德資本。一般而言，會下詔罪己的皇帝，通常也是一位責任心很強的皇帝。例如中國第一個盛世乃是「文景之治」，西漢文帝與景帝就下過有自責意義的詔書，這些詔書縱使今日讀來，仍可以感覺到他們的誠實與敢負責，所以他們才成就了中國第一個盛世的局面。「文景之治」後才有唐代的「貞觀之治」！

因此，夏禹與商湯開創的統治者罪己傳統，絕對是有正面意義的。「罪己」不是卸責，而是懺悔、認錯，肯罪己的統治者才是個會自我修正的統治者。反之像夏桀、商紂這種真正混蛋統治者，犯了錯只會怪罪別人，焉能不亡。明末的崇禎皇帝自己把國家搞垮，卻認爲是「諸臣誤我」，明朝之亡乃是必然！

九合一選舉國民黨慘敗，大家都知道，這是馬英九的無能施政，牽拖到國民黨所有的候選人。因此，我在選後一直非常注意馬英九的談話，他是否有「罪己」的態度？他是否能真誠的面對慘敗？他是否能經由自責、自省，去做出一些根本的改變？但從敗選至今，馬英九已先後發表了多次講話，我卻看不到他有任何自責、反省。

在十一月二十九日敗選當天，馬向支持者鞠躬十五秒，承認「我們讓大家失望了」；但對自己的責任隻字未提，他只說：「但大家沒有悲觀的權利，更沒有徬徨失落的空間……而是如何積極，不是如何停止，而是如何改革。」在他的觀念裏，敗選不是他的事，而是大家的事。「大家」已成了他卸責的最好理由。

十二月二日，馬出席國民黨的幹部「中山會報」，他正式請辭黨主席，他雖然承認敗選，但仍堅持「國家總路線」沒有輸、「自由開放」沒有輸，這表示他仍相信他的對中政策。

不罪己無悔悟，改革終成空

十二月三日，他在國民黨中常會上請辭，除了鞠躬十五秒外，他會中表示「我很慚愧」，也在國民黨的「總理紀念歌」的背景音樂下，要大家「莫散了團體，休灰了志氣，大家要互相勉勵」；同一天，總統府也發表新任閣揆毛治國，內閣只是小動，絕大多數都留任，顯示馬所謂的改革只是空話虛言。

因此，馬的談話，雖有「抱歉」、「慚愧」等字眼，但毫無罪己的意思及敗後的悔悟。一個不懂自責罪己的人，將來怎麼可能會有好的結局？

二〇一四・十二・十六

食安風暴的根源

台灣的食安問題，澱粉、肉類、食用油等都相繼淪陷，前陣子是工業用石膏做的豆花豆腐，現在是致癌的工業染料二甲基黃做的豆干豆皮，它雖然只是豆類的一種小品項，但因大家都用得到，所以影響極大。

而非常值得注意的，乃是二甲基黃這種危險的添加物，踢爆的不是台灣政府，也不是台灣的消費者，而是遠在天邊的香港食管單位。顯然港府早已知道二甲基黃被用來食物染色，所以它的食檢單位遂把二甲基黃列爲抽驗的項目，這次遂驗出二甲基黃。反而是台灣的食檢單位根本不檢查這個項目。因此台灣的消費者究竟吃了幾年二甲基黃，根本無人知道。這次如果香港沒有踢爆，我們還會繼續吃下去。

於是我們就要問，台灣的食安問題爆個不停，它的原因到底是甚麼?俗語常說：「道高一尺，魔高一丈」。用這個比喻來看台灣的食安，我們簡直可以說台灣的黑心商人早已魔高十丈百丈，而政府的食管單位卻日益廢弛，簡直是退化成道只有幾尺。當魔高道衰，台灣的食安自然不堪聞問矣！

近年來台灣食安問題不斷，如果政府有能，應該在強化食物安檢，增加檢驗設備及檢驗人力上著手。當道的能力增強，魔自然不敢輕舉妄動。

但馬政府卻不是這樣，而是大張旗鼓的在食品標示及食品業者的登錄上作文章。政府似乎認爲只要食品有了標示和登錄，它就盡到了責任。這是典型的掩耳盜鈴卸責心態：

一、要求商品標示和廠商登錄，商人必定標示能標示，登錄能登錄的部分，不能標示和登錄的，一定不會寫出來。政府的責任本來就是要去檢查那沒有標示及登錄出來的部分。因此標示及登錄制只是作表面文章。

二、現代的政府一定要情報靈通，商人在搞甚麼？食品廠商買甚麼原料？買甚麼添加物？食管單位都必須知道，但台灣的食管單位對這些工作都不努力，所以食品檢驗項目永遠趕不上時代。二甲基黃用於食品上色，早已行之多年，香港及外國都會檢驗，但台灣都不檢驗，最後當然會丟臉丟到了國外！

因此，台灣的食安風暴不斷，追問到最後，政府無能乃是關鍵。當政府的道日益退化，只剩幾尺，這對魔就是最大的鼓勵。台灣食品的黑心商人氾濫，這不是沒有原因的！

二〇一四・十二・十九

捨黨產才能重生

人類有一種惰性，惰性也是一種習慣性，當人們靠著不正當方法得到利益，時間久了，人們就會把它視爲理所當然，再也不願放手。

而國民黨的黨產問題就是屬於這類問題。過去國民黨長期一黨獨大，掌握權力超過半個世紀。由於權力缺乏制衡，遂黨和國攪在一起，「黨庫和國庫不分」，黨官和政府官員混在一起，這就是舉世唯一的「黨國體系」。黨可以辦報紙和種種媒體，黨也可以辦各種營利事業，在國民黨的全盛時代，它靠著黨權和政權，在台灣已形成了一個「全權控制」的體制。縱使到了台灣民主化的階段，國民黨靠著龐大的黨產，也得盡好處，佔盡優勢，出現不均等的民主競爭。

也正因此，自從台灣民主化後，台灣人遂逐漸的注意到國民黨的黨產問題，要求國民黨還黨產予民，還黨產予國。問題是國民黨長期得到黨產的利益，早已習慣於黨產，因此國民黨從馬英九以來，對黨產的態度遂變來變去，拖拖拉拉，當它爲了要爭取民心時，它就說要「黨產歸零」，當細想之後還是捨不得黨產的利益，又不歸零。朱立倫不久前才說過「不當黨產一定要歸還國家」，現在又突然改口說「黨產歸零是個假議題」，他又變成「黨產透明化共同監督」。歸結而言，就是他也捨不得這筆至少兩百六十八億的龐大黨產。

對於黨產問題，我的見解是：

一、黨產是國民黨獨大壟斷時期所造成的「業」，它是國民黨的「原罪」，對於這種「業」，拖拖拉拉的去找理由都是沒有意義的。「業」的揚棄需要的是決斷，是痛下決心去「捨」。能「捨」，才可能「賺」回國民黨早已失去的道德正當性。

二、根據現況，人們已知道，國民黨靠著黨產，豢養了一大群黨工和黨官僚，國民黨已成了一個特權官僚體系，他們已沒有政治生產力和創新力。這已顯示出，台灣的政治選民已愈來愈像是個自由市場，國民黨仍然是個特權公司，國民黨依靠黨產而支配選民的時代早已過去。這次選舉國民黨之所以慘敗，已證明了黨產體系的無用。因此，黨產已成了國民黨的負債，國民黨更應該去「捨」！

三、民主社會的政黨當然需要金錢，但民主社會早已有了獻金制，可以向人民小額募款，也可以靠大額獻金。募款和獻金才是重建一個政黨的社會基礎之方法。國民黨如果「捨」了黨產而改採募款，國民黨才有可能去做出更符合民意的事。黨產已誤了國民黨！

因此，我盼望朱立倫，能在黨產問題上做出能捨的重大決斷，國民黨只有捨棄黨產，才可能重新改造，成爲一個與人民接近的民主政黨，爲了還黨產予民，朱立倫應公開表態，並成立一個跨黨派的黨產處理委員會，昭信予民，我相信如果有這樣的膽識，國民黨才可重獲生命力！

二〇一四・十二・廿三

再探「頂新」的門神

世事都有兩個部分，一個是公開的部分，另一個則是躲在暗處不能公開的部分。在新聞自由且發達的社會，新聞界就有責任，發揮調查報導的能力，對公開的事件裏所呈現出來的疑點，去追究它後面那個更大的冰山。只有那不能公開的部分被揭露出來，整個故事才會清楚明朗，那就是所謂的「真相」。

近年來，台灣有個最大的謎團，那就是「頂新案」，因爲這個謎團是如此的巨大，因此人們才會把種種懷疑歸納成一個總體性的「頂新門神說」，這是一種合理的懷疑論：

一、「頂新」在中國發達致富，它以鮭魚的姿態在台購併企業，這還是正常的企業行爲，但它入主一〇一，取得一〇一的經營權，就已不是鮭魚行爲，而是鱷魚行爲，當然得到政府高層很大的協助與鼓勵，那些人是誰？

二、「頂新」涉及食用油風暴，但同樣涉案的「大統」快速起訴，而「頂新」則拖拖拉拉，政府也在觀望，如果不是它發展成全民反「頂新」的運動，政府一定不會對「頂新」下手。因此，政府高層，甚至是可以管到司法檢調的高層，一定有一個人或幾個人在那裏袒護「頂新」，他們是誰？

漢文化裏，自古即有「門神」，各地的「門神」都不同，福建台灣的最早門神是神荼、鬱壘這兩個神，到了後來變成秦叔寶和尉遲敬德這兩個唐代的武將，他們是「孤鬼門神」和「辟邪門神」，代表他們是一種「保護神」。因此人們說「頂新的門神」，就是保護頂新的大人物。由頂新案我們可以看出，它的保護神一定是個能夠統管金融財政及司法部門的大人物，這種人物在台灣沒有幾個。

現在由於名嘴的爆料，「頂新」的「門神」已經呼之欲出。迄至現在，「門神」雖然呼之欲出，但實體部分仍在打轉，只是在「牽線人」和「關係人」這種週邊打轉，顯示出新聞界仍需努力。

目前有關「頂新」的「門神」問題，已告來告去，搞得烏烟瘴氣。這種事如果只是告來告去，永遠不會有真相。想要有真相，除了新聞界必須努力追蹤外，台灣的司法檢調，可能必須主動展開調查，看看能不能循著「關係人」和「牽線人」這個線索，追出真正的「門神」。「頂新」是個超級大案，它涉及政治獻金、高層的政風，以及政治的操弄等，為了台灣的進步，這個案子一定要水落石出。知道內情的人，也必須鼓起道德勇氣，公開「拿人的手短」之案情。如果大家夠努力，「頂新」的「門神」，才會有真相！

二〇一四・十二・廿四

政商勾串與瘟神

早年的台灣攝影記者，每年一到重大的節慶，總統蔣介石與蔣經國舉行公開的酒會活動時，他們就會大發利市，賺進大筆鈔票。

蔣家父子都被當門神

因爲在這種活動時，應邀出席的本國民間人士及海外僑胞很多，這是他們一生中難得碰到蔣介石與蔣經國的機會，這時候如果他們鼓起勇氣衝上前，站在大人物身邊，被人攝影到，甚至還握上手，這個照片雖然沒有新聞價值，但對當事人卻是可炫耀的證明。

因此，在這種場合，攝影記者就特別忙碌，他們鎂光燈閃個不停，然後將這種照片向當事人兜售。被照到的當事人，都會很感激地拿出一大筆錢買下底片與照片。他們把照片掛在客廳，是以向親朋好友炫耀。別人看到這種照片也會對你刮目相看，認爲他是大有來頭的神聖。台灣早年，有些小有名望的人家或店舖，如果在客廳放上這麼一張照片，地方政府，特別是警察，一定特別尊敬，不敢去找麻煩。

這種與超級大人物合影的照片，就是最典型的「門神」，只要有了這種照片，一定鬼神止步，誰也不敢招惹，這是門神的現代版。

中國是人類最早就有門神的民族，在商代時就有「祀門」、「祀戶」的信仰。最先的門神只是個抽象概念的神，到了漢代，門神開始具象化。最早的具體門神乃是神荼與鬱壘這兩個神人，一位紅臉，一位藍臉；他們管理眾鬼，若有惡鬼，就用繩子把鬼捆綁，拿去餵老虎。人們遂在兩扇大門上張貼他們的畫像，惡鬼即不敢進入。

到了明清時代，民間信仰裏，有人把唐朝的兩位名將秦叔寶與尉遲恭的故事挪用過來，於是他們也成了門神。

古代門神驅鬼邪，現代門神保特權

古代的人，相信門神可以辟邪驅鬼。到了近代，由於官箴不佳，人們遂將門神信仰做了奇妙的轉化，那就是把執行國家公權力的稅官與警察看成是鬼，把自己與達官貴人的合影，或者達官貴人的題字視爲門神；這種東西客廳一掛，稅官與警察就不敢找碴，犯了一點法，大概也會平安無事。這乃是民間自我保衛、防止被騷擾的一種方式，也是一種消極的持權概念。

到了近年，人們的消極特權搞久了，又發展出一種積極的特權。特別聰明的大生意人，已知道必須與當道權貴緊密掛鉤，當掛鉤緊密，做起生意來就會無往而不利。這種新型態門神的政治條件是：

一、它與「政治的再封建化」有著密切關係。台灣長期以來在政治文化及行爲上，都有很強的封建性，政府都是看人辦事、因人設事，各種大小特權充斥，不但行政如此，司法亦如此。政商勾串極爲普遍。

二、這種政商勾串型態，若在某一時刻出現了一個「至高型的領袖」（paramount leader），就會政經財商及法律通吃，自然而然就形成了一個以他爲主的特權結構。他就是這個結構的「保護神」，易言之，也就是最大的門神。

三、近代學者在研究發展中的民主時，都特別注意它所形成的「至高型領袖」，這種人物一旦得勢，就會利用國家權力所存在的非制度性空間恣意而爲；於是，特權泛濫、貪腐擴大。因此，當一個國家出現了「至高型領袖」，它絕非好事，而是厄運的開端。一個國家真正需要的，是各種可以客觀化的規則與透明化，當規則清楚，領袖任意行事的空間才會縮小。客觀乃是進步。

四、最近，頂新的「門神論」愈傳愈盛，立法委員最先放話「拿人的手短」，接著又是名嘴爆料，宣稱國民黨拿了頂新沒有入帳的政治獻金二億元，爲了這種說法，當事人還告來告去，而成了頂新案外案一章。

頂新原本只是條鮭魚，但從它發行信託憑證（TDR）及入主一〇一起，最後到食油風暴，這些都是典型的鮭魚行爲。它所做的這些事，如果沒有來自政府高層的協助都不可能。尤其是事情鬧大、要對頂新抽銀根時，媒體即報導，一家大型公股行庫的主管即公開說：「老闆的態度很重要！」

合理懷疑政商勾串

由頂新案全程，人們至少已能肯定，有一個人或少數人，他或他們可以叫得動金管會、各行庫、財政部與司法、檢調單位。有這種權力的人，在台灣就只有一兩個人，人們簡單扼要的將它總結成是「門神」，雖不中亦不遠矣！

在這個世界上，要人們對所有合理懷疑的事，都拿出證據，那是不可能的。政商勾串、大筆的政治獻金、祕密的袒護與關說，除非是當事者，誰也拿不出直接證據；拿不出直接證據，並不能否證事實的極可能存在。所謂「若要人不知，除非己莫爲」，人們的「知」，乃是合理懷疑；而合理的懷疑，多半最後會被證明。頂新的門神，就是將來會被證明的事實！

二〇一五・一・六

國民黨敗選之後

「九合一」選舉國民黨潰敗，不但行政院長下台，馬英九也辭黨主席。於是毛治國出任新的行政院長，新閣甫上任，法務部長就主動表示釋放陳水扁的意向及步驟，於是阿扁終於在一月五日下午以「保外就醫，居家治療」名義步出監獄，返回自己的家。

過去一年多，阿扁的身心狀況快速惡化，台灣各界要求保外就醫的呼聲紛起，但馬政府對這些主張均不予理會，因此阿扁的出獄，當然和國民黨選舉大敗有關。敗選對馬英九造成了極大的壓力，想當然的，他才改變了態度，交代法務部找個理由放人。因此陳水扁如果要感謝的話，實在應該感謝台灣的選民，國民黨如果沒有大敗，陳水扁現在一定仍在獄中。

在「保外就醫，居家治療」的名義下釋放陳水扁後，國民黨對內對外的統一宣傳口徑，都是說釋放陳水扁是一種朝野的「和解」。它放人就放人，跟「和解」有什麼關係？於是我就想來談一下所謂的「和解」。

藍敗選不安　釋扁「和解」

近代有一門新興的學科叫做「道歉學」。「道歉學」強調，一個社會乃是個大家庭，若這個大家庭的統治者或支配者由於他的意識形態或權力的偏差，作出了一些傷害別人感情或實質的行爲。通常他都不會道歉，但若一旦情況有了變化，特別是社會的權力關係改變，他可能會淪爲受害者，這時候，他就可能以各種方式或強或弱的表達歉意，追求「和解」（Reconciliation），因此所謂「和解」乃是一種對新的權力關係的盼望。

因此，國民黨把釋放陳水扁扯到「和解」，我認爲這已不明言的透露出這次選舉已給它帶來很強的不安全感，它希望作出一些動作，來減低它的不安，清洗掉它的焦慮。

近年來，我曾在許多場合表示過我對馬政權的觀點。我認爲馬英九乃是個非常道地的道德法西斯主義者。所謂「道德法西斯」，乃是非常古典式的中國專制形式，它會用道德作武器，藉以鬥垮鬥臭異己。由於用道德當武器，通常都有極大的殺傷力，可以很容易就所向無敵。

馬英九因爲深深體會到道德這個武器的重要，因此他一路用道德包裝自己，這乃是他得以一路竄起的最大原因。而這種道德法西斯主義者，當他發展到政黨競爭，他也會用道德當武器，抹黑敵對政黨甚或自己的同志。二〇〇八年乃是馬英九道德法西斯全面的展開。

道德當武器　抹黑鬥垮異己

二〇〇八年的大選，馬團隊就全力抹黑對手是貪腐集團，藉著這個所向披靡的道德攻勢，他不但贏回政權，也贏得國會控制權，國民黨又恢復了它一黨獨大的舊規模，整個民進黨可謂澈底被打趴在地，一蹶不振了許多年。而他在當選後，就藉著他的實質影響力，展開

下 收場

後朝的清算前朝。除了全力辦扁外，民進黨執政時的多名政務官也被起訴，這種後朝清算前朝，而且規模如此鉅大的做法，在近代國家裏亦屬僅見。除了對敵手如此外，接著的馬鬥王，則是把道德法西斯的手段用來對付自己的同志，企圖把自己的同志，用道德之名鬥垮鬥臭。

而研究政治學的人都知道，道德法西斯乃是一種中國式的專制主義，當它以道德爲武器，階段性的鬥垮鬥臭了對手，這時它的專制本質遂逐漸顯露，但它專制所帶來的噩運卻也因此而開始，在過去三年裏，人們看到：

●國民黨靠著道德法西斯的手段，恢復了獨大的規模，於是馬政府遂肆無忌憚的恣意而行。從油電雙漲、到罔顧台灣核心利益的親中政策，都加速了馬的行情下跌。這也證明了一個真理，那就是權力愈獨攬，它所造成的詛咒愈強大。

●馬的道德法西斯手法會一直反覆，馬鬥王金平、馬鬥張顯耀，都是證明。它使得馬不但失去民心，甚至也造成國民黨內離心離德、士氣渙散。

●以道德做爲攻擊別人別黨的武器，他在攻擊時必然無堅不摧，但道德卻是種太高的標準，它有極大的反彈可能，因此用道德殺人者，最後必然也會被道德所殺。馬英九用道德當做武器，正面傷到了別人，但反面的那一刃卻傷到了他自己。近年來馬政府的所爲，在道德上就留下許多污點和疑點。例如他的黨主席辦公室主任涉貪，他是否知情或唆使？馬鬥王的權力濫用，他是否涉嫌指使？最近鬧出軒然大波的「頂新鬥神案」，他是否有介入收受獻金？而其中是否有對價的交換關係？這些都是人們普遍的合理懷疑。馬今天的處境和當年陳水扁是如此的酷似，難怪已有人表示，他可能會是下一個卸任即入獄的總統！

和解做文章　實為焦慮恐懼

陳水扁是前一任國家元首，他卸任即入獄，折騰到今已六年多，他身體狀況已惡化，生命安全已有疑慮，因此該保外就醫，就保外就醫。而國民黨和馬政府卻在「和解」上做文章，因此他們說的是「和解」，而我聽到的，則是恐懼、擔憂和焦慮。他們的恐懼會不會成真，我們等著看它的下一章！

二〇一五．一．十一

得票最低的黨主席

媒體在解釋新聞現象時，都會做出選擇性的解釋。會講好聽的話，故意避重就輕。國民黨黨主席選舉，媒體的解釋就是選擇性解釋的代表性例子。

這次黨主席選擇和以前一樣，都是同額選舉，如果民黨是個認同感極強的政黨，黨主席的得票一定不會太少。但這次朱立倫，在全部選舉人數三十四萬九千三百七十四裏，只得到十九萬六千零六十五票，爲史上得票最低的黨主席，這次黨主席的投票率也只有百分之五十六點三四，也是史上最低。由於這兩個數字都極難看，於是媒體遂只好在朱立倫的得票率百分之九十九點八一上做文章。但如此的避重就輕選擇性解釋，又有什麼意義？

對於這次黨主席選舉，我倒是有和媒體不同的解釋：

一、國民黨爲了控制黨內秩序，它在台灣的發展就嚴格的控制黨員成份，整個黨員結構以深藍爲主，過去它以眷村和老兵爲主，台灣的地方人士比例相對較低，近年來由於眷村瓦解，老兵凋零，它的黨員人數自然快速減少，目前它的黨員數不足三十五萬，退伍軍人的黃復興黨部就佔了三分之一，這些深藍黨員都是服從度極高的黨員，上面怎麼說，他們就怎麼做。正因爲國民黨的深藍特性，國民黨遂和台灣民意日益脫節。

二、「二一二九」國民黨敗選後，曾有媒體做過黨主席人選的民調，王金平爲百分之三十七點八，朱立倫爲百分之廿四點三，顯示出社會上比較傾向於王金平，但據瞭解，王金平也知道，他如果出來選黨主席，深藍群眾一定不支持，黃復興黨部也不會合作，這乃是王金平決定不選黨主席的關鍵。由於朱立倫顯然不是社會期待的黨主席，他的得票數和黨員投票率，當然會創下歷史最低的紀錄。

最近十幾年，由於深藍的老世代急速凋零，國民黨的黨員數也快速下滑，連戰二〇〇一年選主席時，黨員還有九十二萬，二〇〇九年馬英九第一次選黨主席時已下滑到五十三萬，二〇一三年他第二次選主席時只剩三十八萬，到了現在只剩三十四萬。深藍黨員的快速凋零，反映了國民黨對台灣的影響支配力也一代不如一代。由一個已沒有影響力的政黨所選出的新主席，當然會成爲一個弱主席。

一個政黨有的會勢力上昇，有的則會勢力下降。國民黨一九四九年到了台灣後，它有軍隊和官僚體系，乃是個典型的支配性政黨。但隨著時代的變化，它的支配性愈來愈降，而它並沒有調整黨員結構，將台灣的新生地方力量納入，於是當它的老世代深藍群眾凋零，它對台灣的支配力遂告衰敗，老世代深藍群眾和官僚基本上多數都是外省掛，他們欠缺了台灣的主體認知，到了馬英九這一代，當然掌握不住台灣的核心價值和利益，於是遂快速失去台灣民心，造成國民黨的選舉大潰敗。

因此，國民黨的選舉大敗，其實等於台灣人民已拋棄了老式的國民黨。這也意謂著，如果朱立倫要重振國民黨，就必須痛下決心，從黨員結構，黨內民主，黨政官僚的國家認知與作風等，作出全面性的政變，或許還有可能找到國民黨的新生命力。如果國民黨不思創新，還只是企圖靠著深藍的群眾來穩住黨內的團結，則國民黨定然無望！

二〇一五・一・二十

成也兩岸，敗也兩岸

馬英九當權後，他和李登輝及陳水扁最大的不同，乃是他的親中兩岸政策。由於親中並不是台灣的主流民意和價值，因此他遂任用親信，一意孤行。親信們幫他執行親中政策，也幫他掃除障礙。馬英九惡鬥王金平，王郁琦惡鬥張顯耀，都是在掃除親中政策的障礙。

但馬英九的親中政策，由於違背了台灣的核心利益，當然鼓勵出了太陽花學運，也鼓勵出了反馬反國民黨浪潮，遂使得國民黨在「一一二九」的地方大選全面潰敗。馬英九是「成也親信，敗也親信」。於是馬的親信一個個相繼陣亡出局，前陣子是羅智強、江宜樺，到了最近則是金溥聰和王郁琦。

金溥聰和王郁琦下台，只是早晚的事，值得注意的乃是繼任人選。由前國防部長高華柱接國安會，由國防部副部長夏立言接陸委會，這個人事案很有指標性的意義。

國民黨「一一二九」慘敗後，據說國民黨內反馬及馬政策的聲音大漲，許多人認爲，馬的親中政策已必須變，如果不變，不但二〇一六不必選，而且可能會造成國民黨的邊緣化，甚至於死亡。由於國民黨內的反馬及反馬政策是如此的強大，所以馬對這些意見，已不得不理睬。於是我們看到了最近他的兩個動作：

一是本來「王張會」早已排定在二月七日舉行，由於「王張會」涉及新航路問題，因此台灣四部幾乎一致反對，因此馬已不可能同意舉行。如果「王張會」舉辦，馬一定被罵爲賣台。於是馬只得要求陸委會取消「王張會」，並無限期的順延。雖然馬對航路問題不敢強硬，但停辦「王張會」至少可算是下台階。

二是在台灣的各部會裏，國防部由於涉及台灣最基本的防衛主權，它沒有任何模糊的空間，因此國防系統可說是反中防中色彩最清楚的。因此，馬會派高華柱接金溥聰，派夏立言接王郁琦，代表了馬的親中立場已有了微妙的改變。他用國防系統的人處理兩岸問題，軍系人士自然比較不會讓步。馬用軍系人士主管國安和兩岸，雖然不會造成兩岸關係的惡化，但至少兩岸的水乳交融已成了過去。當馬發現到他如果兩岸政策不變，他必定會受到民意的反對，成爲千古罪人，這時候他只能自打嘴巴，收回他的兩岸政策了。

馬當權後，以兩岸關係爲訴求，最初他大肆宣傳，兩岸關係的確爲他加分不少，但他的兩岸政策乃是種沒有台灣主權思想的政策，很快的就出賣了台灣的核心利益，並受到人們的反對。他是「成也兩岸，敗也兩岸」！

二〇一五·二·十三

還要作酷吏政權？

古代中國有酷吏傳統。司馬遷在《史記》第一百廿二卷〈酷吏列傳〉就對酷吏之害作了深入的討論。

酷吏貌似忠藎　實為奸詐存心

司馬遷指出，所謂酷吏乃是一種「詐忠」，他們貌似忠藎，實爲奸詐存心。他們喜歡深文周納，喜歡整人整官，不作正事，於是會搞到「上下相遁、至於不振」。當酷吏成了一種官場的統治文化，整個統治階級就只會以酷虐爲忠心，空談道德口號，最後是「官事寖以耗廢，九卿碌碌奉其官」，國事益發不可爲。

我最近之所以忽然想到中國的酷吏傳統，乃是當今政府的酷虐習性，就在這兩天全都併發在國人眼前。

●馬總統的親信陸委會主委王郁琦，在去年八月份，高姿態的以洩密爲理由，狠鬥副主委張顯耀，但經過台北地檢署長達五個多月的偵查，認爲王郁琦的指控都無實證，純屬子虛烏有，因而對張顯耀等人作出不起訴的決定。但王郁琦對張顯耀的傷害業已造成，不可能回

復。王郁琦對張顯耀的下毒手，和馬英九的惡鬥王金平完全如出一轍，它就是古代酷吏政治的典型。

●再例如，副總統吳敦義隨扈的警察兒子駕車涉嫌撞死女大學生肇逃，桃園地檢署追查後發現，警察派出所涉及集體包庇、滅證，甚至沿路所有的鄰里監視器、民宅監視器、警車行車紀錄器的影像全都消失。酷吏辦別人，就會深文周納，炮製一切所謂的證據，辦自己人的案子，則會反其道而行，湮滅一切證據。這對被撞死的人民，是何等的殘酷；其權力的濫用，已到了無法無天的程度。

用古代標準　究辦太陽花學運

●去年三月太陽花學運，本質上乃是一起青年學生的不服從運動，任何民主國家，對於這種公民不服從運動，都會從抗議權的立場來處理，不喜歡但卻忍受，就以一九六八年的歐洲學生革命和美國青年革命爲例，除了亂丟炸彈的過激份子外，鮮少有人被依法懲辦。這顯示西方國家以權利意識爲本，對人民的抗議權和非暴力革命權已能忍受，但台灣對太陽花學運卻仍以古代的標準究辦，時隔年餘，一舉起訴了一百多人。這也是古代酷吏政治的標準手法。古代酷吏以政治權貴和司法官員爲主，特別是「廷尉」（即檢察首長）這個系統最爲關鍵。他們最擅長以酷虐手段對付人民的不滿，並美其名爲忠君愛國，難怪司馬遷要說這種酷吏是一種「詐忠」了。

不斷興訟　圖以司法恫嚇寒蟬

●最近馬政府無能濫權達於極致，因而整個政府對外界的批評與非議動輒提告興訟，他們一次敗訴還不夠，硬是要告上二審三審，他們如此的不斷興訟，其實就是企圖以司法騷擾達到恫嚇寒蟬的目標。任何現代政府都早已體會到，批評非議時政乃是人民的基本權利，縱使話講得刺耳但也容忍。古代中國首創「××之治」的乃是西漢文帝，他即發布了〈除誹謗法詔〉，表示誹謗乃是人民的言論自由，有誹謗他才可以聽到人民的心聲，如果以誹謗罪辦人，就會阻斷了下情的上達，所以遠古遂有「止謗莫若修身」的自我勉勵。只是古代中國後來君權日盛，皇帝的權力意識已凌駕一切，才給了酷吏以「詐忠」爲名欺壓人民的空間，以及用誹謗之罪整人的機會。

馬政權乃是典型「酷吏政權」

因此，最近我一直在思考一個最基本的課題，那就是馬政府在二〇〇八年初次當選時，何等的意氣風發，到了今天，竟淪爲人人喊打喊罵的局面，這究竟是甚麼原因？何以致之？我初步的答案，就是馬政權乃是一個典型的「酷吏政權」。當它以酷吏的心態治國，自然權力濫用，只會呼喊空洞的道德口號，但卻「官事寖以耗廢，九卿碌碌奉其官」，再也作不出一件對的事情來。

這時候，我就想談一下當代法國思想家布赫迪厄（Pierre Bourdieu）及他的「慣習」（Habitus）理論。

權力濫用整人民、鬥官吏

布赫迪厄乃是當代的法國的反政治社會學思想大家。他對人的主觀能動性，即所謂的「實踐」有綜合性的貢獻，對人的「社會化」有新的理論認知。以前的人認爲「社會化」是人們學習人情世故及價值規範的過程，這是一種機械式的理論。但他卻有不同的看法。他認爲人的慣習，乃是個綜合的實踐結果，有結構的制約，但也受性向所左右，因此慣習乃是一種社會化的主觀性，可以是惡，也可以是善。

柯文哲並不是社會化不足，而是他的社會化就是他現在這個樣子，成了打破常軌的改革者，他是個破壞性的創造者。而馬英九的性情就是個權力主義者，所以他在權力獨大後，就自然走向權力的極大化，任用私人親信，以詐忠要求部屬，於是官吏庸懦無能，內鬥不已，馬政府的權力濫用整人民、鬥官吏，上下相混，國事自然已非，古代的酷吏政治已在台灣發揚光大，這並不是偶然，而是他的綜合心性使然。

因此，我們可能已需要對馬政府去作新的定位，根據理論及歷史經驗，我們只能說它是個酷吏政權！

二〇一五・二・十五

民進黨乘勝追擊

二〇〇〇年陳水扁執政，那次台灣變天純屬意外，國民黨沒有料到，民進黨也在意料之外。由於那次大選沒有受到預期心理的干擾，所以選舉的過程相當正常。

但二〇一六的大選則不然，由於國民黨敗象已露，有六成五的人已預期會變天。由於民進黨有了預期心理，所以它的候選人登記已經提前，成了主攻的一方。國民黨因爲有了必敗的預期心理，他的防衛戰當然也提前展開。馬英九最近在藍色媒體上大動作的接受訪問，炮火四射，就可以看成是他的大選保衛戰第一波攻勢，也可以視之爲他的意圖大反撲。因此我們可以說，二〇一六大選在春節前即已提前開打。過完年後，戰況很快就會升高，二〇一五將是緊張的政治年！由於受到預期心理的左右，大選的每個角色，都必然受到影響。

由於人民有變天的預期，藍綠選民都必然會更加亢奮，影響到台灣的集體氣氛。

由於民進黨有變天勝選的預期，它爲了營造氣勢，必然會動作頻頻，俾讓氣勢一直維繫到投票日。由於民進黨有勝選的預期，因此任何意外情況都對它不利有害，因此二〇一六大選，民進黨應該不會惹事生非。

但對藍色選民、國民黨，甚至北京方面，我就不敢那麼樂觀了！

下 收場

藍色選民裏，有一種過激份子，他們對國民黨可能失去政權，恐懼無比。上次國民黨在李登輝任上意外失去政權，他們就恨李入骨，甚至上街鬧事，這次由於預期失去政權，這種過激的藍色群眾會做出甚麼事情來，當然令人擔憂！

二〇一六大選，如果國民黨真的失去了政權，最不利的當非馬英九莫屬，他不但完全失去了歷史地位，甚至還會留下歷史罵名。馬英九之所以在過年前上電視和報紙展開反撲，就可以看出變天的預期心理，已使他變得焦慮無比。因此雖然馬不是二〇一六的候選人，但他卻註定仍是二〇一六大選最重要的當事人。國民黨可能在他任內變天的這種預期的壓力，都會全堆在他的身上，會扭曲了他的判斷，他會做出甚麼事情來，已值得人們關切。

另外還有一種最難揣測的外在因素，那就是北京。北京也知道，台灣的國民黨馬政府，乃是最容易的對手。北京可以好整以暇的發展它的對台政策和對台時間表。如果台灣變天，換上來的新對手，已註定不再那麼容易對付。因此北京會不會做出甚麼事情，來干預或阻止台灣的變天，可能的選項有介入台灣選舉，塑造出影響選民的事端等各種情況。因此我認爲，從春節過後到二〇一六年初這段期間，北京的對台動作，已值得人們特別注意。

陳水扁贏得選舉，純屬意料之外，由於當時國民黨並沒有預期會失去政權，因此當時並沒有政權保衛戰，但二〇一六則不然，由於大家都有變天的預期，所以二〇一六大選，乃是次真正的政權保衛戰。由新興國家的經驗，這種政權保衛戰必然不可測的狀況頻出，干擾的因素爭相介入。因此在二〇一五到二〇一六年初，國人必須特別提高警覺！

二〇一五・二・十七

台灣局勢大變盤

古代中國的哲學家裏，我最佩服者之一，是南京的葉適（水心先生），他許多思想概念和西方古代哲學家相當接近。今天我們所說的「勢」，例如「大勢所趨」、「勢不可擋」，甚至「造勢」，他都有精辟的分析，並寫了「治勢」這篇經典論文。

葉適認爲，每個時代，都有無數的力量，這種力量總稱之爲「勢」。一個優秀的統治者知勢之可怕可畏，因此「能以一身爲天下之勢」，努力治國，當治國有能，則天下所有的勢都會環繞著他而集中，乃成治世。

但無能的統治者則反是。他把自己權力所產生的影響力認爲那就是勢，因而以威治天下，而不能用有效的治理來造勢。因此他的勢遂很快的失去，最後國破社稷衰，遂至事不可爲。

因此，葉適的論勢，認爲勢是客觀存在的，但勢之集中，則是主觀的勢力，他的這個觀點，和近代西方思想家所謂的「霸權」（hegemony）理論相似。他認爲一個政黨最重要的任務，就是要去創造道德的制高點。那是能力與認同的綜合表現，一個政黨若能有道德制高點，它必然能領導時勢，順利取得政權。

下 收場

而二〇一五年，正是台灣大勢變化的一年。過去的台灣因民意壟斷了台灣的大勢，只要一提到台灣的政治人物，就是「馬立強」，但經過這兩年的變化，特別是去年「一一二九」的選舉，國民黨的勢頭已完全無解，國民黨的大勢已去。以前過年，是「馬立強」在發紅包，今年過年則是蔡、賴、柯的新聞近乎獨佔。由過年政治人物新聞的變化，我們已可鐵口直斷，二〇一五年將是台灣大勢改變之年。

不過在這個大勢改變的年份，我們也要知道，勢的改變有消極和積極兩種：勢的消極變化，是國民黨無能所致，所以離散人心遂向民進黨轉移。

但只有這種消極的變化是不夠的。要勢有積極的變化，必須在二〇一五年內，民進黨去創造新的論述和印象，能夠替台灣帶來新的願景，如果新而更好的願景能夠形成，那就代表了民進黨已取得了政治的道德制高點。當取得了道德制高點，政黨輪替就可手到擒來。

二〇一六年大選，這次大選民進黨趕在國民黨之前，敲定候選人，顯示出民進黨的企圖心。民進黨要把當今的良好勢頭延續整整一年，一直到大選投票。在這一年內，民進黨不能只是說「我們已準備好了」這種口號，而是要積極的去造勢，在執行力、策劃力等方面都能證明它的確取得了制高點。因此二〇一五應是制高點的競爭年！

二〇一五・二・廿四

馬英九眾叛親離

古代中國，號稱「以德治國」，但道德的好惡是主觀的，稍有偏差，即失之毫厘、差之千里。最典型的例證，就是唐朝初期的女皇帝武則天，她表面上，宣稱是「聖母臨人、永昌帝業」，但事實上卻是做盡了殺人整人的惡事，她重用一批小人惡徒去當司法官，整人害人羅織人，到了無所不用其極的程度，她的侄子武三思最得她的真傳，就說過一句名言：「我不知何者謂善人，何者爲惡人，但與我善者爲善人，於我爲惡者爲惡人！」

武三思是武則天的侄子，她是他的姑姑，因爲同爲武家人，心意完全相通。他的這句話，其實已把以德治國最壞的情況講得淋漓盡致，道德口號是一種主觀的偏好，它一定會走到「愛之欲其生、惡之欲其死」的極端境界。這是「以德治國」所造成的偏執。一切的罪惡，反而在道德面紗的遮蓋下更加大膽而爲。道德成了最不道德。

而馬英九就是個道德偏執狂，他自認是台灣唯一的太陽，他所做的都是善，因爲深信自己是善，所以做了錯事，他絕不會改變，而是別人誤會他。因爲相信自己是含道德的好人，所以和他不同的人，他恨起來就恨到欲其死。因爲「服貿協議」是他自認的英明決策，因此他遂堅持立法院必須一字不改的全部通過，主張逐條審查的立法院長王金平當然被他認爲是

下 收場

個不合作的壞人，一定要將王鬥死才肯罷休。由於「服貿協議」是他認爲的最高價值，他當然要不顧立法院的議事規則，企圖闖關，終於引發了「太陽花學運」。

馬英九自認英明就是他的大是大非，他的大是大非可以超越一切法律規章，合他意的就是大是大非，不合他意的就是可以踐踏的小是小非，馬英九已成了自以爲是的偏執狂。

馬英九爲了追殺王金平，而對朱立倫下指導棋，最後朱立倫反打了馬英九一巴掌，於是馬朱關係急凍。由最近的發展，已可看出：

一、馬英九的自以爲是，不但全民已深惡痛絕，縱使在國民黨內，大家也都拒絕買帳。馬英九已成了標準的獨夫。

二、馬任內硬推「服貿協議」，爲了「服貿協議」他大動作的鬥王，爲了服貿而發生太陽花學運。現已證明，服貿乃是馬英九政治生命中所犯的最大錯誤，他已成了國民黨由盛轉衰的罪魁禍首。他爲了扭轉自己的命運，除了堅持自己的大是大非外，在未來的剩餘任期內，一定還會動作頻頻，除了追殺王金平外，一定還要證明自己的服貿政策是正確的。

他會追殺王金平，是防止王金平更上層樓，因爲若王金平更上層樓，馬的政治生命就會完全結束。因此在他的盤算裏，王金平是比民進黨更需要壓制的敵人。如果民進黨執政，馬在國民黨內還會有戲唱，如果王金平更上層樓，馬就無戲可唱。因此馬的追殺王金平已成了值得注意的焦點；馬也可能做出不利於朱立倫和王金平的動作，他會成爲國民黨的真正殺手。古代專制政治裏，有一種行爲是「寧予敵人、不給家奴」，把天下給與敵人，他還有戲可唱。最近馬不顧國民黨的團結，就是要鬥王到底，不是沒有理由的。

三、專制政治，一定會走到道德偏執的窄門，愈走愈偏，愈走愈自以爲是，因此馬的下一步，全民及國民黨應該特別提高警覺！

二〇一五・三・三

民進黨行情大好

最近這幾天，台灣最熱的話題，乃是兩黨滿意度起伏的民調。

民進黨在去年十二月滿意度爲百分之四十六點二，一月略升到了百分之四十六點三，三月卻又急降爲百分之三十七點八。

至於國民黨，去年十二月爲百分之十一，一月份回升到百分之十六點七，三月份又升到百分之十八點三。

這種民調必然有起伏，因此它的絕對意義並不必太過介意，但可以肯定的是，隨著二〇一六年的接近，這種民調的數字必然會更加接近，最後會到藍綠基本盤停止。

因此，我們真正值得注意的是目前台灣的藍綠基本盤到底是多少。

由去年「一一二九」的選舉，在直轄市及縣市方面，國民黨僅獲百分之四十點七，泛綠大聯盟則過半，在議員方面，民進黨得票百分之三十七點零八，國民黨百分之三十三點七一，民進黨爲百分之三十一點七二。

由這些數字，人們已可大膽的說，由去年的選舉，台灣的藍綠版圖的確已經翻轉，由過去的藍大綠小，變成綠大藍小。但綠大藍小的差距並沒有多少，如果二〇一六真的選戰開打，它的差距大概就會緊縮，於五五比四五之間震盪。去年「一一二九」因爲有一個馬英九因素存在，使得藍綠差距被拉大，二〇一六因爲沒有了馬英九因素存在，藍綠差距只會縮小，而不會增大。因此我敢鐵口直斷，目前民進黨是比國民黨大了一點，但大得也不是太多，蔡英文還沒到高枕無憂的時刻。民進黨若想執政，那最後一哩路，必將走得極爲艱苦！

因此，在國民黨大敗後，它的行情已跌到谷底，本來幾個月，兩黨民調必然會在拉鋸下往差不多勢均力敵的中間線靠近，如果民進黨多些諸如發言人風波或者多一些爭相卡位的惡行惡狀的事情，兩黨勢均力敵的局面就會提前出現。根據研判，台灣的民調經常隨著新聞而變。如果民進黨想要民調變得不可逆，它應該注意的是：

一、民進黨執政的縣市，特別是綠色大聯盟的台北市，絕對不容犯下大錯。此刻的民進黨已到了人民「盼之深，責之切」的階段，若有什麼重大差錯，一定會使民調出現巨大的改變，特別是台北市絕對不容有任何大差錯。

二、民進黨行情大好，有一大半功勞應歸於馬英九，民進黨自己的努力仍嫌不足。因此，民進黨應儘快提出自己的各種正面見解。要把「感性的反國民黨的力量」，轉化成「知性支持民進黨」的力量。當知性的支持者多了，民調的領先才會固定下來。

三、目前國民黨初敗，形式混沌，尚無法凝聚，因而形同散沙，但不能低估，若國民黨凝聚，它的火力仍極可觀。因此民進黨應該對凝聚後的國民黨有所準備。二〇一六絕對是次大型的會戰！

四、民進黨雖未執政，沒有實權，但無權的人並不是沒有籌碼，民進黨仍可表現出它的魄力，劍及履及的責任態度等。因此民進黨中央對於許多事還是必須主動有為。

二〇一五很快就要到年中，時間已急，民進黨也要自問，我是否已完全準備好了？

二〇一五・三・二十

迎向後學運時代

一九六〇年代是歐美學生青年運動沛然而興的年代。後來的學者在進行反思時，認爲當一個社會的「社會內容」，超過了「社會文法」所能負荷的程度，不滿就會形成，顛覆掉舊的程序和執行舊秩序的人。因此學運和青運，乃是一個社會創新的開始。

現在「太陽花學運」已滿週年，也到了人們思考學運的時候。學運顛覆了什麼？宣示出了什麼是創新的方向？這都是人們在構思「後太陽花學運」的政經社會重要的課題。

「九二共識」應全部丟棄

過去的台灣，基本上是個被「過去」牽著走的社會，而不是一個「走向未來型」的社會，無論國家的集體認同、各種權力體的運作規範，甚至人民的權利義務關係，都被「過去」所制約。它累積成了一個保守專擅的威權體制。極少數擁有權力的官僚，根據他們褊狹的思維，就想宰制整個社會。馬政府違背台灣人民核心利益的兩岸政策，以及由此而形成的服貿協議，並企圖靠著它的粗暴權力硬闖過關，於是引爆了學運以及對學運的鎭壓。由這個過程，其實已勾勒出了幾個未來台灣最重要的課題：

一、就台灣內部而言，由於台灣社會內容的改變，一種共識型的溝通民主已必須形成，黨政官僚爲本位的紀律式民主已必須揚棄。

二、對台灣外部而言，集體的認同乃是自然形成的，而今天台灣的新認同業已出現，已必須根據新認同來形成國家方略和對外關係，以及台灣發展的路線圖。我即認爲，兩岸關係必須全部重來，要重新建立一種「不必共識的平等對話關係」，國民黨和馬政府自以爲得意，其實是自欺欺人、作繭自縛，使台灣自墜陷阱的所謂「九二共識」，應全部丟棄。在國際社會上，並沒有「共識」這種東西，只有尊重、平等，對話才是最根本的前提。台灣不論任何政黨或團體，都有必要堅持這個真正的底線，並向北京表示，中國也應建立基本的行爲規範。

三、未來台灣的領導階層，已需根據新認同，形成台灣新的核心利益和核心價值，制定新的國家方略，改變國民黨和馬政府依賴中國的心態和方向。

而上述三個「後太陽花學運」的大問題，都是極爲艱難的問題。台灣內部是否能形成這些「台灣共識」，仍需大家付出極大的努力。於是我就想要一談西方在六〇年代後出現的階段性癱瘓現象。

既有權威易受傷害性擴大

西方在六〇年代學運後，學運也催動出社群的公民運動。於是西方進入了人人有話就說、有不滿就嚷的階段。於是美國和英國的政治遂出現階段性的無能癱瘓。地方和中央政府因爲群眾運動太多，任何事都有人反對嗆聲，於是爲了少被罵，大家遂養成了一種少惹事的心態。遇到問題不立刻做決定，讓社會自己去吵成一團，等到吵出一個結果後，才順勢而行。英美學術界在一九七〇年代，對這種政府的癱瘓研究甚多，並因而成爲好幾個學派。這顯示出學運和青運會打鬆一個社會的結構，除非運動後能快速的沉澱出正面的社會力量，否則都會不利於權威和新秩序的形成。就以最近的慈濟風波和民進黨的發言人風波，都對慈濟和民進黨造成極大傷害，即顯示在後太陽花學運時代，人民的期望增加，批判力道加強，既有權威的易受傷害性也告擴大，如果不能與時俱進，只要出了一點重大紕漏，必定會受到人民以高標準來檢視和批判。既有權威的易受傷害乃是後學運時代必然的趨勢。

新興勢力整合難度高

因此，在這個後學運時刻，其實乃是個競爭更嚴苛的時代。有志於在未來扮演領導或主導角色的，一定要本於未來性的思維，替台灣的未來作出開創。而我並不敢對國民黨抱有期望。國民黨自從去年敗選後，如果它是個有反省力的政黨，那就是它脫胎換骨、尋找新生的機會。但至今爲止，沒有任何跡象看出它有這種企圖。它只是構想要伺機反撲，卻未對未來的台灣走向作出任何規劃，國民黨不去想未來，它當然不可能贏得現在！

毫無疑問的，民進黨現在是走在順風的時刻，但民進黨的努力顯然仍不夠：

● 目前的台灣，各種新興的青年及公民運動團體興起，理論上，這些新興勢力乃是民進黨的「彩虹聯盟」夥伴。但根據外國的經驗，「彩虹聯盟」的互利共生，卻是高難度的整合

與互動，否則就反而互害，而至今人們仍看不到這種整合。

●將來到了愈接近二〇一六選舉，民進黨的挑戰必紛至沓來，甚至還會總爆發。許多問題的挑戰動能，必須讓它逐次預先發散掉。逐漸的發散，也有利於把一些問題說清楚講明白。如果將來總爆發，許多問題反而糾纏不清。因此民進黨理應有自己談論問題的日程表，將各種挑戰逐漸發散。這方面的努力人們仍未看到。

後太陽花學運時代，乃是台灣走向未來新挑戰的開始，台灣的政黨和有志者還需更加努力！

二〇一五・三・廿二

美國如何介入台海？

大國強國如果干涉外國事務不當，很容易掀開潘朵拉的盒子，捅出難以預料的災難。最近美國總統歐巴馬就承認，美國干涉伊拉克不當，乃是「伊斯蘭國」這個激進勢力得以坐大的原因。美國對「伊斯蘭國」的崛起，要負最大的責任。

但我們反對不當的干涉，卻也不能不承認，適當的干涉是有用並符合正義原則的。這種事情美國人應當最有體會。當年英國這個殖民主對待美利堅殖民地不公，所以美利堅人民起而反抗，最後宣布獨立，在這個過程中，英國的許多進步人士都力挺美利堅人民，法國甚至公開支持。如果沒有這些道義的支持，就不可能有美國的出現。

可是，近年來美國或許已忘記了自己當年被干涉的經驗，因此已失去適當干涉的分寸。美國干涉伊拉克事物，形同是侵略，因而使中東和非洲伊斯蘭世界天下大亂，美國對台海情勢，其實是可以扮演更積極的穩定角色，但它可以有爲卻不爲。我並不是主張美國應強力介入台海事務，我也反對美國去支持台獨，這多少都是強人所難。但美國至少不能也不宜強迫台灣屈從於中國的主張。

最近「美國在台協會」前執行理事施藍旗發表意見，要求蔡英文應說明兩岸政策，他顯

下 收場

然受到了北京和國民黨的影響，誤以爲一旦民進黨執政，兩岸關係就會不穩定。最近北京和國民黨一直在放話，要求民進黨接受所謂的「九二共識」，彷彿沒有這個共識，兩岸關係就會地動山搖。他們的共同說法，就是向未來的民進黨政府施壓；也有用兩岸政策這個題目介入台灣的選舉，暗中幫助國民黨之意。施藍旗不知道其中的蹊蹺，也隨著這種說法起舞，實在不智。

任何人都知道，兩岸的和平穩定，關鍵不是台灣，而是北京。因此美國要問的是北京，北京有沒有什麼方法來保障兩岸的和平？在國際社會，從來沒有先例，兩方交往還要有什麼「九二共識」之類前提的。美中和美日交往多年，可說毫無共識，但還不是照常來往！因此以「九二共識」爲前提，事實上乃是逼迫投降的手段。國民黨馬政府志願投降，使得台灣人民甚爲憤怒，這也是它在「一一二九」選舉慘敗的原因。這等於「九二共識」已被台灣人民否決了。中國和台灣的國民黨最近以「九二共識」向未來的民進黨政權施壓，這是反民意、反民主、反國際慣例的做法，美國絕對不能隨之起舞。

未來的兩岸關係將如何演變？主要的決定者還是北京。北京能否平等尊重的對台？北京是否能真正的釋出善意，使台灣主權得以完整？北京如果有真正寬廣的心胸，台灣對中國的認同自然會增加。認同的問題與什麼「九二共識」無關，要看北京對台表現出什麼行爲。而要求北京改變行爲，應當才是美國爲了維持台海和平，真正應該去做的！

二〇一五・三・廿七

撇清術與不沾鍋

清朝末年，有個作家李寶嘉寫了一部《官場現形記》，把官場上的那一套陋規，寫得活靈活現。官場上，錢是要撈，但責是能閃就閃。大家都存了一個心，搞好搞壞，都和自己無關，多一事不如少一事，不求有功，但求無過，有事情能推就推。懂得這個訣竅，就可好官我自爲之，不會惹禍上身。

後來我認識了一個滑頭型的大官親信，他告訴我許多官場的潛規則。那就是當大官就是要懂得撇清自保。當大官批公文，最好不要表示自己的意見，頂多寫個「閱」字，我是看過了，但沒有批「如擬」或「准」之類的字眼，目的就是將來可以卸責；當大官的，最好不要隨便蓋章，有事就找個理由，要下面的老二老三「決行」，萬一出了漏子，即可撇得乾乾淨淨。

最近，馬英九的「撇清」案鬧得非常火紅。大巨蛋和美河市案，都是他市長任內決定的大案，都涉及幾百億利益，而他居然說，都是授權副市長與秘書長分層負責；等到被議員踢爆他都有蓋章，他又辯說「那是簽名章，不是簽名」。馬英九撇責任的技法，已到了爐火純青的地步。他是個甚麼都不知道的市長和總統，我們要問，他到底知道甚麼？

任何當過公務員或懂得責任政治的，都了解，一個首長對他所管轄的事務，就概括性的負有全部的責任。因爲責任是完全的，所以當個首長就應該努力奉公，不容以分層負責爲藉口推卸責任。但馬英九卻是個很不一樣的人，他在市長及總統任內，跑攤趕場作秀乃是重點，他毫無興趣坐在辦公桌前，好好思考各種問題，因此決策粗糙乃是他當官的特色。他是個甚麼都不知道的市長，他是個甚麼都不知道的總統：他不知道美河市案及大巨蛋，其實也不知道服貿貨貿，更不知道M503，馬的名字就叫「我不知道」！

一個首長，在他的弊案出現後，用「分層負責」將責任推給下層，等到被發現他有蓋章後，他又說那種簽名章不算，台灣公務體系的基本倫理規則，都全被他摧毀了。難道當大官的就可以推掉所有的責任？馬的這些表現，已是廿一世紀的「官場現形記」！

俗語有「賴皮」之說，任何人只要敢撕破臉，甚麼都賴，就真的會「一皮天下無難事」，馬的耍賴已到了澈底不要臉的程度，他真是敢啊！對於一個領導人，他敢說「我不知道」，又敢說「簽名章，不是簽名」，不管他惹出了多大的事端，不但沒有一句「對不起」，反而可以厚著臉皮撇得乾乾淨淨。台灣的官場經過馬的洗禮，可說已經毀了！對於這種大官，人們除了對他們以法律究辦，其實是無法可治的！

二〇一五・三・卅一

馬政權螺絲掉滿地

台灣習慣於以機器來比喻政府。如果政府有警覺，管理得很好，不出紕漏，那就是「上好了發條」、「螺絲栓得緊」；如果管理不好，捅出了漏子，那就是「沒上發條」或「螺絲鬆了」。如果漏子捅得大，就是「螺絲掉了」，設若政府的管理和紀律癱瘓，老出紕漏，那就是「螺絲掉滿地」，而今天的馬政府就是個「螺絲掉滿地」的政府。

人們常說，一個良好的政府，就應是個紀律嚴明、責任心很強的政府。但紀律和責任心只是概念上的空話。如果要用可以落實的說法來講，那就是政府應有管控體系，要有「內控」和「外控」。管控體系之目的，就是政府做事有人盯著看，有人在注意螺絲有沒有栓緊。世上不可能有自動的紀律政府，紀律是被盯出來的。如果一個政府的最上層就緊盯著下面，如此一環盯一環，紀律自然就會形成，誰也不敢馬虎。

但台灣今天的政府，卻是個從上面開始爛起的政府。馬英九只會講空話，不會做實事，所以當官的不可能層層節制，而是一層一層鬆。最近這幾年食安風暴鬧個不停，貪瀆案沒完沒了，各種累積性的弊端層出不窮，就是文官體系失去了發條和螺絲掉滿地的證明。

而武官體系的狀況當然只會更壞，不可能更好。文官體系的螺絲掉了，至少人們還容易

看得見，但武官體系長期就比較封閉，它會用軍事機密及國防安全等似是而非的理由，來遮避問題。於是武官體系縱使螺絲全部掉光，人們也未必看得見。這次「阿帕契富豪觀光旅遊團」的軍紀大醜聞，就是起螺絲掉光光的案例。部隊的門禁、登錄檔案、士官兵的操守行爲、內部的管控，軍品的安全可說已澈底廢弛。當事情已引爆，部隊的各級長官，還在那裏官官相護，希望大事化小、小事化無。台灣的軍風紀已從上面爛起，爛到了根部。

因此，若要檢討台灣的軍風紀，一定要從上面上發條以及栓螺絲的人檢討起。正是他們該管事而不愛事，所以由上而下，一層層的推諉卸責，最後是大家都在亂搞，沒有人去做可能顧人願的管控事宜。近年來，台灣部隊從訓練、日常的軍紀，以及士官兵的行爲操守、士兵的懲罰管教、甚至到士官兵的國家認同，每個環節都爛成一團，阿帕契案非常嚴重，但還不是真正的谷底。將來有一天，如果部隊作亂，我也不會覺得奇怪。一個螺絲掉光光的政府，它已阻擋不了任何可能的壞事！

因此我還是那句老話，台灣政府這個大機器，已沒有了發條，文官和武官體系螺絲都掉滿地。如果要追根究底，領導人必須負起全部責任，要檢討也要由他開始，他不能用「我不知道」繼續搪塞！

二〇一五・四・九

自戀、自拍與特權

希臘神話裏有一個美少年納希塞斯（Narcissus），他被自己水中倒影所打動，認爲那是個仙女，於是他遂自投水中去追尋，最後溺斃。他死後，仙女們趕來送葬，卻只在水中找到水仙花。從此後，納希塞斯即成了水仙花的代名詞，納希塞斯的名字，也成了個體心理學與集體心理徵候的「自戀症」的代號。

自戀的個體，虛假冷漠的社會

美國歷史學家及社會心理學家拉希（Christopher Lasch）出版了一本當代經典《自戀主義文化》（The Culture of Narcissism）。他在書中指出，晚期資本主義的社會發展，已使人們將對自我及享受的追求無限擴大，反而陷入一種以獨我爲中心的窄門。

焦慮的、誇張的自我關注特性，已取代了人的超我意識，而成了當今的心理徵候。「虛榮」、「孤芳自賞」、「自鳴得意」，以及「自我讚美」、「自我感覺良好」，甚至「自我狂熱」等品質，已成了最普遍的認知。

人們只關心自己，身體必須美麗，曲線玲瓏，體型永遠誘人，必須永遠享受歡樂，必須永遠有最親密的朋友夥伴。人們關心身體，但對身外的人間義理，以及社會之所以能成其爲社會的更大規範，則無所用心。因此，現代社會表面上充斥著許多感性的甜言蜜語，但都是虛情假意的冷漠及互不關心。現在社會的自戀，是以虛假漠不關心別人爲基礎的。

同樣在《自戀主義文化》出版的一九七〇年代，美國著名的才女思想家桑塔（Susan Sontag）也出了她的《論攝影》（On Photography）這本名著。她在書中也指出，攝影與照片的影像，事實上是創造出了一種屬於個人的歷史與個人崇拜。攝影使人更加「自我凝視」、「自我耽溺」與「自我情色消費」，人們更喜歡自我色情娛樂，拍攝自我寫真，留住自我的時間。

自拍自戀、自我炫耀

桑塔在寫《論攝影》時，社群新媒體尚未出現，但她其實早已預告了自拍自戀這種心理的出現。所以她在書中遂宣告：「攝影有很多自戀的用途。」攝影是個人歷史學與個人美學的物質化基礎，都是在強化了自戀這種徵候。

自戀這種社會徵候，乃是晚期資本主義社會的特性。它把人的拜物轉化爲人就是那種被拜的物，人拜自己、戀愛自己，並炫耀自己。自戀是一種文化，但它的真正背後，都是一種權力，尤其是財富的權力！

就以最近的阿帕契富豪親友旅遊團爲例，我們即見識到台灣當今富豪誇張式自戀的炫耀場面。

這些富豪、富婆都是台灣的人生勝利組。他／她們透過聯姻，成了好大好富的家族，財產逾百億元，從事的都是吃喝玩樂與名牌及旅遊生意，那是富豪團的生意類型。他／她們往來皆富豪、富婆，與凡夫俗子的國民當然無關。

而富豪、富婆們當然可以過足錢多的癮，但土豪之所以是土豪，更重要的是要在金錢之外有更多癮頭可以發洩。而這個社會，更大的癮乃是特權之癮，別人不能去的地方，他們可以去，別人看不到的，他們可以看得到。能過特權之癮，才真是過癮。

他們大陣仗的二十幾個人，一大家族開著名車，直入部隊管區，部隊的門禁是爲別人設的，對他們完全無效。他們可以直接登上飛機，還可以進入駕駛艙，整個營區好像是他們開的。這才叫過足了癮，如果這不是酷，什麼才叫做酷？

土豪之所以是土豪，一定要政府裏有人，替他們大開特權方便之門。藝人李蒨蓉，會擺出各種姿勢，而且在臉書上大秀特秀，所顯露的就是特權的過癮與誇張。「人生得意須盡歡」，李蒨蓉一行真是盡歡到了極致。一個自戀到了極致的個人，除了自己之外，一切的國法軍規，到了他們面前都必須讓道。

他們的家族遊樂團出事之初，仍在放話說：「有那麼嚴重嗎？」足見這些富豪、富婆除了自己外，國法軍規他們都視若無物。我們也可合理懷疑，他們這種行爲可能早已在做，不當一回事。這次因爲事情鬧大，才出現風波，至於以前有沒有類似的事件，這才是我關心的，政府對沒有踢爆的事可能更應深究！

無能政府配合自戀遊戲

有錢的富豪、富婆，財大氣粗，自戀得不得了。他們認爲有錢就可以換到一切特權，國法軍規在他們面前都必須讓道轉彎，他們也可以對自己的特權，誇張得去吹噓自擅。這是自戀者之罪，而這種自戀者，他們一個巴掌拍不響，一定要有政府的無能來配合，自戀者的自戀遊戲，才可能演下去。

近年來，台灣的政府已完全無能，每個部門的螺絲都已掉滿地；今天的國軍，營區早已沒有門禁，部隊的士氣軍紀也早已蕩然。就以這次阿帕契事件爲例，搞到最後，軍方才知道確實人數，部隊的無能懈怠，已到了匪夷所思的程度。這件事，上面的大官可以卸責嗎？

二〇一五・四・十四

仍在炫富炫特權

動物有一種「炫耀行為」（Display Behaviour），牠為了宣示地盤主權、性的吸引力，以及保護後代，經常會裝腔作勢，做出誇張的動作，這是動物的權力行為。

法貴族炫耀　大革命上斷頭台

因此，炫耀乃是動物的一種本能，到了人類，這種炫耀更加複雜化。當人類為了宣示他的權力，更會有系統的去炫耀。古代的君主貴族都很會炫耀，並把炫耀變成了一種習慣和禮儀。炫耀的穿著打扮，炫耀的建築和儀仗，炫耀的男女關係八卦傳奇，炫耀是古代上層社會的特性。法國一七八九年革命前，就是一個炫耀到極其誇張程度的上層社會，王公貴族的炫耀生活，使人民恨之入骨，非把他們送上斷頭台不足以解恨。

這種古代的炫耀，到了工業革命後，由於社會關係改變，炫耀的主體已由王公貴族轉到了資本家豪門身上。最讓人側目的乃是十九世紀後半到廿世紀初歐美的「鍍金年代」，當時市場被做大，但社會又極鬆弛放任，於是富豪崛起，許多富人都是靠政商關係而快速發跡，他們財大氣粗，蓋豪宅、開遊艇、穿金戴鑽，甚至家中寵物也都有珍珠鑽石項鍊，對於這種

土豪式的富人，美國人稱之爲「強盜公侯」（Robber Baron）。這些土豪式的富人除了炫耀財富外，還喜歡炫耀他們搞出來的種種男女八卦。廿世紀初，美國有個八卦記者作家溫切爾（Walter Winchell），他每天去高檔俱樂部鬼混，各個富豪名流都會到他的座位前，主動提供八卦，八卦是富豪名流揚名立萬的方式之一。在大蕭條時代，溫切爾靠著發八卦消息和寫八卦文章，每個月就可收入卅五萬美元稿費。炫耀和八卦乃是那個時代上層社會的主流價值。

鍍金年代　也是反富恨富時代

而當一個社會敗壞，當然會出現糾正的批判力量，「鍍金年代」因而也是個反富、恨富的時代。反富恨富的大作家和思想家也一個個興起。人們反富恨富是有理由的：

（一）土豪式的富人崛起，他們很多人並沒有真正的含金量，而是靠政商關係及心狠手辣而發財，因此，金光閃閃的外表下面並沒有多少真金。

（二）一個社會必須有人助己助、人溺己溺的社區價值，「鍍金年代」的富豪只追求個人的自私，而不理會公益，這些自私的人當然應受譴責。

（三）正因爲「鍍金年代」的反富恨富，所以那個時代，反富恨富也刺激出了「社區主義的罪惡感」，許多富人開始良心不安，於是「慈善人道主義」興起。廿世紀初美國第一代的慈善人道家，如卡內基、洛克斐勒、范德比爾特相繼出現。他們都是良心不安的富豪，他們捐錢辦善事，捐錢出來辦醫院辦學校，形成了美國最可貴的傳統，富人關心文化藝術，以及科學、教育及醫療之事，富人的最深覺悟是，他們必須以自己的財富，去做政府體系所不能做的事，帶頭讓美國走向未來。美國的反富恨富，對人類的思想史，促成了重大的變化。

炫耀行為　人格上的重大疾病

（A）西方人從前認爲「嫉妒」是一種死罪，所以反富恨富是起源於嫉妒的情緒，不值得支持。但現在已發現反富恨富是有建設性的。它可以催生出人的社區感和罪惡感，從而昇華出新的社區精神和國家共識。嫉妒所形成的改革，證明了嫉恨是一種正面的熱情。

（B）以前的人認爲炫耀所顯示的只是炫耀者的沒程度和沒水準，但現在的人已發現到，炫耀這種行爲乃是人格上的重大疾病。炫耀是自私、自戀、是驕傲自大、是身體權力的濫用，它否定了人們的社區價值，因此炫耀也是一種「自鳴得意」和「自我讚美」，甚至還是一種「自我崇拜」。炫耀這種行爲，已否定了現有的所有規範，因此它已成了一種取代所有紀律的極大罪惡。

最近在台灣鬧得很大的阿帕契富豪旅遊團案，表面上看起來它是一起涉及軍紀的醜聞，但若深入追究，則可發現它其實乃是起與炫耀有關的案件。

阿帕契富豪團　打敗軍中紀律

近年來的台灣，雖然很多年輕人生活日益艱難，但的確也形成一群新富，他們財大氣粗、到處炫耀，除了炫富外，也炫他們的社會關係和各種特權。由於馬政府無能，沒有能力

去維繫社會的秩序和紀律，所以社會的每個部門都日益鬆弛，部隊裏當然也不例外，所以部隊的裝備，當然也成了這些人炫耀特權的道具。他們的炫耀和政府的鬆弛無能，這兩種因素相疊，阿帕契富豪旅遊團事件就自然而然的發生了。現在的社會由於社交新媒體發達，炫耀的人很容易就可以大炫特炫一番，現在的那些富豪真的是「不炫白不炫」，大家都在炫身體、炫財富、炫特權，炫耀碰到了軍中紀律，軍中紀律當然被打敗！

而最使人憤慨的，乃是此案鬧大後，一堆所謂的名流他們沒有是非，居然在反富恨富上做文章，認爲人們對阿帕契案的指責是一種反富情緒；他們對本案的炫耀，包括炫富炫特權不置一詞，卻替別人隨便就扣上一頂反富的帽子。富當然沒有錯，但炫富炫特權卻無疑是嚴重的道德犯罪。經過這次阿帕契案，台灣的新興豪門，可能已需要體會當年美國反富恨富的經驗。富人必須去做對的事，如果他們繼續炫富炫特權，破壞社會的紀律，人們的反富恨富情緒就會升高！

二〇一五・四・十九

朱立倫的政治身段

古代中國，趙匡胤陳橋兵變，諸將擁其爲帝，是爲宋太祖，此後「黃袍加身」就成了中國政治的一種壞習慣，當要競爭大位時，每人都想得要命，但都假惺惺的不表態，等著大家來「黃袍加身」。似乎只有「黃袍加身」得到的大位才高人一等。

這種軍閥式的競爭文化，長期以來，已成了國民黨的官場習慣。以前蔣介石選了很多次，但每次都要導演出萬民擁戴勸進的戲碼。當年馬英九選市長，也是忸忸怩怩，最後「黃袍加身」才搞定。這種「黃袍加身」，忸怩作態的習慣，使得國民黨的高層人物，永遠在真話假話間讓人捉摸不定。

就以朱立倫的是否選總統爲例，最近幾個月來，就是齣大型的猜謎遊戲，他已說了好多次要作好市政，作滿市長任期，但誰會相信？前兩天他說：「我不會參選二〇一六，這樣可以嗎？」但相信的人大概還是不多。而人們寧願選擇不相信，似乎也有道理：

（一）根據國民黨的習慣，黨主席一定選大位，朱立倫如果真的不選，那他當主席幹甚麼？

（二）如果他真的不選，就該舉辦一次正式的記者會，昭告人民他不選。而朱立倫說了

下 收場

很多次不選，都不是在正式場合的宣布，因此真假難論。

（三）最近幾個月來，拱朱立倫的人士動作不斷，而不見他叫這些人閉嘴，難怪大家會想，他的選或不選，只是場雙簧。

因此，一個政黨要推出總統候選人，這本是非常簡單的事，有志者主動表態登記，而後進行民調或初選，勝利的人就出線。如果沒有人登記，那就是活該黨的滅亡。只要黨的登記及初選機制正常，適當的人選一定會出現。但國民黨並非如此，它的過程複雜，黨內的人物大家都在想著要讓別人「黃袍加身」，各種要替別人「黃袍加身」的勢力，自己就鬧成了一團，國民黨日益四分五裂，沒有人講話大家會相信，都在玩著爾虞我詐的猜謎遊戲。拖得越久，亂局只會愈拖愈大，這就是今天國民黨的處境。

國民黨從今天開始領表及連署，要拖到五月十七和十八才申請提名登記。朱立倫要到五月十六日連署結束之後，才會做出完整的報告，他爲什麼要拖到五月十六日，沒有人能夠理解。但這已顯示出，到五月十六日之前，國民黨內各幫各派，勸進及攻防的動作將會更加表面化。一個政黨的重要人物，沒有人會講真話，他們無論怎麼講也沒人相信，大家都在猜謎，都在等黃袍加身，而國民黨的提名機制似乎也爲了徵召作了佈局安排。因此國民黨之亂，不是偶然的。大家都在等黃袍加身，大家都不老實，大家都不誠實，這是國民黨的政治文化和體制之弊，這次這些弊端終於發作了！

二〇一五・四・廿一

亞投行照出阿Q

一九二一年十二月，中國近代最傑出的作家魯迅發表了他的經典小說《阿Q正傳》，那是描寫中國人性格最重要、影響力也最大的作品。從此以後，阿Q也成了可悲但又可惡的中國人代號。

在《阿Q正傳》裏，阿Q是個卑微的人物，他毫無地位，又喜歡媚富欺弱。他媚富媚得不得體，因而只是犯賤討罵；他也欺弱怕強，卻又極其無知，到處惹事，總是被人修理。

歐亞整合是千年夢想

阿Q有一種奇怪的「精神勝利法」，那就是當他被人欺負，他心理上就想著「打我的是我兒子」，於是他被打也覺得快樂。阿Q是個極端自輕自賤，惹是生非的無知小人，最後糊里糊塗地被抓走槍斃。阿Q把中國人那種欺軟怕硬，無知卻自以爲聰明；缺乏主體，因而習慣性的自輕自賤、唾面自乾；把肉麻當有趣、見風轉舵；糊里糊塗生、也糊里糊塗死……等等劣根性形容得淋漓盡致。

下 收場

近年來，台灣人民的民智漸興，人民的阿Q精神的確漸漸少了；但官場這個大染缸卻不進反退，阿Q精神日益增加，最近台灣在加入亞投行這件事上，其荒唐離譜就非常阿Q。兩岸關係的確是個對台灣很不利而又棘手的問題。自從二〇一三年習近平陸續宣布「一帶一路」與亞投行計畫後，基於我對這個問題的研究，即認爲那是中國「新歐亞大戰略」的展開。

歐亞的一體化，在古代陸權時代，早自羅馬帝國時代即有馬可孛羅的絲路傳奇，接著又有帖木兒傳奇。到了十九世紀，歐亞大國又開始熱心「東方問題」，希望透過奧圖曼帝國由中東直過亞洲大陸。及至近年，聯合國又關心「歐亞陸橋」問題，德法英俄都積極參與。

因此，自從一三年習近平提出「一帶一路」與亞投行計畫後，歐洲國家的反應均相當正面。人類整個東半球國家對歐亞大陸的整合已想了一千年，現在終於可能美夢成真。

中國在一四年強化中歐關係，所以一五年英國才公開站出來力挺亞投行，對美國囑咐的抵制亞投行公然違抗。正因爲英德法等國的力挺，亞投行才爆發式展開。

投機又無膽，中美都瞧不起

如果馬政府是個有知識、有判斷力的政府，就該在一四年就聲請加入，並取得美國的諒解。當時亞投行形勢未定，台灣的聲請加入，北京必然十分感謝，台灣就會有很多籌碼。但馬政府無知也無遠見，他稍早前大概認定亞投行可能在美國的抵制下不可能成功；一直等到一五年三月底，亞投行氣勢已成，馬英九才想要來趕順風車。這時馬政府再求中國，北京當然懶得理會，馬政府搞得灰頭土臉，與它的愚蠢以及投機取巧有關。

馬政府如果有判斷力，就應知道亞投行獲得歐洲支持，可能搞得成。它如果有膽在一四年就聲請加入，就有談判籌碼；如果它是美國的乖乖牌，那就無論情況怎麼變，不加入就是不加入。但馬政府卻投機取巧，變來變去，以前不加入，等到大情勢變了就搶著要加入。這種投機取巧的表現，美國看它不起，北京當然更看不起，北京公開的打臉，就是把它看扁。

而更離譜的是馬政府那一群大官，對亞投行毫無所知，都是隨老闆的號令起鬨。馬英九三月底大放厥辭，宣稱要向中國申請成爲亞投行創始會員國，而政府根本毫無頭緒；台灣的加入意向書，除傳真到北京財政部所屬的「亞投行多邊臨時祕書處」，還傳給國台辦——傳真給國台辦便是種自輕自賤的動作，等於台灣已承認中國的宗主地位。

全世界都以財政部的「多邊臨時祕書處」爲對口聯繫單位，只有台灣以國台辦爲對口單位，人家還不敢看扁台灣，台灣的馬政府已先看扁了自己！台灣自己把攸關至鉅的國際問題，矮化成內政問題！

再丟臉都能自我安慰

更離譜的是，台灣傳真過去後，既無聯絡、也沒有去詢問，最後是國台辦官員發布消息表示：「台灣未能成爲亞投行的意向創始成員。」台灣的官員看了報紙後才知道結果。更使人痛心的是，行政院還表示：「並不妨礙台灣方面今後成爲亞投行之成員。」還說這顯見我國「先舉手，才有發言權」的策略奏效。台灣政府把亞投行問題搞得失盡顏面，卻仍硬拗

「策略奏效」。這種唾面自乾、自輕自賤的行徑，如果不是阿Q，什麼才是阿Q？

《阿Q正傳》的那個阿Q非常懂得自我安慰，不管碰到什麼事、不管多麼丟臉，他總會找出不是理由的理由來安慰自己，自己尋自己的開心。這種人真的是在討罵討打，馬政府的犯賤已到如此程度，阿Q都輸給它！

二〇一五・四・廿八

BOT是台灣之恥

BOT是一九八〇年代英國保守黨執政時所形成的一種政策取向及方法。保守黨主張小政府，它認爲許多公共建設應交給民營公司去做，才會更有效率。輕政府、重公司本來就是保守派的哲學。

BOT這種模式行之多年，諸如「英法海底隧道」這種巨型工程都是BOT，學者認爲BOT這種模式要能奏效，必須有幾個前提：

一、政府做事必須清廉透明，才可以免除官高勾串的不當利益輸送。

二、公司做事必須專業合理，知法守紀，一切照契約施做，不能變來變去，成爲黑箱。

三、社會必須有良好的政治文化，政黨間不能鬥來鬥去，了無盡期，若BOT不幸成爲鬥爭的箭靶，BOT就會變成是亂源。

過去的產官學大家都高唱BOT，我就寫過文章表示了我的疑慮。我認爲：

（一）台灣的政府離透明清廉的理想尙遠，BOT搞不好就會淪爲官商勾串的黑箱。

（二）台灣的商人財團未必有承攬大型工程的經驗，當商人經驗不足，規劃工作就難免變來變去，嚴正的契約行爲就增加了許多變數及黑洞。

（三）台灣是個缺乏了公信的社會，若產官不能自求完善，而留下許多疑點，ＢＯＴ就會淪爲鬥爭的焦點，社會的公信也會更加蕩然。

而我以前所表示過的疑慮，現在全都發生了。台北市以前在馬英九和郝龍斌時代，推出過許多ＢＯＴ，但以前的政府，做事都不公開，它的公文連議會也看不到，ＢＯＴ的議約和變更內容，大家都被蒙在鼓裏。這些ＢＯＴ，到了現在，它的千瘡百孔，才告浮現。台北的大巨蛋之所以鬧成大新聞，其實已暴露出台灣ＢＯＴ所有的弊病。政府不透明、商人無經驗和不負責。別國實行得還不錯的ＢＯＴ，到了台灣已完全變了樣。台灣是個政治風土不健全的社會，別的國家可以長出不錯的橘子，到了台灣全都變成了很酸的枳！

因此，由柯Ｐ的槓上趙藤雄，人們可能已必須對台灣的ＢＯＴ作出澈底的反省了。近年來台灣從中央到地方迷信ＢＯＴ，也以ＢＯＴ之名做了許多委外工程，但從高鐵的ＢＯＴ、台北市的許多ＢＯＴ，再到許多縣市的ＢＯＴ，這些ＢＯＴ，有的是鬧成一團，有的則是全國性的大財團和地方性的小財團在搞政商勾串的通路。因此我認爲，台灣的學術界和媒體界，已應該對台灣的ＢＯＴ作深入的研究，到底是什麼原因，使得台灣的ＢＯＴ完全走了樣？在深入檢討前，台灣別再搞ＢＯＴ了！

二〇一五・四・廿九

「朱習會」，還是「蔡習會」

「朱習會」已經結束，由於朱立倫根本不懂兩岸問題。他在隨員的選擇、議題的設定或提問，或自己的表述等各方面，都完全失敗。他和習近平是見了面，但見面等於沒見面，習近平的講話也非常冷淡，「朱習會」一點火花也沒有，朱立倫失去了這次見面的機會。

根據常理，領導人級的會面，如果不是透過安排，做出重大宣示，就是要透過表述，碰撞出重要的火花。但「朱習會」這兩點卻一點也沒有。朱自己不是一個對兩岸問題有想法的人，所以他的陪同人員都只是中低階的人員，他把「朱習會」這種高階的會議自動降級成了事務性會議；由於他自己沒有想法，所以只在國際空間如亞投行上做出非常制式的懇求，習近平連回應都覺得乏味，只是講幾句漂亮的空話在應付而已。習見朱，可能他也覺得很悶。整個「朱習會」，看起來習倒是個大贏家，他贏到了「兩岸同屬一中」這一點。朱反倒成了大輸家，他裏外皆輸，輸到脫褲。

我認爲「朱習會」是個朱立倫會輸的會，他輸了四大要點：

一、在上海的台商代表座談會上，那個董姓女台商大放厥詞，儼然是大陸的統戰官員在講話，她簡直是丟台灣的臉丟到了大陸。對她的發言，朱立倫應該做的，乃是當場就作出

回應，加以糾正和澄清。但朱卻沒有任何反應，沒有反應就等於是默認。朱對董姓女台商的發言沒有制止，顯示了朱的無膽識和無立場，是他的第一輸！

二、朱立倫在行前，曾說過他要「超越九二共識」，於是馬英九大爲惱火緊張，遂在四月二十九日發表了「重申九二共識」的談話，這是馬在替朱劃紅線，替朱穿小鞋；除了馬的動作外，北京顯然也以「一中」替朱劃底線。在左右夾殺下，朱遂作出「兩岸同屬一中」的敘述。這是國民黨的澈底轉向，等於宣示了它的投降。美聯社報導說這是「終極統一論」，並沒有錯誤，這是朱立倫的第二輸！

三、在朱出發前，國民黨有人放話，宣稱「朱習會」上如果習近平對朱釋出利多，替朱加分，則在「朱習會」後朱即可能宣布參選。因爲朱可能有這樣的企圖，所以他這次訪問大陸，遂事事不敢違背現在的軌道，希望習能對他加分。他的隨行人員都層次極低，非常的事務性，但這樣的乖乖牌，反而被北京看低，一點利多也沒有釋出，朱立倫是「偷雞不著反而蝕了米」。「朱習會」後台灣罵成一團，朱不但沒有加分，反而被扣了很多分。因此我已斷言，朱參選的可能性已大幅降低，這是朱立倫的第三輸。

四、朱立倫由於三輸，他在返台後遂意圖扳回一城。國民黨強勢的要求美聯社更正新聞稿，朱也硬拗說他所謂的「同屬一中」是「同屬中華民國」，他也強硬的攻擊蔡英文的「維持現狀」的主張。朱立倫返台後的硬拗，不但沒有扳回一城，反而更加扣分，這是朱的第四輸！

因此，我認爲這次「朱習會」已大輸特輸。我反而認爲這次「朱習會」上，習近平的談話不是說給朱立倫聽的，而是說給蔡英文聽的，因此我認爲這次「朱習會」名爲「朱習會」，實質上卻是蔡英文不在場的「蔡習會」！

對北京情勢有所知的，都知道，北京對台灣現狀非常熟悉，北京很清楚，台灣在二〇一六年可能政權變天，所以北京的對台策略已向民進黨轉移，而對國民黨則看衰。中共是在國共戰爭中長大的，它對國民黨已完全能掌握，但對民進黨則極陌生，抓不準。因此如何摸透民進黨就成了近期最大的問題。習近平透過這次「朱習會」，就是要向蔡英文放話。因此我看了習近平的談話，就直接的感覺到，他的那些話，好像不是說給朱立倫聽的，而是說給並不在場的蔡英文聽的。中國已經在爲台灣變天在作準備，在二〇一六選舉前，中國對台一切都會拖延。朱立倫對國際空間和亞投行要求了很多，習只是虛應故事而已。北京是在等著看民進黨政府的態度！

二〇一五・五・八

集體貪汙機制現形記

中國在上古時期，就有一種東西叫做「節」，它是竹子做的一種信物或憑證。只要有了「節」，就可以四通八達，通行無阻。「節」是政府所發的護照，也是可以進入市場去賣東西的實際證明。有了「節」才好辦事，「節」是順利辦事的樞紐。到了後來，就不用竹子做的實物，而用政府發的官文書。

從「打通關節」進化到「打點」

後來，「關節」就被泛指成順利辦事的代號。人民想要順利辦事，就必須找管事的樞紐核心官員去「打通關節」，這就是送賄貪腐這種行為的源起。

「打通關節」的說法，到了明清時代，隨著貪汙的普遍，被俗話成了「打點」，人們想要順利辦事，就必須去好好「打點」一番，「打點」的官場文化是貪汙的進化版。

人們想要辦事方便，就必須找能幹的手下，好好去「打點」一番。「打點文化」就是官場的集體貪汙。清代的白話小說《二十年目睹之怪現狀》就說過：「匯回了一萬兩銀子，從上到下，由裏到外，全都打點。」

「打點」文化乃是貪汙的擴大和深化：

一、貪汙不再是針對一、兩個人送賄，而是大家都要被「打點」到。大官有份，小官也有份，只要有關係的官員都有份。因爲人人都被「打點」到，貪汙也才不會穿幫。

二、因爲打點需要技術，所以幫人去「打點」的，就成了一個特別的行業。他們人面廣，業務熟，懂得哪個人應該「打點」，這是「打點」的專業化。

最近台灣發生的一起日本核災區的海鮮食材，以及菲律賓和泰國等含有農藥殘留的食材，被官商勾結、蒙混放行的大醜聞。我認爲此案乃是起經典性的「打點」事件，它不只是個食安案件，而是起系統性的集體貪汙大案，值得好好探究。此案可分爲兩個部分：

報關行從上打點到下

第一個部分是元億水產進口公司，從日本的千葉縣等核災輻射區進口甜蝦、海帶、薑苗等食材，該公司爲了避免桃園機場海關發現，多次將輻射區貨物夾帶在其他合格貨物內輸台。於是找了聖元報關公司負責人廖恩葳幫忙「打點」，廖恩葳就「打點」關務署竹圍分關人員楊俊源，楊俊源於是透露查緝機密，該公司遂可以事先掉包，讓輻射區貨物進口。

另一個部分是振順水產公司從菲律賓進口紅蟳，從泰國進口綠蘆筍等有農藥殘留的食材，這些食材經過食藥署檢驗，依正常程序，應封存後銷毀。

下 收場

該公司也是透過報關公司的廖恩葳「打點」負責封存的桃園市衛生局食管科雇員張恩碩，由張延後封存，然後他們將食材掉包，換上其他東西，或只剩個空箱子拿去銷毀，而張則製作不實資料交差。如此一來，他們就神鬼不知的將有問題的食材運走，整個流程裏，被他們「打點」的大小官員不知有多少！

邊境放水是貪腐深化的一角

由日本核災區輻射汙染的食材以及菲泰農藥汙染食材出了問題，流出市面，顯示出台灣的入境管理已形同虛設。它的疑點計有：

一、整個入境檢查及管理都應是在政府的管制區進行，業者及報關商人應當毫無所悉，東西也不能隨便就提領。但由上述兩案卻可看出海關的管制區形同虛設，東西可以任意放行。海關的檢驗和檢疫，乃是重要的入境關卡，這道關卡廢弛，比起阿帕契案所顯示的基地門禁關卡廢弛更爲嚴重。

二、駐海關的桃園市食管科，管理不合格貨品銷毀的人居然是一個雇員。對入關檢驗貨品之處裏，一個雇員就有那麼大的權力，政府管理工作的荒廢由此可見。

三、報關公司的廖恩葳真是個特別的人物。他負責幫商人「打點」一切，而他的確神通廣大，他懂得找對人，把一切不合法的事都搞定。他這種能幹的狠角色，如果政府有眼光，實在應任命他爲海關的署長。他懂得一切竅門，可以「打點」好一切事情，也可以鑽出所有的漏洞，最後把公務機關搓合成集體貪汙的機制，真是天才！

因此來自核災區輻射食材以及來自菲泰被農藥汙染的食材，能夠在被「打點」之後，輕易地放水闖關。這實在是起超級弊案。台灣的邊境入境檢查形同虛設，台灣已成了一個沒有關卡的國家。

邊境的集體貪汙和集體放水，其實只不過是台灣長期以來政商勾串、政商一體、集體貪腐向下深化發展的必然結果而已。就在這兩起食材進口官商勾結的弊案同時，日勝生承包的新北市板橋區浮洲合宜住宅，它的A2基地，就在要交屋的此刻，發現地下樑柱裂縫大量出現，多達五十條。浮洲合宜住宅居然建造出如此品質，讓人合理懷疑它不知道做什麼「打點」，有什麼官商勾結。大巨蛋也問題叢生，道理相同！

二〇一五．五．十一

養小鬼殺人事件

歷史有光明及黑暗兩面。光明面並非偉大光明的事跡，而是說歷史發展的大方向，是在增加人類社會的合理性及可預測性，增強人們趨吉避凶，追求幸福的能力。而所謂的黑暗面，則是指歷史上那些無法合理預測的事，戰亂的隨時可能爆發，天災完全無法掌握。由於生死盛衰的完全無法預料，於是人類從古至今，就有了各種神秘崇拜，宗教之目的就是在於培養人們面對命運之能力，對宗教之外另一種「黑魔術」就更值得玩味了。

所謂「黑魔術」，乃是一種信念，它相信歷史及人生是被某種力量所主宰，因此人們就應努力去尋找這個神秘的力量，由於這個力量乃是鬼神，所以「黑魔術」就成了驅神役鬼的技術。它就是「魔術」、「法術」或「妖術」、「道術」。古代中國從很早開始就有「道術」之學。西方從希臘、亞述時代，一直到中古世紀，都有「黑魔術」，它的要點就是要驅神役鬼，改變人的命運。這種被人駕馭的「鬼使神差」，可以使人獲財致富，也可以使人具有魅惑別人的魔力，後來又被稱爲「巫使」。人把自己的靈魂出賣給撒旦，替魔鬼效力，也是黑魔術的一種。

到了近代，世界各國雖然仍有殘餘的黑魔術，但它的影響已很小。但有兩個地方這種黑魔術卻日益發揚光大。一個是海地的「巫毒信仰」，它對役使鬼神有一套說法，在美洲很有影響力；另外一個則是亞洲泰國的「降頭術」，它是古代符咒之術的延長，靠著役使鬼神企圖改變人間的機緣和命運，由於這種法術和俗世求財求運的偏好重疊，所以在世俗就會很有號召力。演藝界人士爲了求名求利，普通人爲了求財求愛求來生，對泰國的法術都相當熱衷。除了在東南亞流行之外，港澳台等地也相當流行。法術和世俗的求名求財等相結合，乃是它愈來愈旺的原因。

利用法術來求名求財，這雖然不足取，但也沒有什麼大害，頂多一笑置之。但其中有些支派，企圖役使鬼神來助人達到求名求財求來生的目的，這種「養小鬼」、役使鬼差的法術，甚至役使鬼神和「疊使」，這就走得太超過，逾越了自然和人間的基本規範，最近台灣發生了一起「養小鬼」的殺童事件，就很値得警惕。

台灣和香港乃是華人社會最世俗化的兩個地方，它由早期的經濟移民所組成，求名求財乃是最高價値，所以港台社會的風水術、命理術、廟宇改命等信仰特盛。港台人民不會努力去建造一個光明合理的社會，而寧願相信個人的命好運好才最重要。到了近年，時勢不佳，命運的信仰更盛，最近電視上，改命改運的廣告及節目很多，台灣人拜泰國四面佛的也相當多，台灣藝人和香港明星去拜泰國「白龍王」的也極多。泰國宗教符咒學的求財求名求利這些元素由於合乎台灣的需要，泰國的法術當然也吸引了多台灣人。當有了功利性的白魔術，自然就會有驅神役鬼的黑魔術，據我所知，養小鬼求好運這種事情在台灣並不是很少。這次因爲殺人才把事情鬧大。但沒有死人的事，想必不少。

一個退化的社會，是人們不追求體制上的進步，只相信個人的命運，並希望改命改運改未來，當有了這種自立的風尚，社會的黑暗面就會日益增加。在台灣「養小鬼」殺人事件裏，我所看到的是，台灣社會正在加速退化！

二〇一五・五・十五

拿來了專制與黑箱

近代漢語有所謂「拿來主義」之說，這名詞乃是當年魯迅所創。他的意思是如果外國的一種做法確實不錯，我們何妨也「拿來」用。

「拿來主義」的想法，在原則上無可非議，但「拿來」卻經常是解決了一個舊問題，卻反而形成了更大的新問題。外國的某個制度都有它的歷史條件，當拿來用的時候，對它的歷史條件就不能不多加注意；否則隨便拿來，就會治絲益棼，將來造成更大的問題。

引進救國團，附贈黨政軍團一把抓

最近台灣相繼爆發兩個問題，一個是救國團賤租國有土地，許多縣市都準備取消租約，收回土地，如果各縣市跟進，救國團就難免會被迫關門。

另一個大問題就是最近鬧得火熱的ＢＯＴ案。台北市政府已可能將馬英九和李述德依圖利罪移送法辦。

救國團是「拿來主義」最典型的例證！而ＢＯＴ是「拿來主義」最新的特大問題！

先說救國團。十九世紀末是歐洲的革命年代，青年主義是歐洲各國運動的主軸，特別是義大利和德意志的青年運動最盛，後來德義的國家社會主義興起，青年及兒童工作遂成重點。青年團及兒童團相繼成立，並影響到中俄日等國。

國民黨在陳立夫時代，向法西斯看齊，即有三民主義青年團之設立。國民黨敗退到台灣後，於一九五二年十月三十一日成立「反共救國團」，它是三青團的深化，是黨政軍團的四大主軸之一，台灣青年的愛國教育及活動都由救國團所發動。

爲了強化救國團功能，政府的許多風景勝地都撥給救國團使用。解嚴後才將它契約化。因此，救國團租用這麼多地方，表面上合法，但實質上的不合理依舊。只是解嚴後的台灣，國民黨仍是最大的政治勢力，它的不合理用合法的外表來包裝，也就可以矇混過關。台灣社會看起來似乎合法，但卻不合理的事特別多，其實已顯示了轉型正義的匱乏。

台灣當年「拿來」德、義的青年制度，一定沒想到，在引進這個制度時，也附贈了政府專制、黨政軍團一把抓這個更大的麻煩。黨政軍團一把抓這個體制，只要一個破壞，就會全盤破。現在已到了那個舊體制已破，它的不合理性已全被攤開。

BOT是英美保守主義產物

至於政府的ＢＯＴ，乃是英美保守主義右派的思想之一。英美右派對政府的功能有一種病態的反對，他們認爲政府乃是潛在的惡，最有作惡的可能。因此政府愈小愈好，能夠讓公司及法人去做的事，政府就應讓渡出去。這套思想在一九五〇年代形成，一九七〇年代以來取得勢力，於是ＢＯＴ這種模式出現。

他們在推展這種思想時，刻意醜化政府的職能，認爲政府做事就是浪費無效率，官辦不如民辦。保守主義的這套說法其實是站不住腳的，但在一九八〇年代卻是一種政治正確，而且也用BOT模式做了一些工程。由於英美的政治已上軌道，社會也有互信，企業家也有企業倫理，BOT效果仍然可算相當正面。

問題是當時政治正確的BOT，台灣隨便「拿來」就用，卻顯然出了問題。主因在於台灣的政府由於長期專制，沒有透明的習慣，而透明乃是BOT成功的關鍵。

其次則是政府以前自辦公共建設，由於必須負責，還不敢亂來；現在改BOT，政府的責任被稀釋，反而更容易放水卸責。政府花了大錢放出一些特許的機會，使人們對BOT失去信任。

由外國的經驗，BOT若要成功，必須政府透明公開，商人則必須有高度的商業倫理。有了官、商這兩個條件，BOT的契約才可能有互信及公信，不至於吵嚷不休、沒完沒了。台灣的BOT恰好正缺了這些條件。

就以台北市最近鬧成一團的BOT案爲例，台北市在馬英九和郝龍斌任內，在那麼黃金地段的基地搞BOT，這麼好的地段單算土地價值和租金就有數千億元，但台北市卻幾乎無償給與私人公司BOT。

掀開BOT，看看有沒有鬼

它的招標議約以及修改合約都不透明，到了台北變天後，過去的事才漸漸曝光。人們對

下 收場

台北市的ＢＯＴ充滿了疑惑：在馬郝市長任內，爲何對商人那麼友善，釋放出那麼多利益？人們才發現它有太多黑箱，正因爲它不能透明於前，所以現在這幾個ＢＯＴ案遂全無公信。

當事情沒有好的開始，人們當然合理性懷疑是否有圖利廠商或有對價的舞弊，因此台北這些ＢＯＴ案已成了政治的亂源。台灣的ＢＯＴ搞成這個樣子，我認爲其他ＢＯＴ案也應暫緩；而對台北這幾起案件，政府的司法檢調機關，也有必要出面，主動釐清。

這些案子看起來都合法，但實質上都不合理也有違常識，不合理的位階高於不合法，不合理的事一定有鬼，我們有必要把問題搞清楚，看它裏面有沒有鬼！

二〇一五・五・十八

愛新覺羅的復仇

許多人應該都聽過，近年來國民黨中高層流行的一個新耳語。那個耳語說，一九一一年國民黨革命消滅了滿族政權，到了現在，則是滿族愛新覺羅的後代金溥聰，藉著掌控了國民黨的馬英九，在台灣胡搞八搞，最後使得國民黨在台灣被消滅。愛新覺羅氏，終於報了當年被消滅的大仇。而由情勢的發展，二〇一六大選，就是愛新覺羅氏報仇的日子到了。

近年來，國民黨在馬金江體制下日益不堪。馬金江體制在整肅王金平到「太陽花學運」這段期間，是它的全盛期。它敢於肆無忌憚的發動整肅鬥爭，又敢於在立法院展開違法的多數暴力。在那個階段，馬金二人自信滿滿，他們並且有了接班計畫，他們相信由於大權在握，馬之後即可安排江宜樺接班，馬金江體制又可宰制八年。但他們失算的是，太陽花學運整個的瓦解了馬的正當性，不僅江宜樺下臺，退出了政治。更造成了國民黨的選舉潰敗，馬自己也丟了黨主席職位。

但馬並不死心，由於他仍保有總統職位，還有最大的實質影響力，所以這次國民黨的大選提名，馬金兩人的手仍然四處亂伸。由國民黨領表迄今，馬金動作頻頻：

下 收場

一、他們的最高原則，就是要「堵王」，堵住王金平的出線，這包括他們暗中支持B咖人物，來稀釋王金平的聲勢，他們一直利用親馬媒體放話，聲稱王若出線，國民黨必然會分裂，藉此威嚇藍色群眾；深藍的黃復興黨部，更講了白話，他們誰可以接受，但就是不接受王金平，他們不斷變換招式，有時候用朱立倫打王，有時候則用吳敦義打王。馬的內心有個最大的恐懼，就是國民黨絕對不能落到本土派手中。堵住王金平的重要性甚至大過二〇一六的失敗。如果王金平出線，他們那些外省掛就會完全失去權力，如果他們仍握有國民黨權力，他們的自己人雖然敗選，但他們仍有舞台。

二、馬金兩人恨王，他們曾巫賴王是「黑金」，是「藍皮綠骨」，是「台獨」，他們不但全力「堵王」，也企圖扮演太上皇角色，壓制朱立倫。朱在訪中前夕，馬就下指導棋，限定朱在表述「九二共識」時的範圍。由於馬金已全盤控制了藍色媒體，他們也對朱立倫的黨主席角色指指點點，說三道四。「反王」、「壓朱」已成了馬金大選提名的基本態度。最近王金平發表不登記領表談話，朱立倫也在五月十六日發表聲明。王朱兩人都在「團結」上作文章，其實都是在公開打馬。王朱兩人的反馬態度已趨明朗。他們兩人已意在絃外的指控，馬金的動作頻頻，已使國民黨的團結出了危機，易言之，就是馬金兩人的倒行逆旋，國民黨的分裂已開始胎動。

根據最新的發展，馬金的黑手伸進初選的提名和徵召不會放鬆，但他們寸寸進逼的堵王打王，卻顯然已逼反了國民黨的本土派。國民黨的本土派沒有自立山頭，和馬金對幹的實力和氣魄，但卻極有可能在二〇一六年大選時全面倒戈。這也就是說，馬金的黑手若不縮回去，它一定會逼反國民黨的本土派。當年國民黨在中國大陸逼反了主流的黨國青年，使得它在中國大陸遭到被消滅的命運；而今台灣的本土人民也被逼反，國民黨在台灣可能也被消滅。金溥聰這個愛新覺羅氏，透過馬英九而進入了國民黨核心，得以胡作非爲，使國民黨在台灣也眾叛親離而告失敗。愛新覺羅氏，終於報了當年被國民黨消滅的大仇！

二〇一五・五・十九

自我取暖的場景

吹牛拍馬，醜顏爭寵，乃是古代官場的潛規則，因此中國古代遂有「舐痔」，幫皇帝舐屁眼的噁心肉麻故事。現在時代已變，那麼噁心的事，大概已沒有人做得出來，但吹牛拍馬，厚著臉皮爭寵的本質卻一點也沒改變。

馬英九就職七週年，雖然他毫無政績，人民的反馬情緒已到了空前的程度，但馬英九這個人卻硬是不知反省檢點，在最近這幾天，還是厚著臉皮，在那裏自我吹噓，借此自我取暖，而親馬媒體、官僚們，以及馬的友人和學校，也在那裏幫腔，替馬搭建舞台，讓他自吹自擂。看著這一篇，真讓人百感交集。當一個統治者失去了自省能力和度量，只是陶醉在自我良好的感覺裏，而且居然有人還在那裏幫腔拍馬，台灣爲什麼每下愈況，終於有了答案！

當我看到馬在那裏自我取暖，而且有人居然還在幫腔，我就想到三首古詩。這三首詩都是在談拍馬屁。

第一首是清朝秀才彭兆蓀所寫的〈長官壽〉。詩曰：「長官壽，長官不自壽，僚吏相爲壽。門前賀客會，堂上笙歌沸，百醒醉不雔，三更歇猶未，是特歲調天雨雪，鄉亭履報溝中瘠門。」它的意思是說，長官做生日或類似的活動，他自己不必去辦，只要點個頭，下面的官僚就會自動的湊熱鬧，大家快樂的抱成一團，根本沒有心情去理會人民的死活。馬的七週年，不正是如此嗎？

第二首是南宋的無名氏所寫。估計這個作者是個太學生，可能怕被清算，遂匿名寫了這首十七字詩，詩曰：「駕幸景靈宮，諸生盡鞠躬。頭烏衣上白，米蟲。」南宋時代，首都在臨安，今之杭州。臨安有個景靈宮，各種活動在此舉辦，當時的太學生，即今日的大學生。他們不好好唸書，就是負責去替皇帝的作秀活動當人頭充人場，這已違背了太學生讀書治國的本質，因此他遂稱他們已淪爲不務正業的「米蟲」，馬英九找大學生來作秀，這些學生不是「米蟲」，什麼才是「米蟲」！

第三首也是南宋人所寫的詩，它是在談南宋首都市長趙師擇。這個趙師擇乃是拍馬屁天才，他很會諂媚南宋那個亡國宰相韓侂胄。有次韓侂胄到了一個莊園，風景優美，但卻沒有雞犬聲，於是韓某表示，沒有雞犬乃是這風景的遺憾。但他的話才講完，他的附近窗外雞犬聲大作，人們一查，發現那都是趙師擇所發，他口技極佳，學雞叫狗吠的本領一流。那首詩曰：「堪笑明庭鵷鷺，甘作村莊犬雞。一日冰山失勢，湯燖鑊煮刀刲。」意思是說朝廷大官只會拍馬屁，一旦失勢敗亡，就會惡有惡報。

看著台灣那些人在拍馬屁，他們惡報之日還會遠嗎？

二〇一五・五・廿二

愈老愈想再上台

以前每次聯考，總是有一兩個阿公級的老人家考上醫學院，媒體都毫無例外的大力吹捧，我則完全不以爲然。因爲醫學科系乃是替年青人的第一個人生做準備的，老人退而不休，他們準備要過的乃是第二個人生。第二個人生不能排擠掉年青人第一個人生的機會！

而這種現象在政治上亦然。英語裏有個名詞Gerontocracy，它的字裏意義是「老人政治」，而在台灣則是「老人政治」的變體，是一種「愈老愈想再上台」的政治。

國民黨以前是「老人政治」，他們年青時就當官，從中國當到台灣，七老八十還不下台。從民國五十年代到八十年代，就是典型的「老人政治」時代。

到了今天，那個「老人政治」的時代早已結束，但從這次選舉，人們卻可看出，那種「老人政治」已成了文化，不但藍營內有老人搶著要再上台，綠營亦然。那些老人都已是退休級的人物，他們都該去安排第二個人生，但卻有人硬要去搶著再出頭上台，更糟的是，媒體和一些特定的抬轎人物，也在那裏起鬨。這種老人搶著想上台的景況，在外國根本就不可能發生，但在台灣卻成了常態，這不能說不是台灣的怪現狀！

西方民主國家，政黨制度已經成熟，社會上的政治標準也已確定。當大選到了，無論甚麼人想要出來競逐大位，都有一定的規則和路徑。競逐大位畢竟不是上街賣菜，資格的取得有其條件。

但台灣社會卻不然。台灣社會對政治權威的形成缺乏了準則，一個政治人物一旦有名，就可靠出名吃上一輩子，而媒體及各種抬轎人，也總是在這些名人身邊打轉。二〇一六大選，正主兒的新聞反而沒有各家老人多，尤其是國民黨這邊，吵吵鬧鬧到了今日，A咖人物還沒有動靜，B咖及老人卻是新聞不斷。老人急著想要再上台，老人拚命在搶位子，無聊的放話，無意義的作秀，已成了台灣選舉最大的風景。媒體的起鬨是始作俑者。

政治上，最重要的是「有意義」（Signification）和「無意義」一定要有清楚的分野，已經退休的老人，他們最好的角色，乃是公益和教育，替社會長遠的發展作出根本的貢獻，而不是倚老賣老的在那裏這個也干預，那個也干預，到處攪和。每一代的人有自己那一代的人去做那一代的事，老人的時代既然已經過了，就讓它過去，犯不著老人們去指指點點，去下指導棋。老人最大的麻煩，乃是他們不懂捨，更要命的乃是愈老愈想上台，愈老愈想搶位子。老人不會去找自己的最適角色，他們就會變成社會的負擔甚至是亂源之一。

二〇一五・五・廿六

馬不知大勢已去

連日來，最讓人噁心的事件，就是蔡英文訪美前腳剛剛要走，馬英九就要後腳跟進，七月出訪拉美，過境美國，追著蔡英文死纏爛打。一個堂堂國家元首，淪落成追著打的打手，演笑話演給美國人看，這真是丟臉丟到了外國。

馬英九雖然在台灣喪盡民心，任期也只剩下一年。但他雖然民調低迷，早已跛手跛腳，畢竟還有總統的名號，意思就是說他的爪子還在，因此他到處張牙舞爪的機會仍有。他在台灣內部，下令絕不能讓王金平出線，國民黨的大小官僚，以及國民黨掌控的媒體，都還是買他的帳，他也能搏到很大的版面。他的這種殘餘影響力，雖然老百姓看得心煩，但他卻樂在其中，至少可以自我取暖。

而這次，則是他的自我取暖取到了美國。

蔡英文以總統候選人身分訪美，想當然的，她必定會受到美方政府及智庫新聞界，以及僑界和對岸的重視，於是或許是吃味眼紅，馬也跟著前往，一則企圖稀釋或分享蔡的鋒頭，二則是藉機打對臺，如果美國能有一點友善的評論，他就可以出口轉內銷。目前的美國僑界，親國民黨的勢力早已凋萎，親國民黨的派系早已倒到中國那一邊，馬如果前往辦活動，只要中方動員，僑界和留學生一定會相當捧場。因此馬也趕著去美國，場面應不會太小，反正台灣的人也搞不清參加活動是什麼人，只要人數不少，馬就可以吹噓他是多麼的重要。

馬英九最近大小動作不斷，真是應了「百足之蟲死而不僵」這句老話。問題是，馬英九這種追著蔡英文死纏爛打的搞法，二〇一一年或許有效，但到了現在，由於情勢改變，肯定只會有反效果：

一、馬的台灣民意支持度早已跌到谷底，馬英九這種招數，美國政府和智庫以及新聞界不可能不知道，美國人應該不會犯賤去替馬金江抬轎子，幫著當打手。甚至還可能會嗆聲，討不到好處。

二、「勢」這種東西非常奇特，有民意支持，就會有「勢」，「勢」也才可以放大，「造勢」造得起來。如果民意不支持，這時硬要「造勢」，這種手腳小動作，人們就會一眼就看穿。馬的「造勢」作秀，台灣人早已領教多了。最近他頻頻作秀取暖，但反而招致更多冷嘲熱諷及罵名。這次馬英九的招數，是小流氓式的死纏爛打，沒事找事，全世界都看在眼裏，還沒有打就已經敗了。我們等著看他的笑話。

三、最近馬的動作頻頻，爪子亂舞，他儼然已成了國民黨的大選候選人。不是候選人卻拚命在作候選人的動作，簡而言之，這就是太上皇式的攪局。國民黨被攪爛攪死，馬英九的派系惡勢力卻殘存，他在台灣還有一片天。馬的一切動作，其實都和他的黨內鬥爭佈局和他將來的角色安排有關。

二〇一五・五・廿八

馬英九卡王的後果

國民黨的初選提名，所有A咖級的人物都不表態也沒有領表登記，搞到只有一個B咖的洪秀柱在那裏假戲真做，國民黨的歹戲拖棚，到了現在，真正的答案已經出來了。

那就是國民黨雖然表面換了朱立倫當主席，但實質的地下主席仍是馬英九。馬早已在那裏嚴陣以待，等著卡死王金平，這點王金平當然心知肚明，他已被嚇得不敢動彈，原本想在領表登記最後一天做出參選決定，最後只好臨時喊卡。但事情一直拖在那裏畢竟不是辦法，所以最後他憋不住氣，所以有了六月七日「義不容辭」的談話，但王金平的話剛剛講完，馬英九地動山搖的大動作立刻開始：

馬的御用報紙立即刊出，如果王金平出線，國民黨就會亡黨的言論。

馬派的大軍立即大動員，黨中超過了一百顆星星，以及國安會和外交部一堆前政務官全部出來挺洪秀柱。

上述這些大動作，根據常理，絕不可能是臨時抓瞎抓出來的，必定是佈局已久的腹案，所以王金平一有動作，它遂能快速動員展開，由馬英九這邊的大動作，它已證實了最近期間的許多說法：

一、馬英九雖已不是黨主席，但他仍拒絕鬆手，他其實仍是地下的黨主席，他的人馬仍左右著國民黨的提名，朱立倫其實只是在幹假的。

二、從國民黨領表登記以來，馬團隊最高戰略就是卡死王金平，絕對不讓王金平出線。馬的卡王早已寫好了劇本，作出了預演，所以當王「義不容辭」一出，馬的劇本遂立即推出，其流暢的速度驚人。因此可見馬的確是個內鬥高手！

三、馬爲了能夠卡死王金平，他的底牌已亮了出來，那就是馬發動他的黨羽全力挺洪秀柱，如果洪能通過「防磚民調」，洪就成了當然提名人，王金平就被卡死。

四、國民黨最後假戲真做，提名了B咖洪秀柱，這等於洪秀柱的副手及競選活動全都馬一把抓，因此二〇一六大選，不是「蔡洪」對選，仍是「蔡馬」在選，馬英九目前已案底很多，他爲了安全下莊，二〇一六大選國民黨在他操盤下，必定絕招盡出，選情將會悽戾無比。蔡英文目前表示：「絕對不要低估對手的求生意志。」可見她也知道二〇一六將是馬英九生死存亡的反撲血仗，蔡英文的挑戰極大。

五、我研判，馬英九爲了卡死王金平，已不得不假戲真做，企圖全力發動挺洪過關。因此洪秀柱藉著「馬卡王」的矛盾可能揀到「總統提名人」的身分，但一個B咖人物，馬英九再怎麼炒作拉抬，磚還是磚，成不了玉，馬用盡方法助選，洪也必敗，而且是慘敗。因馬英九的卡王大作戰，搞到A咖B咖不分，我已看到了國民黨的必亡！

二〇一五・六・十二

馬王政爭的波瀾

近代思想家阿多諾（T. Adorno）是第一個從「社會控制」角度來研究法西斯威權歧視人格的思想家。他指出，有些國家的體制，透過層級官僚的運作、教育的浸潤等方式而形成國民的法西斯反民主人格，久而久之，這種法西斯的歧視刻板人格就會成爲見怪不怪的「約定俗成」，人們對壓迫歧視也會習慣性的去做「壓迫性的否認」。歧視天天都在做，但人們早已習慣，寂靜無聲。

省籍歧視　國民黨內固定文化

而國民黨在政治上的省籍歧視，就是可以用阿多諾理論來解釋的現象。他們那一群外省掛官僚，早已習慣性的認定只有他們是天生貴族，只有他們才有治國能力，而台灣人則是天生的次等人。他們的體制裏也會有一些台灣人附屬官僚，但這些台客必須唯唯諾諾，只配提皮包和當表決鼓掌部隊，不允許有自主的意見。凡是有主見的人，那些外省掛當權者的自動防衛機制就會啓動，將對方打成異類或匪類。而最荒謬的是，雖然這種省籍歧視他們天天在做，卻有個機制禁止人們去談論這個問題，任何人只要一談省籍歧視，就會被扣上「挑撥族群關係」的大帽子。正是因爲存在著這種「壓迫性的否認」（Repressive denial）機制，台灣政治上的省籍歧視遂一直繼續，並成爲國民黨內的固定文化，並一直在惡化。

而現在，國民黨內的這種省籍歧視因爲持續惡化，而到了明目張膽、肆無忌憚的程度，終於在這次二〇一六年大選的總統候選人提名上正式引爆。

馬王心結　始於馬王爭黨主席

一般人都認爲二〇一三年的「九月政爭」乃是馬王心結之始，但事實並非如此，早在王金平與馬英九對選國民黨主席開始，王金平就犯了國民黨外省掛的大忌。這些外省掛早已認定黨國的真正權力乃是他們所有，不容台客參與。因爲王金平犯了大忌，他遂被視爲異類，當時馬金替他扣上的帽子乃是「黑金」。後來王金平因爲在「服貿協議」不能配合馬的需要，馬金江遂發動「九月政爭」，企圖把王鬥臭鬥垮。馬鬥王當時，除了檯面上的「關說」理由外，在檯面下，馬團隊也在軍眷區發動耳語，宣稱王是「藍皮綠骨」，是「台獨同路人」。這些外省掛的鬥王已升級到了意識形態的程度，及至太陽花學運興起，馬金體制更挑明的認定王就是「台獨」，已成了必殺的敵人。

所以這次候選人提名，從領表登記開始，馬金體制即把卡王做爲他們的第一目標，黃復興這個外省掛的核心團體，並表明了「誰都可以，就是王金平絕不可以」。這次候選人登記，國民黨的A咖級人物都不敢表態，特別是王金平拖到領表最後一天才決定不去領表登記，就是他害怕一旦領表，馬團隊必定發動天搖地動的大圍剿，意思就是，國民黨這次被提

名人所以歹戲拖棚，人們一定不能疏忽了馬英九所發揮的鎮懾作用。由六月七日，王金平的氣再也憋不下去，終於跳出了「義不容辭」這句話，第二天國民黨的馬派媒體立即出現如果是王國民黨就會「亡黨亡國」之論，國民黨的國安體系立即政軍特大動員挺洪。

提名內戰　馬藉挺洪擊垮朱王

這等於證實了長期以來的一種說法，馬團隊早已鐵了心，王金平這個國民黨的本土派絕不可留，他們用盡一切方法，也要讓洪秀柱通過防磚的門檻。只要能卡死王金平，B咖或C咖都不重要。在馬的算計裏，只要他全力發動挺洪，對內就藉著這次提名的內戰，一舉就擊垮了朱立倫和王金平兩個對手，宣示出他仍是國民黨的實質主席，國民黨的外省掛即可放心，國民黨的台客勢力完全被殲滅。

根據一個熟知國民黨的人研判，馬當今的策略模式，乃是：

他發動所有政軍特及媒體力量，拱洪過關，而人們都知道洪在權力政治上，乃是個圈外人，她只是藉著馬鬥朱王的縫隙，運氣好的話可以撿到總統候選人的身分，但對副手人選、如何競選等重要衍生問題，都超過了她的能耐，必須由馬指定。以前馬的計劃是由江宜樺參選總統，現在馬則可能力推江宜樺爲洪秀柱的副手，江名爲副實爲正，真正操盤的仍是馬英九，因此二〇一六大選，事實上仍是蔡英文對決馬英九的選舉。

由於二〇一六大選是馬生死存亡的選舉，他必定以百分之兩百的超全力以赴，他會施展出什麼伎倆？會動用什麼撇步？會和北京如何套招聯手？都難預料，因此二〇一六對蔡英文將是一場難以樂觀的苦戰。最近蔡英文表示，「絕對、絕對，不可以輕敵。」「絕對不要低估對手的求生意志。」蔡是民進黨裏還沒有被必勝想像沖昏了頭的少數人之一。

因此，到了現在，已到了台灣人民民智覺醒，起來終結那些外省掛權貴歧視台灣人民的時刻。那些外省掛權貴因爲缺乏台灣自主意識，在馬英九任內遂恣意亂行，犯下了許多天怒人怨的錯誤。而他爲了打壓國民黨內台客的自主意識，更對國民黨本土龍頭王金平整肅圍剿，無所不用其極，任何稍有良知血性的人都看不下去。

外省掛特權對決本土台灣人

所以二〇一六大選，事實上是有兩場重大戰役。第一場是外省掛特權勢力與本土台灣人的決裂，接下來才是代表台灣本土勢力的民進黨與國民黨的對決。現在這些外省掛打壓王金平已經展開，一百多顆星星和許多馬的親信官僚，全部披掛上陣。這些人對台客同志心狠到這種程度，這種內鬥舉世少見。國民黨內的台客還要緘默忍耐下去嗎？

二〇一五・六・十四

一夕暴紅的年代

多年前，英國艾薩克斯大學教授布隆戴爾（Jean Blondel）寫了一本《世界領袖：當代各國執政者的分析》，這是一本實證性的研究著作。

他在書中指出，一個正常國家的領袖產生，都有其正規的路徑，民主國家必定要有十年或更多的部長職位，行政經歷幾乎成了領導人的要件。而在共產國家，統籌權力的政治局職務也同樣重要。行政經歷可以熟悉政府專務，以及負責實務，與民接觸，培養聲望。行政經驗才可能形成國家的A咖梯隊。如果缺少了行政經歷，必定會狀況百出，成不了領袖。

而今天的國民黨候選人洪秀柱就是個非正規的人物，她從來沒有負責過重要的職務，因此大家都視她爲B咖，但洪秀柱命好，她在馬王的對立縫隙中，那些人爲了封殺王金平，遂拚命拉抬洪秀柱。因此洪是權力鬥爭下被當作棋子的人物，她是撿到了便宜，而不是靠實力和聲望贏到了候選人的資格。她是機緣湊巧，一夕暴紅的政治暴發戶。

近年來，台灣由於傳播生態已變，社會上出現了許多一夕暴紅的名人。這些人本來根本不是什麼咖，因此這種人並沒有作好準備，當他們暴紅了之後，語言行爲一切照舊，於是各種八卦狀況遂不斷發生。一夕暴紅的社會名人已成了社會新聞的主要來源之一。

而今天的洪秀柱一夕暴紅，她和那些一夕暴紅的社會名人一樣，也開始狀況不斷：

●她因爲是B咖，缺少了廣泛的政治延帶，她根本沒有夠資格，有信用的幕僚和智囊，於是政治不成熟的話她仍然亂講，她那些傳統的言論，她對要不要訪美的不當發言，都顯示出洪秀柱的B咖本質，而不是A咖的候選人層次。國民黨內已開始受她不了！

●一個B咖人物，放放野炮，信口開河，像個小辣椒，或許還無所謂，但成了候選人，講的每句話都有責任，都會受到較嚴格的檢驗。這時候小辣椒就不是個好品質，而會成爲很大的負債。洪秀柱最近很多白目的講話，受到各方抨擊，就是個惡兆。

因此，人的一夕暴紅，並不一定是好事。一夕暴紅的人，通常都不是靠本領，而是靠機會。一夕暴紅的人，很容易忘了我是誰而開始自大和自以爲是，沐猴而冠，忘了自己的猴樣。最近洪秀柱的負面話題及有爭議的話題竄起，而不是前一陣子那樣都在炒作拉抬，這似乎顯示出她一夕暴紅的好運已走到了盡頭，接下來就可能由紅翻黑。

一個人由於機會的因素而一夕暴紅，這種人最需要有自知之明，必須特別謙虛自制，必須親賢人遠小人，來彌補她的B咖之不足。一夕暴紅和一夕暴黑，兩者的距離是很接近的！

二〇一五・六・廿三

樂極生悲的實例

隨著社會的發展，所謂的「意外事件」也不斷改變。以前的意外大多是天災和交通事故等，但到了現在，狂歡式的集體歡樂，以及歡樂所造成的懈怠，已成了新的意外來源。由八仙樂園的意外慘案，已顯示了，歡樂管理已成了當代社會管理的新興課題。

近代社會和以前最大的不同，乃是人對生活世界的解放日益放鬆且放任，於是各種既酷又辣、非常駭的新式嘉年華會活動遂告興起，人們只要找到了理由，就辦個大型的活動，於是各種大型派對、大型表演，甚至大型的轟趴都告不斷。對於這些歡樂式的活動，縱使它的歡樂有那麼一點放縱，我們都不宜反對。但我們卻應警惕到，這種追求歡樂的人群，他們來源較雜，集體的情緒最爲散漫，當他們一旦駭翻天，就會完全失去了警覺，形同完全失控。所以這種歡樂式的嘉年華會，主辦的個人或團體就需要有嚴格的紀律之心。他們必須把活動掌控在適當範圍內。不能讓歡樂的群眾駭過了頭，使活動反而變成不幸意外。

近年來世界各地把歡樂的場合變成悲劇的已有多起。南韓出現人潮壓垮了看台的不幸，傷亡極大；上海也發生人潮洶湧，人踩人，踩死人的慘案。這次八仙樂園的粉塵爆炸，傷者狼藉，更是世界級的歡樂意外事故。八仙樂園的慘案，如果要追究原因，我們可以說，主辦單位除了只想拚命營造使人駭起來的效果外，其他的安全事項完全沒有考慮到，乃是這次慘案的關鍵。當歡樂搞過了頭，當然就樂極生悲。不幸的是那四五百個被燒燙傷的人群，他們的皮肉顏面傷痕將痛苦一生！

近年來，台灣各地都病態的在搞著各種活動競賽，只要某個地方辦了效果很好的歡樂式活動，大家就一窩蜂的有樣學樣，各種音樂秀、各種轟趴、各種演唱會遂告不斷，台灣社會壓抑已久，生活世界開始大解放，這沒有什麼不對。但台灣各地拚命扮歡樂式的活動，大家對活動紀律卻馬馬虎虎，只追求活動的酷辣駭，卻對專業的紀律、秩序、安全、保險等無所用心。當人群被燈光粉電搞到駭翻天的時候，就到了樂極生悲的邊緣！

因此，八仙樂園的慘案，實在讓人慘惻，不忍多言。這起慘案毀了很多人，他和她們的傷痕將伴一生，痛苦一輩子。如何治療、賠償，以及之後復健，特別是心理的療癒，從主辦者、八仙樂園以及政府都要切實的負起責任。而最重要的，台灣的有關部門一定要從這次事件中學到歡樂管理的教訓。歡樂是好事，但歡樂不等於放縱亂來，愈是歡樂，也愈需要管理和紀律，才可以避免樂極生悲！

二〇一五・六・廿九

洪秀柱岌岌可危

洪秀柱以B咖上陣，主要的操作目標是要卡王，於是操盤的黑手們遂大動作的動員百顆以上的星星，以及一堆部長大官替洪秀柱造勢，在這樣的操作下，洪秀柱遂由一個B咖人物，赫然之間吹漲，成了超級A咖，國民黨的權力矛盾，也使她順利的撿到了便宜，一夕爆紅。

不過，洪秀柱的爆紅並不是她有爆紅的條件，而是膨風所致，她的B咖本質並未改變，當B咖因緣際會的成了超級A咖，她就會自然而然的顯露出她的B咖本質，特別是當她爆紅後忘了自己是誰時，格外會露出本像。最近這段期間，洪秀柱的負面新聞不斷，可以說是把她打回原形的過程。因此最近洪秀柱的事情鬧烘烘一片，我不認爲是有人要卡洪，而是她原形畢露後，已造成了她在卡自己。

例如她在爆紅後已忘了我是誰，於是遂信口開河，大放厥詞。諸如「一中同表」，「中華民國不存在」這些說法，都是她真正的內心話。因此並不是別人在誣賴她是「急統」，而是她自己暴露出「急統」的原形。

例如，最近國民黨立委紛紛放話要出走，這些人並不是有什麼卡洪的陰謀，而是他們現在已看到了洪的原形，知道這個「辣椒精」的可怕，他們已必須自保，因此急著和洪切割！

前陣子國民黨的操盤者拚命替洪膨風灌水，使得洪的假象掩蓋了真象，而到了現在，她的原形已現，於是假象消失，最近的各種民調，她都落後高達兩位數，這才是真正的民意。我敢鐵口直斷，若照這個趨勢，二〇一六大選，國民黨不僅會輸兩位數，立委方面也會崩盤。

因此，國民黨初選從卡王起，就一步錯全盤錯，錯上不斷的又加錯，把個爛棋當成寶，現在已快到了玩不下去的地步。它從卡王捧洪起，就弄假成真，最後只好硬著頭皮，以假爲真，要把自己玩到死才肯罷休。

因此，國民黨全代會有人醞釀要採投票制，不能稀里糊塗的用鼓掌通過的方式。這是國民黨自救的最後機會。國民黨初選到今，已把一副牌玩成了濫牌，再玩下去只會更濫更死，唯一的方法乃是重新洗牌。因此，在七月十九日的全代會，對提名人採取投票表決，不讓這麼重要的事草率的鼓掌通過。國民黨的初選迄今，都是少數人在操盤掌控，正因爲有操縱，才造成今天這種無法善了的濫局，這種濫局必須叫停！

最近期間洪秀柱的不利消息愈來愈多，當B咖被膨風成超A咖，到了一定時候，她灌進去的風消褪，就會縮回原形，她身邊的那些更小咖，則縮得更多。現在選舉的仗還沒有開打，就已衰到如此地步，這場仗是打不下去的。只有趕快重新洗牌！

二〇一五・七・八

馬政權日薄崦嵫

法國近代政治學家杜瓦傑（Maurice Duverger）指出過，政治最終極的目的，乃是透過摩擦甚至衝突等緊張關係，達到讓步及超越，進而整合與創造團結。但他也指出：有真整合真團結與假整合假團結之分。假整合假團結乃是藉著權力運作的方便，迫使有不同意見的人向他屈服。假整合假團結只會造成更大的分裂。

國民黨「弄權」本質不改

而當代領導學權威龐斯（James Mac Gregor Buras）則指出，一個真正的領導人乃是透過權力的負重與分享，綜合出集體的意識和共同利益，但卻有一種人他不能算「領導人」，只能說是「弄權者」（Power wielders），他嫻熟於權力的操縱，視別人爲芻狗，弄權者弄不出好政治。

本文以杜瓦傑和龐斯開場，主要是藉此來反省國民黨「弄權」的本質。國民黨自從民國十四年孫中山逝世起，就進入了弄權的階段，它不曾以現代方式來進行政黨及國家的整合，而是不斷的進行內鬥和權力的驅逐。於是國民黨愈是高喊團結，就愈是把許多人權力驅逐之外，國民黨愈團結就愈不團結，它的地盤也愈團結愈小，最後小到只有江浙集團那一撮人。許多人都以爲民國卅七年十一月的徐蚌會戰乃是國民黨敗亡的關鍵。其實是早在徐蚌會戰前，它早已人心離散，硬著臉皮打那一場仗，只是替國民黨畫了結束的符號而已。徐蚌會戰後，國民黨以每天幾百公里的速度一路場倒，所謂的「兵敗如山倒」原來真有其事。

高喊團結　驅逐反對者

而當年國民黨失去中國大陸的那一幕，今天已在台灣重新上演。國民黨的話語術，台灣的人都知之甚詳。它動輒以「鞏固領導中心」和高呼「團結」爲口號。但這些口號只是工具，「鞏固領導中心」是要穩定那一小撮人永遠的權力地位，「團結」的目的則是要驅逐拒絕向它團結的異類。

由於它壟斷了「團結」的話語權，所以他們享有「脫黨」和「跳船」的自由。當年李登輝當政，他們不爽，於是大規模「脫黨」，另組新黨，台灣的「脫黨」、「跳船」是他們開的先河；接著又有親民黨，和國慶集會鬧場，以及阿扁時代「如影隨形」的群眾事件。這都顯示出國民黨如果不爽，他們總是會做出破壞台灣團結的奇怪事情！它一方面高喊團結口號，但另方面則做盡有害台灣團結的事。最後當然是它愈團結，趕出去的人愈多，它的團結是一小撮人愈抱愈緊，但也愈抱愈少。

國民黨當年失去中國大陸的故事，今天已在台灣重新上演。但這次不是失敗於軍事，而是失敗於政治！

馬政府愈失政　反而愈強硬

近年來國民黨的馬政府日益失政，而權謀政治之祖馬基威利早已說過，一個危機中的君王最怕被人認爲軟弱，因而失敗的君王都反而傾向於用強硬的手段來證明他的有能力。於是馬英九愈失政，人民愈反感，他反而愈強硬。近年來，馬的手段愈來愈強硬，其實是有理論上的解釋的。馬會使用重手法整肅王金平，企圖將他驅逐出權力體系之外；馬會動用鎮暴警察的力量來對付太陽花學運，將學生打得頭破血流；甚至於到了現在，他仍以強硬態度來回應高中課綱問題。強硬已成了他的最後手段。

正因爲馬的態度及手段日益強硬，所以他在操作二〇一六國民黨的初選提名時，當然以強硬爲主調，他發動黨政軍卡王，要把王卡到死爲止；他動員一切力量要把B咖的洪秀柱膨風拉抬起來。由於它的黨政軍大權，洪秀柱遂在極短期間內由B咖彷彿成了超級A咖。不過人們要注意的是以下數點：

一、洪秀柱的短期爆紅，並不是洪有超A咖的客觀實力和聲望，而是洪藉著國民黨的權力矛盾，撿到了身分的便宜，她的B咖本質並未改變。

二、一個政治人物都有它的原形，暫時的膨風拉抬，的確可以吹出很大的假象，但真相畢竟仍在。於是爆紅後自然而然的使他忘了我是誰，於是他的交往關係，小心或不小心的談話這些真相的部分就會顯露。也就是這種爆紅的人物隨膨風吹漲時間的過去，很快就會顯出原形。我們都熟悉《西遊記》的故事，當妖魔鬼怪成精之後，它一和孫悟空對打，就會打出原形，吹漲起來的政治人物也是很快就會打回原形的。

三、因此最近洪秀柱話題不斷，我不會用陰謀論來猜測有人要卡洪，而寧願相信這是洪秀柱原形畢露的自然結果。國民黨內已有許多人警覺到洪秀柱這個「辣椒精」的危險。國民黨有人要脫黨、跳船，那是他們的自保意識。而人們必須知道，危機自保乃是一種本能，它通常都會非常準確。

四、國民黨這次初選，打從一開始就沒有阻止特定人物的蓄意操控，因此它是起被操控的初選。而這種操縱最可能出現一步錯全盤錯，錯一步只得硬著頭皮錯到底，到了現在，國民黨爲了合理化它的錯到底，已開始打團結牌。看著國民黨高唱團結，其實是趕出去更多的人，團結的結果是一小撮人愈抱愈緊，但也愈抱愈少，這時候我就想到國民黨失去中國大陸的經驗。當年它有偌大的江山，但卻愈抱愈少，愈抱愈小，徐蚌一役，兵敗如山倒，而今天它把個初選搞得天怒人怨，這是在台灣的政治徐蚌會戰。它在台灣的敗亡之日已不在遠！

二〇一五・七・十二

台灣正債台高築

政府行爲裏，如果一種大政策錯誤，情況就會惡化，但惡化並不會一天就發生，它是逐漸累積的過程，在沒有到底之前，總是可以東拉西湊，混得過去，只有到了某一天，問題已到了底，再也混不下去，才會使整個問題表面化。例如今天的希臘債務危機，就是過去政府亂花錢，做假帳，歐盟缺乏有效監督，希臘人民得過且過所致，最後終於使得問題惡化到了底。希臘債務危機這顆炸彈才被正式引爆。

今天的台灣，基本上就是個「希臘預備版」。近年來台灣政府的總負債已達二十四點一八兆元。根據政府公佈，有一點失真的統計，在二〇一四年各級政府的潛藏負債高達十七點一四兆，短短三年即暴增四點一二兆，其中又以軍公教退休和勞保負債最多。目前看起來台灣是「債多不愁」，但總有一天台灣會走上希臘的老路。

台灣的總負債這顆大炸彈，還可以繼續拖上一陣子，但這個大炸彈裏的大炸彈，即苗栗縣的負債已達六百四十八億，縣政府已窮到沒有現金發放薪水。苗栗的窘態呈現。簡直就是個「希臘的微型版」！

政府負債這種作爲很容易變成惡人自認有理的無聊口水戰。苗栗前縣長劉政鴻，最會亂花錢，他任內即讓負債由一百七十六億元暴增到六百四十八億。不過他儘管亂花錢，但那時負債尚未到底，他還可以透過苗栗縣政府下屬的各種基金，東搬西挪，或者以債養債，將日子混著過去。只是到了現在，苗栗債務已經到底，混的籌碼也已經用盡。於是新任縣長徐耀昌已無籌碼可用，因為他已搬不動債務，發不出薪水，只得要求行政院紓困。最荒唐的是，把財政搞垮的劉政鴻居然敢說，徐耀昌挪不動債務是「沒有能力，應該下臺」，這是典型的惡人反告狀！

近年來台灣政治日益做秀化。馬政府每年的中央債務可以破兆，而在地方上，苗栗縣的劉政鴻則為第一。他懂得搞活動做秀搞建築做秀。他兩任之內，負債即達四百七十億，這是標準的敗家子，而最離譜的是，到了現在苗栗已敗到了底，而他居然自認「敗家是有能力」！

今天的台灣最大的麻煩乃是整個標準都亂了套。苗栗縣亂花錢，搞到縣窮財盡，發不出薪水，劉政鴻居然認為他那種以債養債，東搬西挪的濫手法是有能力。當亂搞已變成了有能力，怪不得今天的苗栗出現這種困境。基於同理，馬政府近年來的兩岸政策，已使得台灣經濟日益敗壞，但縱使如此，他仍把兩岸政策視為他的功績。中央政府功過不分，壞也可以說成好，怪不得苗栗這種地方政府，會把無能亂搞當成是有能了！

二〇一五・七・十四

國民黨方寸已亂

古代中國社會有「奴婢」的習俗和制度，男爲奴，女爲婢。因此在家天下的官場，當官的臣子遂在皇帝面前，自稱「微臣」、「卑職」、「老奴」等。官場的「主奴」之分因此而形成。

後來滿族入關，滿人不是漢語民族。因此他們在漢化過程裏，使用漢語時就會非常直接，所以滿人在官場上，遂設定出「主子」、「奴才」、「奴婢」等日常用語，後來這些用語就成了口頭禪。我們看清宮連續劇，就會很驚訝的發現到，那是當官的都自稱「奴才」的時代。當皇帝上朝，點名點到某個大官，他們就會答稱「奴才在」，皇帝如果對某人有所指責，該人就會戰戰兢兢的答稱「奴才不敢」或「奴才該死」。清朝官場的奴顏婢膝達到了極致。滿清在一六四四年定都北京，一九一一年清亡，清朝總計二六七年。中國當官當「奴才」也長達二百多年，二百多年官場「奴才文化」的洗禮，足以使得「奴才文化」成爲官場上的一種新的基因，一直遺傳至今。

因此我在研究中國近代史時，就特別注意官場上的「奴才文化」和大官的「奴才意識」，國民黨的國民政府離清朝不遠，可說是完全繼承了清朝的「奴才文化」：

當主子對某件事做了決定，儘管該決定非常離譜，但當官的都不能唱反調，一定要昧著良心附和。拍馬屁會有獎勵，你不拍馬屁，會有很多人搶著去拍馬屁，良心是很孤獨的。

「奴才文化」因為運作已久，當已不再只是文化而已，更成了一種「奴才體制」。不管發生了甚麼事，總是有人搶著去當奴才，那些人會把自己視為是主子，替主子出主意當打手，由於有許多自動的奴才，所以主子已形成了一種心態，主子做事一定要搞清一色，要大家清一色的附和，清一色的附和就是效忠，否則就是造反。這種奴才體制已使得國民黨官場成了劣幣驅逐良幣的體制。國民黨的清一色化，乃是國民黨愈來愈反動，支持者也日益減少的原因。

國民黨全代會，這次為了塑造清一色支持洪秀柱的假象，特別在會前開除了五個人，這是相當惡劣的撇步，這不但沒有替洪秀柱加分，反而是替她大大的扣分，而更離譜的，在全代會的安排發言裏，居然有一個人表示，去年九合一選舉大敗，是選民對不起國民黨。堂堂的全代會，居然會有這種言論，國民黨的主子們可能聽了很高興，但必然使得台灣選民更加反感。

近年來我花了許多時間研究清朝的「奴才文化」。奴才是一種沒有自己，完全向權力臣服，希望藉著獎賞，而得到好處的人物。奴才沒有主見，不會有進步的可能。國民黨今天搞到眾叛親離，連個總統候選人的提名都那麼荒唐離譜，真正的原因是，它的整個體制，奴才已經太多！

二〇一五・七・廿一

國民黨的窩裏反

最近洪秀柱的爭議新聞不斷，看衰她的民調也一直出現，國民黨立委的跳船出走潮也告開始。親國民黨的人士認爲，這是有人在卡洪，但這種陰謀論的解釋其實是說不通的。真正的正確解釋乃是國民黨關起門來捧洪，也的確透過操作，將洪吹捧成準提名人；但洪被過度的吹捧，並沒有改變她的B咖本質，因此，很快的就到了洪現出原形的時候。

最近洪的事情鬧個不停，其實都是她的「打出原形症候群」所致。她的「打出原形症候群」計可分下列幾點而論：

一、洪秀柱的突然竄起，乃是馬金等人爲了「卡王」而捧洪所致。他們大舉動員深藍的黃復興黨部，以及退職將領與一大群部長政務官。這是國民黨的初選操縱，也是國民黨關起門來搞「窩裏鬥與窩裏捧」。這種操縱式的初選，已違背了民主初選的基本倫理，在民主國家未曾有過。因此，國民黨這次初選並沒有正當性，易言之，它是靠著不正當的法術而搞出來的障眼法，這是一種邪魔外道的妖術，很快就會破綻百出。國民黨內許多人，例如挺王金平的中央委員李柏融，都懷疑洪的防磚民調可能涉及造假即是證明。

二、國民黨刻意造假，以假做真，遂造成洪的以假爲真。她自認爲真，因而洪在被捧之後，遂露出自以爲是、以假亂真的原形，她的急統原形遂告暴露無遺。當她現出了原形，不想與她一起死的人遂只好自找生路，「跳船潮」當然自動形成。

三、國民黨爲了內部鬥爭的需要而硬去捧洪，將假捧成了真，到了現在已迫不得已，只好厚著臉皮將假戲真做到底。這是一步錯就步步錯，最後只得全盤錯。

最近國民黨已放話，全代會將嚴格控制麥克風，除了朱、馬、洪三人，不讓別人有發言機會。計畫要在五分鐘內就把洪的提名搞定，國民黨已鐵了心要把這齣爛戲演得爛到底。人們已可想而知，全代會結束之時，即是洪原形盡現的時候。

現在已到了洪秀柱露出原形的時候。人們說她是「急統派」，這不是別人扣她帽子，而是她自己露出了「急統派」的原形。洪並不是突然從地底跳出來的陌生人，她多年來就是個統派人物，有統派的人派關係，有統派的人物當她的智囊。「統」是她的本色，她也說得很流利，這乃是媒體說她是「自走炮」的原因。

因此，國民黨放話要她講話小心，不能再說「一中同表」之類的話。不過，「統」不是口號，而是洪的長期表現。規定她什麼話不可以說，只不過是基於騙票的權謀考量，這並無法洗掉她的統派本質。統派是她的原形，將來一到了她信口開河的時候，統派的話語她必會奪口而出，原形是無法躲藏的。

《論語》〈爲政篇〉曰：「視其所以，觀其所由，察其所安，人焉廋哉？人焉廋哉？」洪秀柱的原形已露，講話已不能掩蓋，也無法躲藏！她已不需要別人醜化，她的原形會自動幫她定位！

二〇一五．七．廿三

隨機殺人的警訊

第二次世界大戰後，人類進入犯罪大爆炸的階段，這個犯罪大爆炸從二十世紀一直延續到了二十一世紀的現在。

所謂的「犯罪大爆炸」，不只是犯罪的數量增多，犯罪的型態也開始改變。以前人的流動緩慢，殺人多半是社區內的情殺仇殺和財殺，而現在則是人際關係鬆弛，人的感情維繫以告失去，所以殺人遂告隨意，只要情緒失控，就易殺人；而最突出的，乃是有一種「隨機殺人」（Murders at Random）也告興起。「隨機殺人」這個名詞始於一九五八年一月，當時美國內布拉斯加有個十九歲少年史塔克偉特（Charles Starkweather），他有個十四歲女友弗蓋特（Caril Fugate），她的媽媽認爲女兒已被搞得懷孕，因而碎碎念，史塔克偉特因而怒氣發作，將女友的媽媽、繼父，以及兩歲的妹妹全都殺死。殺人後他開著車子到處亂跑，看到人就殺，一共殺了七人。他這種見人就殺的作風遂被稱爲「隨機殺人」。從此以後，凡是不以特定對象爲目標的殺人事件，碰到就算他倒霉的殺人事件，就稱爲「隨機殺人」。近代在政治上出現了一種「恐怖主義」，它的炸彈攻擊也不以任何對象爲目標，被炸死就算他倒霉，因此「隨機殺人」乃是恐怖主義的個人版。

「隨機殺人」在犯罪史上有許多解釋。學者認爲，當今的社會，人的疏離感日增，因此當人受到挫折、憤怒，就很容易發作。近代由於人的個體性增強，已傾向於「做什麼都可以」，因此當情緒失控，就很容易去「隨機殺人」。在心理哲學上認爲它是人的感情紐帶失落所致。這種人已失去任何認同，他有著巨大的情感壓抑，甚至已到了心理失常的程度。因此歸結到最後，人們遂認爲它是一種深沉的社會之病。有病的社會，就會有些脆弱的人成爲病灶。這種人多半也是社會的魯蛇。他們對社會都有一種無法明言的恨意，所以這種犯行也是反社會犯罪。根據多方的研究，這種「隨機殺人」的犯罪者通常都有一定的智力，因爲有一定的智力，他們才會把個人的挫折感提高到要去殺別人報復的程度。

最近台灣已連續發生鄭捷案、郭彥君案、新北市倪姓國中生案等三起隨機殺人傷人事件，我們可以說現在的台灣的確已到了暴力橫行的時刻。最近有些媒體表示，暴力的氾濫是有模仿性的，例如媒體大幅報導鄭捷案，就會有後續的郭彥君案及倪姓少年案。這種邏輯推理表面看來似乎有點道理，但這種推理似乎也犯了一種錯誤，那就是沒有鄭捷案，我們怎麼知道郭彥君案不會發生？同性質的案件可能有因果關係也可能沒有！同性質的案件、相似的社會背景，可能更爲重要。類似的案子，可能是生病的社會所衍生出的相似病灶！

因此我們不只看台灣最近的這些暴力犯罪，而只來看台灣社會的體質。我們應承認，目前台灣的確病了。今天的台灣政府日益失能，所以經濟敗壞，青年的就業不振，工資倒退，從一九五〇到八〇年代，台灣的青年處於社會上揚的時代，一個人只要努力工作就會有前途，成爲中產階級，但現在的青年卻不然，他們注定不再有機會，必須貧困一生。富者愈富，貧者更貧，社會已「再封建化」，人生苦悶，當然各種不滿增加，那講不清楚、無法言傳的苦悶及憤怒，就是反社會情愫的起源，「莫須有」的不滿已成了青年共有的心理背景。青年的集體鬥毆、殺人傷人，以及集體的反抗，都有著共同的原因。表現在公共面的不滿抗議還有一定的進步性，表現在私人行爲上的暴戾化，就是一種罪行。當一個社會病了，個人就不可能健康，社會就一定有事。今天台灣亂紛紛，就是個大病灶！

二〇一五・七・廿三

一意孤行的使命感

古代中國喜歡用「末代皇孫」，形容一個朝代最後的統治階級。他們無知無識又無能，但又充滿了僥倖的奇怪心態，以爲胡作非爲的豪賭說不定可以逆轉勝，於是這種末代皇孫遂很亢奮的倒行逆施，加快了他們的殞落，一個朝代因而結束！

引發太陽花大學生學運的服貿協議，就是末代皇孫行爲的最好例證。馬英九這個末代皇孫，相信服貿協議可以救他日益下跌的民調聲望，可以使他歷史留名，所以拚了命的違法闖關，最後終於引發學運，但他仍自認是對的，一意孤行到底，打壓學運。最後學運結束了，但人民卻也看透了他的本質，去年「一一二九」九合一選舉終於給國民黨懲罰。

而課綱微調事件，則是末代皇孫第二次倒行逆施。馬和他的那一批末代親信，相信課綱微調，可以撥亂反正，百利於國民黨的正藍旗意識重建、百利於國民黨的思想戰鬥，所以他們並不諱言課綱是有政治目的的，這也是高中學生再怎麼反對，他們也不願讓步的原因。課綱問題是個公共的教育政策，他們打從一開始就認定它是個思想作戰，既然是思想作戰，就只能贏不能變，變就是敗！

課綱事件馬的作戰命令已下達，這也是行政院、教育部，以及國民黨立院黨團，以及國

下 收場

民黨媒體都在硬坳，拒絕協商的原因。當馬和他的親信，咬定了這是一場思想作戰，而他們是摧亂反正的正確的一方，他們處理課綱問題，當然和處理服貿爭議及大學生運動相同，拒絕對話，拒絕讓步，這就是馬和他的末代親信們的心態！

由太陽花大學生學運，再到白玫瑰高中生學運，我們已可看出，馬英九這個末代皇孫已成了台灣最大的麻煩。他已到了任期的最後，開始利用他仍擁有的總統權限，凡事都在做最後的孤注一擲、服貿協定他是孤注一擲；課綱問題他也是一意孤行，末代皇孫會把一意孤行自我美化成爲奇怪的使命感，這種使命感會成爲一種死亡衝動。他在凡事都一意孤行下，毀掉自己，也毀掉台灣的未來。因此我對這個末代皇孫只有一個訴求，那就是他是末代，請饒了台灣吧，請饒了台灣的青年吧！不要把台灣都成爲他的殉葬品！

最近這段期間，我一直在思考所謂的「末代心態」，爲甚麼末代政權都反而喜歡一意孤行？爲甚麼末代政權都格外的不尊重公意？末代政權的這種心態是如何形成的？經過我的思考，我發現末代人物原來都會把他們的失敗格外美化，因而反過來形成了一種使命感，他格外把與人民爲敵看成很偉大，馬英九事事都一意孤行，其實是有心理基礎的！

二〇一五・八・四

馬英九的偏執意志

近年來，台灣的政治事故不斷，從爲了服貿協定，開始動用司法力量鏟滅王金平，再到意圖將服貿闖關，引發了太陽花大學生運動。接著又是硬搞課綱問題，終於引發白玫瑰中學生運動，它爲了合理化違法妄爲，將台獨做爲虛擬箭靶，在那裏動員它的媒體力量大做栽贓文章；到了最近，則是動用它所掌握的監察院，彈劾台南市長賴清德，替鏟賴準備了伏筆。

這些事故看似彼此並無關聯，但人們也都知道，這些事都有一個共同因素，那就是這些事情的後面，都有馬英九的權力意志在閃動。也正因此，我認爲對這些林林總總的事情，應該有一種行爲論及目的論的統一解釋。由於近年來我致力於領導學的閱讀與研究，於是我在壞領導的行爲研究裏終於找到了可以合理解釋台灣亂象的理論。

喜歡搞「焦土衝突策略」

人們都知道，正規的領導學都是教人如何好好領導，但隨著這門學科的發展，人們已知道壞領導的例子其實並不少，於是這門學科遂轉向行爲和心理的研究。最近我正在研讀美國學者瑪蘭德蘿（Loretta Malandro）所著的《無懼的領導》以及法國一位大學教授波里昂

（Christian Bourion）所著的《情感邏輯學和決策》，這兩本著作都提到一種心理和情緒機制。那就是一個失敗的領導，他不太可能承認自己的失敗，而去從事自己和體制的轉變，反而經常會疑神疑鬼，產生一種奇怪的「受害者心理狀態（Status of victim）」，他會感情崩潰，不再相信別人，他相信有一個陰謀力量主宰了一切，他是個受害者，於是這種「受害者心理狀態」反而使他形成一種奇怪的使命感，對任何事都更加強硬，他已無法脫離自己的盲點，更加一意孤行，在正常情況下，這種領導其實等於進了「壞決策的鎖鏈（CBO）」中，只會壞上加壞，但在他的自我算計裏，透過這種自演的受害者角色，只要宣傳和操作得好，卻可以將問題愈鬧愈大，這未嘗不是他反敗爲勝的關鍵。失敗的領導會愈搞愈強硬，其實是有他的合理計算的。失敗的領導喜歡搞「焦土衝突策略（Attila the Hun）」，他們寧願推翻一切常識化的遊戲規則，並不是沒有他自認的道理的。

認為有陰謀力量在搞鬼

正因爲近代領導學對失敗的領導有了深入的行爲及情緒研究，使人們對失敗的領導有了更多認識，我們遂可以有更好的理論架構來解釋馬英九的行爲和感情模式。

近年來馬的民意支持度日益下跌，於是他的失敗感遂被立刻轉化到受害者心態，認爲外界有一個陰謀力量在搞他的鬼，於是他的對人不可相信這種情緒遂告發作：

第一個反應，乃是他立即以「藍皮綠骨」爲理由，開始要動用司法力量整肅王金平。民進黨和台獨這兩個虛擬的敵人已呼之欲出。

第二個反應，乃是他企圖服貿違法闖關，因而引發太陽花學運，於是他和他的親信及媒體，都在民進黨和台獨策動上做宣傳文章，而對他的服貿違反法律闖關則隻字不提，民進黨和台獨已成了他違法亂爲的最大理由。

接著是國民黨的大選初選，馬由於還是大權在握，國民黨的A咖人物，都知道馬的厲害，都不敢隨便動彈，最後是馬的個人意志主宰了一切，洪秀柱在鬥爭的夾縫中勉強勝出，國民黨的選情搞得亂七八糟，都是馬的權力意志使然。別人都不可信，只有他的徒眾可信。

再接著就是課綱問題登場。到了現在人們已經知道，課綱微調乃是馬的親信要調整課綱爲二〇一六選舉服務，有利於形成思想戰線，但課綱問題卻暴露出種種程序的不合法，因而才會產生白玫瑰中學生運動，但中學生運動鬧大後，他所用來對付這些小孩的招數，仍舊是民進黨及台獨操弄，仍舊是你們靜坐，我的人馬就拚命搖國旗唱國歌，影射那些學生不愛國，不去真正面對問題，還是在旁邊玩著東拉西扯的遊戲。政府拒絕面對問題，只是在強硬的敷衍，暗中則搞著藍綠互鬥的遊戲。將自己拒絕和中學生對話的責任，推給這些小孩，並污名化青少年的純真熱情，馬英九在道德上實在犯了大罪。

把藍綠惡鬥當做救命方法

從白玫瑰中學生運動的發展，我們已可看出馬英九是鐵了心地把藍綠惡鬥當做他的救命方法。國民黨莫須有的指控民進黨在蠱惑青少年，企圖藉此來團結自己內部，這已是他的大選焦土戰術，要把藍綠惡鬥無限上綱化，把整個台灣搞成政治惡鬥的焦土。正因爲有了這樣

的感情和行爲方式，所以才有動員他們所掌控的監察院，彈劾賴清德之舉。我認爲彈劾賴清德，乃是一個挑釁性極強的動作，它和一九七九年時對黨外縣長許信良停止縣長職權兩年的手法如出一轍。到時候鍘賴，考驗民進黨的服從忍耐，如果民進黨有人做出激烈動作，他就可順勢推舟，將民進黨妖魔化，屆時他的治理無能、台灣的衰退等一切責任都可以推給民進黨承受。我在這個專欄裏曾經指出過，二〇一六年大選不會是個太平靜的選舉，馬政權爲了求得反敗爲勝的機會，一定會步數不斷。這個政權現在已把他的失敗推給台獨，反台獨已成了他的自鳴正義和使命感。

這種控制模式，在當代領導學的著作中早就討論過了。失敗的領導是不會自甘失敗的，他的掙扎手段會很可怕！

二〇一五・八・九

第三部

最是倉皇辭廟日

國民黨左支右絀

政治領袖的產生有「正常途徑」和「非正常途徑」兩種，「正常途徑」是指正常民主國家和正常共產國家，一定要經過重要部長、總理、重要參議員和州長，以及在野黨黨魁等職務的歷練，或者當過重要部長及政治局常委之職位，這些職位都是在考驗能力、培養聲望。「非正常途徑」是指有獨特的群眾魅力，例如重要的政治犯或國家危難時刻的英雄軍人，他們才可以一步登天。

今天的台灣大選，蔡英文在以前民進黨執政時，做過陸委會主委和行政院副院長，又做過在野黨黨魁，符合領袖的條件，所以她登高一呼，人們當然會支持；至於宋楚瑜，當過國民黨秘書長、臺灣省省長，以及親民黨主席，所以當他宣布參選，立刻就會有氣勢。而洪秀柱則不然，她以前只是個普通立委，後來雖升為立法院副院長，但並非獨當一面的重要職位。因此馬英九會拱出洪秀柱，是違背了領袖產生的基本道理，洪會成為老三，那是必然。她當然選不上，而且聲勢一直在下跌。

馬英九以違背領袖產生的邏輯，提名洪秀柱，那是錯誤的第一步，現在為了拉抬洪秀柱，硬是製作民調，要求全黨挺洪，那是錯誤的第二步。根據我的觀察，洪現在早已是老

三，國民黨無論如何拉抬，她只會愈拉抬愈差，藍軍群眾並非白癡，他們會自動棄保，到了最後，洪秀柱大概只會剩百分之五，那是洪秀柱最初的聲望，也將是她最後的聲望。

政治上有一種說法，那就是如果第一步錯了，那就再怎麼用力，也只會錯上加錯，錯錯不可能轉成對。國民黨在馬英九堅持下，提名洪秀柱是第一步錯，國民黨又在朱立倫堅持下製造假民調企圖拉抬洪，那是第二步錯。根據現在的趨勢，國民黨對總統大選已不可能救得起來，而是須棄總統救立委席次，那必須：

（一）立刻叫洪知趣棄選，另提別人。

（二）被補提名的總統候選人，知道國民黨的大選情勢已不可爲，補提名的人選在競選時，已必須以保住立委席次爲重點，而不以當選總統爲重點，但甚麼人願去做這樣的炮灰候選人？

（三）國民黨已不應該在敗宋上下功夫，國民黨愈打宋，宋只會愈打愈大，國民黨必須以輔選立委爲主，找回以立委爲主的輔選節奏和方法！用小雞帶母雞，母雞才不會死得很難看。

國民黨的大選搞成一團爛泥，前後兩個黨主席馬英九和朱立倫應負最大的責任。他們都不懂領袖產生的邏輯，而是反邏輯而行，因而總統及立委選情愈搞愈亂，也愈搞愈濫，到了今天已難以收拾，總統立委全都慘敗，就是國民黨的結局！

二〇一五・八・十三

宋楚瑜老將再戰

人類史上，領導人的產生並無一定的道理。古代皇權，男孩和女孩可以當國王或女王，甚至十五世紀英王理查三世（Richard III）是個駝背也國王照當。

到了民主時代，小羅斯福罹患骨髓灰質炎症造成的小兒痲痺，照樣在輪椅上治國；而林肯長得醜怪，像個大猩猩，但他卻打敗民主黨帥哥型的對手道格拉斯（Stephen Douglas），後來成了美國最傑出的總統。

「老人政治」在中國成了髒字眼

因此，優秀的國家領導人，是和家世出身、男女、年齡、美醜，甚至和學歷都無關。君主時代，英國出了個女王伊莉莎白一世（Elizabeth I），她是個孤女。差點死在倫敦塔監獄，但她卻是英國甚至全球最傑出的女性。

今天的德國總理梅克爾（Angela Merkel），她有能力、敢擔當，乃是德意志理性主義最好代表，全世界各國的男性領導人都敗給她。所以梅克爾已替女性主政建造了很強的正當性，因此台灣若出了一個有能力的女性領導人，並非壞事。

由於中國社會尙老，而且以前的政治變化緩慢，幾百年都不變，年齡的差異遂變得不重要，因此古代中國的政治遂變成老人當道，變化很小，這也是近代主義人類學對中國的「尙老文化」相當批判的主因。

二十世紀中葉，文化人類學家許烺光寫過一本小經典：《祖蔭下》（Under the Ancestors' Shadow）。古代中國信奉祖先崇拜，大家都以祖先所製訂的標準爲未來的標準，而不肯用心去求變創新。也正因此，「老人政治」（Gerontocracy）在中國遂由古代的神聖字眼變成了否定性的髒字眼。

國民黨甚至藍軍的政治文化人，只要一談問題就夸而言蔣經國，這種話術就反映了他們的「老人價值」。

爭當蔣經國嫡系？搞錯了吧！

其實蔣經國是個威權人物，他那個時代人民尙未崛起，他可以號令台灣上下，容易方便行事，當然比較有效率。但現在時代已變，「專制而有效率」，已必須讓位給「民主——有能——有遠見——有效率」那才是難事。宋楚瑜和國民黨在那裏爭誰才是蔣經國的嫡系，其實是搞錯了問題。

近代台灣知識界，根據現代的標準，已把「老人政治」這個名詞汙名化，甚至已造成了一種「老人歧視」。「老人政治」過分浮濫當然不對，但若把「反老人政治」也浮濫化，變成了「老人歧視」，則是相同的謬誤，我理出幾個反證：

一、在古代中國的政治神話人物裏，姜尙（子牙）就是個老人的典型，他青中老都不順利，但到了八十歲才走運。周武王姬發起兵革商紂的命，姜子牙八十歲才登壇拜將，最後伐紂革命成功，姜尙這個老人真是有功。

二、研究唐史的人都知道武將郭子儀（郭令公），他是盛唐到中衰時代的功勳人物，做到相當於宰相的中書令和尙書令，當時唐朝的邊亂已起，突厥和回紇不斷入侵，甚至打到了長安。

多次戰爭都靠他出來平定，有次突厥和回紇聯合入侵，他這個白髮老人只帶了幾個家中小童，去胄解槍，就直入回紇王的大營。

由於連年征戰，回紇將士對郭子儀並不陌生，而現在他白髮單騎沒有武裝前來，回紇將士都驚服，回紇王甘願與唐軍議和，突厥和回紇的聯軍遂告解散。白髮老將單騎入敵營之事，載諸歷史，乃是軍事史上最大的歷史傳奇，郭子儀過了九十歲才病故。

三、對近代的老人，我最敬佩的乃是二十世紀初美國最高法院的大法官小赫姆斯（Oliver Wendell Holmes Jr.）。他是個激進的改革者，主張永遠的改革，因而有「偉大的異議者」之稱。他老而彌堅，愈老愈進步，活到九十四高齡。他說過：「一個七十歲的青年，優於四十歲的老人。」

小赫姆斯以他自己的經驗對俗稱的「老人政治」做了新解釋和新定義：若一個人失去了理想和批判力，縱使他只有十九、二十歲那麼年輕，但他其實已經老了；若他一生保有理想和批判創新的力量，縱使他七八九十歲，但他還是個青年。「老人政治」不是只看客觀的年

齡，而是要看主觀的年齡表現。

而二〇一六年台灣的大選，就是在當今台灣社會最受質疑的「女人政治」和「老人政治」開始出場的的時候。

女人不是第二性，老人也能很年輕

台灣社會一向存在著性別歧視，我們的教育對女人當政，就會想到武則天、慈禧太后以及江青、宋美齡這幾個壞的女性。由於對女性領袖有文化上的歧視，所以蔡英文走到今天，可謂極不容易。因此她想勝選和勝選後當個成功的女性領導人，可謂考驗仍多，仍有待披荊斬棘，才可能自我證明。

而八月六日宋楚瑜宣布參選，這是個「老帥再戰」的戰爭，宋楚瑜這個老帥再出馬，洪秀柱必定將會被邊緣化，二〇一六的台灣大選，註定將成爲女人蔡英文和老人宋楚瑜之戰，蔡的贏面估計有八成，但宋的贏面雖不高，但估計將有兩成。宋要想獲勝，必須自我證明他是個理想未減的年紀大的青年！

二〇一五・八・二十

台灣的退化現象

近年來，我的學術興趣之一，是在注意所謂的「進步」與「退化」（Degeneration）上，而且我早已指出現在可能是台灣到了「大退化」的時刻。

無論自然界或人世，都有進化和退化的兩股力量。但自十八世紀起，物理革命和產業革命，爲人類創造了一種機械式的進步樂觀主義，因而人們遂有了「傳統社會」和「現代社會」的二分法，現代社會一定是進步和進化的。

這種進化的樂觀主義想像一直延續到十九世紀。但到了廿世紀由於人爲的禍害不斷，人們才開始重新注意人類社會的退化可能。特別是存在現象學家指出，人類的「定在」（Exist）並不是根本，「變在」（Becoming）才更重要。意思是現在的存在並不是進化的保證，想要往何處去的意識、認同、方向感，以及跨越時間的想像方式及努力，才是社會進化的真正動力。

正是有了這樣的認知，我遂對國民黨的馬政府日益無法接受，我認爲他們投機取巧，隨波逐流的特質，已替台灣的退化打開了大門。而二〇一五年可能就是台灣走向退化之路的不歸點。而台灣經濟的加速敗壞，到了現在它的累積效應已日益表面化。台灣這個昔日的「亞

洲四小龍之首」，已退化成了「亞洲之末」，就是讓人擔心的現象。

最近世界的經濟情勢多變，有關國際這一塊，台灣無從置喙，但對於台灣自己的處境，其問題的關鍵仍在台灣自己的選擇，並可對馬政府作出必要的反省：

一、馬政府上台後，即把「台商賺錢術」變爲台灣的「國家經濟政策」，於是台灣的產業快速西移，到了現在「台灣接單，海外生產」的比重已高達百分之五十三點一，如此高的比重舉世所無。台灣的技術外移，利潤不回流，資金則淨流出，已加劇了台灣國民經濟的敗壞，台灣就業不振，薪資水準下跌，這乃是台灣退化的最大原因。一個國家對潛在的敵人如此依賴不設防，這不是無知甚麼才是無知？

二、台灣經濟政策如此傾中，當然是擴大了中國的經濟實力，近年來中國的產業策略有許多都是針對台灣而開發它的替代性。最近幾個月大家都在談所謂的「紅色供應鏈」，其實就是台灣被替代性的已趨完成。七月份的出口數字，只有二二三五點五億美元，年減百分之十一點九，其中對美對日出口仍有成長，但對中則大減百分之九點四。前幾年洛杉磯加州大學的經濟地理學家索雅（Edward W. Soja）寫了一本《後現代地理學》，他即指出現在到了經濟地理上有些地區被「加速取代」（Accelerated displacement）的時候，而現在就是台灣被取代的時候。因此我對紅色供應鏈，並無意指責中國，因爲這種被取代，最大的責任是被取代的一方。中國的產業政策旨在取代台灣，這乃是大家都明知的事實，而台灣的政府卻假裝沒有看見，反而加速它的發生。過去一段期間，官方始終在以「兩岸互補性」這種詭說意圖合理化它的無所作爲，到了現在終於台灣被「加速取代」！

三、產業外移和加速取代，乃是個緩進的過程，它一點一點侵蝕掉台灣的基礎，到了某個臨界點就會由量變成爲質變。根據最近的數字，台灣第二季GDP成長率只有百分之零點五二，爲亞洲的最後一名，台灣已由保三跌爲保一。官方仍在將這種現象歸因爲國際環境，因而宣稱台灣是「外冷內溫」；但我的解釋則不然，我認爲台灣是「外冷內虛」，加上地理空間被「加速取代」，二〇一五年下半年可能是台灣的「退化元年」，現在台灣已到了退化的不歸點。

四、當一個地區產業空洞化，它的國家稅基自然崩壞，財政就會失衡，近年來台灣的財政惡化也在加速。馬英九執政快八年，台灣的法定債務增加了一兆八三五四億，而潛藏負債則破了十八兆的紀錄，台灣的希臘化因而成了一個話題。近年來台灣的國民經濟日益惡化，國家財政崩壞，年輕人有百分之六十四月入不到三萬；而富人則有一五八五六人將錢移到海外避稅天堂，惡化了台灣的貧富問題。這些都是社會退化的社會現象面，這些怪現狀已吻合了退化的新解釋。根據加拿大學者章伯林（J. Edward chanBertin）的定義，退化乃是一種狀態，若一個國家社會所有不欲的黑暗面和負面都告匯集，就是個退化社會。台灣百孔千瘡，政治上更加專制胡爲，經濟和財政日益崩壞，而在社會上我們則看到社會的暴戾現象也在增加，總體而言，台灣已有一個退化社會所有的徵象。

因此對於二〇一五年我的評價與人不同，我認爲二〇一五年是台灣統治者積小錯爲大錯的臨界年，所有的不欲現象遂告噴出。注意社會變化的都知道，人類都有安逸的行爲取向，當一個社會的變化到了臨界點，人們的焦慮不安也會噴發而出。

二〇一五年是台灣的「退化元年」，但也是台灣的「噴發元年」。問題是今天的台灣由於問題累積，已成了一個超級爛攤子，在噴發之後，如何收拾這個爛攤子，將是未來領導人最大的難題。要收拾大退化的後遺問題，不是有革命性的大智慧和大魄力的人，是很難去面對的！

二〇一五．八．三十

又把責任推給連戰

有一種領導人，他自己怎麼做都有理由，對別人的意見不理不睬，出了問題就全部將責任賴給別人，包括自己的同志在內。這種人美國學者稱之爲「無情無義」（Callous），而馬英九就是個「無情無義」的領導人。

馬英九縱使到了今天，都還在吹噓他的兩岸政策是多麼偉大的貢獻，是賺到了「和平紅利」，前陣子他還在猛推「馬習會」。

但雖然他和他的官僚學者一直在吹噓，但老百姓每個人都心知肚明，他的兩岸政策是敗壞台灣的元凶。他的兩岸經貿政策惡化了台灣的經貿體質，他的兩岸政治軍事政策，矮化了台灣主權和國家尊嚴，也模糊了軍人的認同，台灣軍人去當中國間諜的不斷發生，台灣的國家安全也因而出了問題。馬英九七年多下來，有替中華民國爭取到現實和歷史的正當性嗎？有替國民黨的抗戰史觀爭取到發言權嗎？一點也沒有，反而使台灣被「一中」套得死死的。

如果他是個有骨氣有原則的人，當中國還在講「一中」時，就應公開的反對，如果更勇敢，甚至應停止交流以資反制。但他卻以和平及外交休兵爲理由，悶不吭聲。他那種和稀泥的作風早已把台灣愈玩愈小，愈玩愈不成國。

下 收場

但他自己做了那麼多出賣掉台灣核心利益的事，他都沒有任何表示，但到了現在，他竟然在連戰訪中這個問題上大大的發飆了起來。他公開的談話，反對連的訪中。

於是人們遂不懂了：

●台灣對中國不滿，事實上都是馬的兩岸政策所致，馬自己大權在握，推出各種傾中的政策，台灣人人反對的服貿協議，馬到了現在還認爲他對，連戰傾中的確可議，但連畢竟是個已無實權的老人，他的傾中對台灣的傷害比起馬英九可說少了太多。馬怎麼有臉去指責連戰？

●中國對抗戰的歷史解釋確實有歪曲，他把台灣視爲中國的一省，這些問題都是有實權的馬政府應該去爭的，必要時甚至還應強烈抗議。但馬政府卻毫無表現，卻把責任推給連戰承受。把自己的責任推給別人，這當然是寬以待己，嚴以對人的不仁不義。

●而更關鍵的，乃是台灣的民心日益反馬和反對馬的傾中政策，這乃是二〇一六大選可能變亡的主因。他爲了挽救選情，在兩岸問題上已必須變得強硬一點，除此之外，他也必須替兩岸政策的失敗及選舉失敗尋找替罪羊。而連戰的訪中就成了最廉價的箭靶。

其實連戰的兩岸態度再嚴重也比不上馬英九，國民黨選舉可能慘敗，也是馬英九一意孤行，硬推洪秀柱所致。國民黨慘敗最大的始作俑者也是馬英九自己，兩岸政策失敗和選舉失敗，別人縱使有責任，但都沒有他大。連戰訪中的確不智，但罪過絕對不如馬英九。

因此「無情無義」的人是很可怕的。馬大權在握，要硬推服貿協議，由於服貿協議不順利，他遂將責任全部賴給王金平，發動「九月政爭」，要把王滅掉，現在他大權在握，硬推洪秀柱，遂使選情一蹋糊塗，他又以連戰中爲題目，展開另一回合的惡鬥，意圖把失敗的責任賴給連爺爺。他做了所有的錯事，但他都沒有錯，錯的都是別人。他精於撇責任，賴別人，這不是「無情無義」，什麼是「無情無義」！

二〇一五・九・一

柯文哲橫插一腿

人與國的相處非常複雜，有對立的一面，但也有互相交流的一面。我有許多道理，但對方也一定有它的道理，因此只是去「咬道理」是沒有用的，它只會把情勢咬得劍拔弩張，最後只得兵戎相見。

「一家親」，無懈可擊的空話

例如中國共產黨是靠階級鬥爭起家，所以毛澤東堅持「階級鬥爭要天天講，夜夜講」。到了鄧小平時代，他知道如果還是天天講階級鬥爭對社會發展沒有用，於是他「階級鬥爭不是不講，但只能偶爾講」。由於他沒有把階級鬥爭掛在嘴上，所以鄧的時代，共產黨的作風及形象遂告改變。由毛鄧的往事，可見語言和行爲是有關係的。

因此，我認爲當今的兩岸關係，國民黨和共產黨不要在「九二共識」和「一中」上扯東扯西，民進黨也不要再去咬可能製造對立的語言和口號。柯文哲去上海開雙城論壇，他用「兩岸一家親」這種漂亮、空洞、含混但卻善意的語言來回應「九二共識」，就很值得肯定。

語言中有一種「空類」，它沒有任何具體內容，也和立場態度無涉，但這種話「空」得很漂亮，會散發出一種高尙的善意，可以讓人去自由解讀。例如，台灣最統的媒體，以前對柯百般挑剔；當柯文哲說了「兩岸一家親」，卻對這句話無從挑剔起。原因就是「兩岸一家親」這句話空洞無比，形同「沒有防線的防線」，想要攻擊挑剔，也無懈可擊。由於這種話無懈可擊，聽的人就會被迫往好的方向去解讀，認爲柯P變了。但是他真的變了嗎？當然沒有，他們只是必須這樣解讀而已。

空，可以包住一切

人所講的話語中有很多是漂亮的空話，它空得很偉大，許多名言就是如此，古代的皇帝說「愛民如子」，就是漂亮的偉大空話，蔣經國的「開大門，走大路」，李登輝的「民之所欲，常在我心」等也都是空話，古代人說「四海之內皆兄弟」亦然。

漂亮的空話不是沒意義的，因爲：

一、這種空話都扣緊倫理的仁愛德目，將它極大化和絕對化，所以一講這種話就等於占到了好位置。它代表了講話的人很關心道德倫理，在價值上很難去質疑。

二、空可以包住一切，因此這種空話很漂亮，它自然散發出一種代表了完美和友善的力量，因此這種話是「無用卻有大用」的。在現實世界上，我們常說「惡人不打笑臉人」，當人能夠講空的好話，他就不容易樹敵，人如果不樹敵，關係就可開展。

三、柯文哲以「兩岸一家親」回應上海市長的「九二共識」，在語言策略上乃是「以虛

對實」，在不失禮的前題下爭到了理，自己也沒失去立場。而台灣的民進黨由於長期受到敵意和壓力，在語言上已形成「爭道理」的習慣，喜歡「針鋒相對」。

實話陷阱多，小心自掘墳墓

柯文哲的「兩岸一家親」就被台灣一些人罵到臭頭，說他是「柯屁」和「柯屁精」。罵他的人，當然有他們的道理，但語言並不能只用來「爭道理」和「爭立場」。特別是像兩岸這場複雜的問題，像柯文哲這種「兩岸一家親」的漂亮空話，其實是有正面作用的。

我所希望的是：兩岸心裏想什麼是自己的事，但在語言上則要儘量講空的好話，不宜說製造敵意或挑釁的話。透過漂亮的空話來為合理的行為製造條件，當漂亮的空話說多了，共識與互信有了，就可進步到去談敏感問題的程度。

因此，台灣的政治人物或知識界應在「空話」上多努力，要用空話去重新定義兩岸關係和兩岸氣氛，而對「規定性」嚴格的實話如「九二共識」等要少講。實話的陷阱多，最後一不小心就會自掘墳墓，空話好聽、善意也大，但卻沒有陷阱。

馬英九和他的親信自以為聰明，發明了「九二共識」這個大陷阱，使台灣愈陷愈深，他們到了現在不只用「九二共識」自陷，還要陷人。要擺脫這個陷阱，大概只能用「兩岸一家親」之類的空語言來加以破解。兩岸只能是語言上的一家親，但不能是經濟或政治上的一家親。

最迫切的問題乃是「一中」市場這種論說應立刻停止。台灣經濟日益敗壞，雖然台灣自己不努力轉型升級是主因，但「九二共識」及「一中市場」這種實話的論說卻也是重要因素。它瓦解了台灣的經濟自主認知，當經濟掉進了陷阱，台灣當然每況愈下。

多講空話，不能日夜「咬道理」

人和人相處，不可能每天都針鋒相對的「咬道理」，道理和立場不能天天講、夜夜講，更多的時候反而是要講許多漂亮而偉大的空話，以及在做法上更要深思熟慮，去做更好的選擇與安排。

台灣有些人太喜歡針鋒相對的咬道理，而疏忽了空話的正面作用。柯文哲的「兩岸一家親」會惹出有人那麼強烈的反彈，它所暴露出來的，可能反而是台灣人對漂亮的空話缺乏了認知。「兩岸一家親」、「四海皆兄弟」這種話我們多講！

二〇一五・九・三

馬金體制想復辟

由於朱立倫這個黨主席幹得很糟，所以遂給了「馬金體制」回朝的機會。而馬金回朝所展開的兩個大動作，一個是大場面的鬥爭連戰，另一個是以非典型的手段替洪秀柱助選，洪的閉關就是標準的馬金手法。於是最近這幾天我一直在琢磨，馬金究竟在搞什麼飛機？

我的答案是，馬金兩人是權謀化取向的政治人物，他們做事都是權謀優先。在此前「傾中」有市場的時候，他們就會製造出「九二共識」、「ＥＣＦＡ」、「和平紅利」、「外交休兵」等種種說詞，完全爲連戰是瞻，他的選舉策略也強調「兩岸和平」。中國因素成了他們的選舉提款機。但現在情況改變，他們的「傾中」政策把台灣搞得殘破不堪，他們也地位急降，整個國民黨選情也非常危殆，他們已需要急轉彎，於是遂開始換個手法打中國牌，由「傾中」變成「反中」、中國因素還是他們的選票提款機，但已反了一個方向。

而連戰訪中，參加北京的「九三閱兵」，就是馬金由「傾中」改爲「反中」的起手式。馬率先反連反中，一副義正辭嚴，很有中華民國立場的模樣，於是馬自己傾中的責任完全被撇得一乾二淨，全都推給了連戰，連戰因此概括承受了「賣台」、「親共」的罪責指控。馬英九帶頭批連戰，其他國民黨大員接受了暗示，當然群起附和，再加上民進黨內跟著起鬨，馬金赫然之間成了台灣民意的主導人。

如果我們去看馬金批連的論述邏輯，其實是古代「漢賊不兩立」的再現，它和馬自己的「九二共識」及「兩岸和平」、「外交休兵完全不同」，意思是馬英九又開始走回以前的冷戰邏輯，而「冷戰邏輯」和獨派的思維是有其類似性的。它都是在策略上走向親美反中路線，而「九二共識」卻是「親中脫美」。

因此馬的批連批中，已相當微妙的顯示出馬開始走向反中脫中的新方向，馬金的傾中已到了走不下去的程度，國民黨大選必敗，乃是馬傾中路線的必然。他為了救選情，已必須換上反中親美的新面孔。我甚至認為他這個反中親美牌將會成為二〇一六助選的主旋律，甚至還會伺機製造反中事端。當權者有太多籌碼可用，當年陳水扁靠著一顆肚皮上的子彈而贏得連任，這種招數馬金不會再用，但以反中為名製造事端卻成了國民黨大選逆轉勝唯一的選擇。

馬金批連反中，回到「漢賊不兩立」的舊時代，國防部也在共軍武力犯台上大做文章，我認為這就是馬金在炒作兩岸緊張這個課題。馬金對北京出手，應該會在年底年初之間，兩岸之間想要不惹事，就會沒事，若想惹事，則題目極多。一個政權在生死存亡的關鍵時刻，為了保衛政權，是什麼事都會做的，馬金的批連批中，是他們在為即將到來的反中作著暖身動作。

馬金在操作反中問題，而洪秀柱也沒閒著，洪的閉關前，表示是要思考「關係國家前途的若干大惑」。洪是個人所共知的統派，居然會有「大惑」，有理由相信，她顯然已受到暗

示，要在親中和反中之間作出選擇。她爲了說服自己，當然需要「閉關」。因此我相信，過了一陣子，洪一定會改變宣布她的反中新立場。

馬金若想安全下莊，只有反向的打中國牌，洪秀柱要想逆轉選情，除了反中已別無選擇。因此馬金洪三人最近作出奇怪的大動作，只能說是他們都在替反中預作部署，他們以前打「九二共識」的親中牌，因爲親中當時有利，而現在則是反中才有利。法國思想家伏爾泰說過：「只有自己的利益是永遠的，沒有永遠的朋友和敵人！」對馬金洪則只有自己才是重要的，當然現在必須反中！

二〇一五・九・八

「民粹」對決「黨粹」

政治行爲裏普遍存在著一種劣根性，那就是名詞的亂用。這種劣根性在台灣相當盛行。那就是抓到一個壞名詞，就拚命往對手的頭上栽，最近「民粹」這個名詞就被國民黨濫用到了離譜的程度。

「民粹」（Populism）這個名詞，根據當代重要學者史派克斯（A.W Sparke）的解釋，它乃是一個「相當專業的名詞，但也是最被濫用的名詞」。

就專業性而言，這個名詞起源於十九世紀末的俄羅斯，它的俄文本字乃是Narodniks，意思是「人民乃國家的精粹」，那是十九世紀俄國人對民主的認知。到了一八九一年，美國也出了個「民粹黨」。當時美國仍在農業時代，這個「民粹黨」遂爲農村代言。

美國的「民粹黨」很快就沒落，但它強調農村建設的民主價值，在大蕭條時代卻影響重大，羅斯福的「新政」，就有很多是「民粹黨」的啓發。因此美國政治始學者普遍認爲民粹是美國的民主傳統之一。因此在專業上，廿世紀中葉以前，「民粹」乃是個好名詞，它和民主、改革、中產階級價值連在一起，它是一種進步主義！

但從廿世紀中葉之後，「民粹」的專業性卻開始流失，意義也開始變模糊。原因是戰後

的美國政黨日益強大，黨官僚和黨政客的重要性增加，人民的地位降低，於是「黨粹」取代了「民粹」，黨官僚爲了合理化「黨粹」，遂將「民粹」污名化，於是「民粹」就等於是一種非理性的政治。如果任何政治人物提出了違背政黨利益的主張，就被說成是「民粹」。

在「黨粹」抬頭的時代，任何強調真民意，真改革的意見都被貼上「民粹」的標籤。而動輒說別人是「民粹」的人，他們並不對「民粹」去做清楚的定義，只要看到有損他們的利益的主張，就隨意扣上「民粹」的帽子。

在美國的媒體上，像有點左傾改良主義阿根廷的裴隆主帥，或有點右傾的俄羅斯戈巴契夫，巴拿馬的右派強人諾瑞加，委內瑞拉的左派強人查維茲等都被說成是「民粹」。

「民粹」成了近代最濫用的名詞，只要不喜歡的民意民主，就說它是「民粹」。對自己國內的改革派民意，也習慣性的稱之爲「民粹」。稍早前美國的民主黨組總統候選人高爾乃是個真誠的改革派，但共和黨也稱他是「民粹」！

因此，「民粹」這個名詞，已成了近代最亂用的帽子語言。許多人都不知「民粹」爲何物，但看到不喜歡的對手，反正說對方是「民粹」就對了，罵人是「民粹」，乃是最廉價的貼標籤。

近日以來，國民黨的洪秀柱最朗朗上口的就是「民粹」，我敢擔保，她一定不懂「民粹」的真正涵義。她只是把「民粹」這個口號當作武器在用。民進黨在說的民意就不是民意，而是「民粹」。

洪秀柱的語言裏已把民主分爲兩種，國民黨所說的民意才是民主，別人說的民意卻不是民主，而是「民粹」，政治有這樣說的嗎？

因此台灣的政治其實是有兩種，國民黨所說的其實乃是「黨粹」，民進黨以民意爲依歸，乃是「民粹」，因此這是個「民粹」挑戰「黨粹」的時代！

二〇一五・九・十五

國民黨打反中牌

今年八月，朝鮮半島的南北韓一度風雲緊急，雙方火砲亂射。接著北韓揚言進入備戰狀態，不但兩棲部隊大舉調動，潛艦也紛紛離港備戰。至於美國和南韓也形勢緊張，美軍揚言將派遣B-52轟炸機出動，情勢彷彿到了劍拔弩張的程度。

儘管兩韓情勢緊張無比，但雙方高層代表經過四十三小時的馬拉松會議，八月二十五日達成協議，於是兩韓的緊張立即煙消雲散。兩韓的這次事情已具體而微地說明了當今的國際緊張遊戲模式。

朝鮮半島緊張，兩韓領導受益

當今的國際上很多緊張關係都「來得急、去得快」，緊張時好像戰爭就要一觸即發，但事實上一切都是假戲真做，英文稱之爲「噪音很大的騷亂」（kerfuffle），可說相當的寫實。

南北韓雙方在這一輪緊張裏，雖然砲火四射，但雙方都沒有人死亡，因此緊張的只是氣氛，最後才會去得也快，不留一點痕跡。

這種緊張快速升高，好像到了戰爭邊緣，所以一旦緊張解除，雙方遂都成了有功之人。南韓總統朴槿惠經過這次危機，她的支持度增加了百分之十五，北韓的金正恩也聲勢大漲。對兩韓的當政者而言都是贏家，沒有輸家。

兩韓這次的緊張，不可能事先套招，也沒有套招的管道。他們只是根據情勢的發展，各自演好分內的戲，雙方都也都知道他們沒有戰爭的本錢，也沒有戰爭的意願。因此在演戲時必須表現得很堅強，但事實上每一步都留了後路，最後遂在看起來很危險之際，立刻各讓半步，化險為夷。因為兩方都演得很好，政治上遂雙贏，兩韓簡直可得國際上的最佳衝突演技獎。

台海仿效「噪音很大的騷亂」

由八月間兩韓的衝突表演，世人對衝突已應有新的認識——國際衝突不一定會走向戰爭。如果雙方演得很好，這種衝突戰是會讓兩邊統治者在政治上加分的。

而我的直觀是，今天兩岸情勢發展，類似於南北韓的這種衝突表演戲，亦有可能在台灣海峽發生。如果一旦發生了這種「噪音很大的騷亂」，就可能產生這種政治後果。

在台灣方面，執政黨掌握了軍隊，它可以表演得好像很有立場，態度也很強硬，它過去的「傾中」色彩就可一掃而空，剎那之間成為強硬的愛台英雄。如果衝突急速升高，經過渲染，也會造成台灣人民的驚惶，它就可收割到巨大的政治利益，長期的不滿就會被稀釋。它可以細細操弄衝突的走向，限定於邊界性的砲火射擊。就像南北韓一樣，砲火射擊剎

那很大，但雙方都沒有死亡，但氣勢卻被拉得很高，因此這是很大的空氣戰。

由於這是一種空氣性的衝突，周邊相關國家也會捲入到空氣之中，發出各種談話或聲明。而這些動作除了會強化緊張外，並無其他意義，也構不成出兵干預的條件。

保政權，國民黨打「反中牌」

南北韓的緊張、北韓船艦離港，美軍也放話要出動轟炸機，它的緊張程度到了極點，但其實只是一種「很安全的緊張」，到不了國際干預的程度。台海如果出現這種型態的緊張，美日並無可能正式干預。

台海如果發生這種緊張，最後雙方協商大事化小的解決，台灣的政府賺到緊張的政治利益，而北京方面則可透過協商要求台灣更明確地接受「一中」原則。它也可透過緊張向國際社會宣揚它的「台海和平」態度，因此北京也可透過緊張收割到很大的政治利益。

因此由朝鮮半島的緊張，兩韓在政治上都是贏家，我更加相信這種緊張的遊戲有可能在台海上演。

過去台灣的軍事演習都是純演習，並沒有很強的針對性。但今年的漢光演習卻針對性變強，執政黨方面也開始玩起「反中」的遊戲，馬英九發動的批判連戰運動，基本上就是過去「漢賊不兩立」時代的重現。

當台灣舉行大規模的針對性軍演，北京方面從九月十一日起，也在福建泉州外海展開三天射擊的軍事演習，中方雖然表示這只是例行演習，並沒有針對性，更和台灣選舉無關。

但對政治敏感的都知道，國際上愈是要否認的，通常都是愈是事實。現在台灣的國民黨危機四伏，它已處心積慮要打反中牌來保衛政權，因此兩岸已進入了新的不穩定期，無論兩岸有沒有套招，但在明年初之前，兩岸的確有可能有事。

雨過天青收割政治利益

南北韓那種雷大雨小，看起來彷彿是即使開戰，但立即雨過天青的衝突模式，雙方都收割到政治利益，確實有可能在兩岸上演。

由南北韓的衝突戲，我們學會了一個新的字kerfuffle——那是種噪音很大的騷亂，所有各方都來湊熱鬧，問題也立即升高，好像嚴重至極，但它來得快，去得更快，雙方都賺到了很大的政治利益。

二〇一五・九・廿四

亂了套的台灣社會

一個合理的社會，公私應該分明，人民對自己的私事要自己負責，政府對眾人之事也要責任清楚。若公私條理分明，就不會亂了套。

但台灣卻是一個經常亂了套的社會。台灣由於長期縱容，人民對自己負責的責任心遂相對的低落。

例如颱風要來，人們對自己的行程就應該有所盤算。我是否應該取消遊玩，早日啓程返家？颱風要來，必定車站和路況擁擠，我是否要及早盤算，而且要有備案？尤其第二天就是上班日，我是否要一切提前？

這些都是一個對自己肯負責的人必有的反應，但近年來台灣人卻顯然已被過度縱容。許多人都有僥倖之心，希望能賺個無風無雨的颱風假；人們對自己的好處都會精打細算，但對自己應負的責任卻都低估不語。如果政府做了一件事，讓人們逮住了辮子，就會被罵翻，長期以來，這已形成了一種畸形的文化：政府恐懼動輒得咎，已不敢做出顧人怨的事，而人民則被縱容，對自己的行爲遂更加不負責。

杜鵑強颱來襲，車站被搞成難民窩，放假問題也惹出熱議。台北市無風無雨而放颱風假，餐廳賣場和電影院被人灌爆。我倒是對台南高屏堅持正常上班上課，最先被人罵翻，後來又被人誇讚之事最有感觸。

一、現在的人對自己的行爲愈來愈不負責，不負責的個人，大家都是到了最後才瞎緊張，這是難民潮的真正原因，如果大家都能提前，犧牲一點利益，當不致於如此，但對人們自己的責任問題，大家都很少談到。

二、北北基本來只放半天假，但被人罵翻改放全天，這種奇怪的颱風假，柯P都覺得「對不起國家民族」。由此可見，在這個人們都不爲自己負責的時代，政府要堅持原則的困難，將來的地方首長須要強化自己的道德勇氣！

三、南高屏堅持正常的上班上課，最先被人罵翻，到了後來又被人讚爆。這顯示出，首長如果有常識，敢做正確的判斷和決定，是可以改變變化不定的民意的。這也顯示了，政府首長對那些自私的民意是可以不必太介意的。堅持去做對的事才是要點！在這次放假的問題上，花媽、賴神的確比柯P高了一級！

現在的社會，天災人禍不斷，人民和官吏都有太多的考驗。因此每個人都更需要替自己負起責任。人民不要有怕吃虧的心態，颱風到了，每個人原本就應該犧牲一點玩樂，提前做出準備。負責並不是吃虧，而是人格的成熟，賺個莫名其妙的颱風假，那不是賺到便宜，而只是一種自私的僥倖，那種便宜不要也罷！

二〇一五・十・一

洪秀柱的總統路

古代中國最早是封建共主制，經過春秋戰國的動亂，到了秦漢時代，中國始被統一，成爲帝國，君王官僚的帝國統治始告形成。因此兩漢學術在治亂興衰以及君臣治道等官僚體系問題上，討論極多，它是古代官場治理學的黃金時代。

官員戀棧　那就是亡國之臣

兩漢的官場治理學，對於官僚的屈伸進退都有很傑出的討論，一個政府在提拔別人任大位時，不能太過草率，當大官太輕易，只會造成官位的廉價，以及權威的加速崩解。一個人若時來運轉累得大位，就要深自反省，自己的德望與才幹是否與官位相符，是否能夠彌補，如果不能彌補就要有自知，及早退讓，這是「退而修其德」的進退之道，如果才德不足而硬要戀其位，最後一定是紛爭四起，小人聚集，替國家的敗亡奠定了基礎。這種官場上的屈伸進退之道，在兩漢學問家劉向、馬融、荀悅、劉邵等人的著作裏都有很好闡述。西漢學問家劉向甚至明言，如果大官戀其位，而朋黨比周，搞亂了黑白是非，那就是亡國之臣！

而兩漢學問家所說的「官場現形記」，目前正緊鑼密鼓地在台灣上演著，那就是國民黨總統提名人洪秀柱的進退問題。她一人的進退，已成了國民黨最大的亂源。

任何人都知道，國民黨並不是個民主政黨，而是整個黨國控制體系的一環。它由一小群外省掛的黨官僚抓在手裏，它的這種特性，在這次黨內初選時即表露無遺。

派系鬥爭　洪秀柱初選出線

國民黨的這次初選，乃是個被特定人物和派系操弄的初選，它打從一開始就以「卡王」爲目的，爲了「卡王」而硬推洪秀柱，它發動一百多顆星挺洪，也動員國安外交體系一堆退休政務官替洪抬轎子，這種操弄式的初選在有初選制的國家是不容許的，但在台灣卻被許可。至於國民黨的中央也是個怯懦無爲的中央，它也不敢得罪那些操弄初選的派系。由於黨中央的怯懦無爲，操縱者遂能完全控制，製造出極爲可疑的防磚民調。因此洪秀柱的初選出線，不是靠她的德望和才幹，而是靠著國民黨的派系鬥爭所形成的縫隙。打從一開始國民黨就看輕總統提名人這個職位，推出了一個B咖型的洪秀柱，因此洪的提名人這個職位，當然也被國人看輕。

蔡宋夾殺　洪秀柱注定慘敗

古人說，人不能慎之於始，必有後患臨之到來。國民黨提名出了B咖洪秀柱，這是錯誤的第一步，當然後患跟著到來！

下 收場

一、洪秀柱既無德望又無才幹和功績，她和蔡英文對比，高下立判，而且差距愈拉愈遠。這麼明顯的差距，當然也鼓舞出宋楚瑜的參選意志。在蔡宋的夾殺之下，洪已注定不是大敗，而是慘敗的命運！

二、洪的真正分量不會大過一個立法委員，她的出線當然無法服眾，它成爲總統候選人除了自己失敗外，也帶衰整個國民黨，這也是國民黨內反洪的聲音由「換柱」升高爲「棄柱」，最後更激烈到要籌組「台灣國民黨聯盟」反柱的原因。對國民黨而言，洪秀柱已成了一場災難，再發展下去，她會成爲國民黨的公敵。

三、如果根據古代官場的標準，洪秀柱若還有一點愛惜國民黨之心，她早該自我了斷，宣布棄選，把她惹出來的這個爛攤子奉還給國民黨，讓國民黨去改提他人，收拾這個亂局。但洪秀柱卻顯然不是個懂得進退之道的人。當黨內換柱棄柱之聲愈盛，她那種「老娘就是打死不退」的態度也就更加頑強。她顯然認爲她取得候選提名人的身分，就已是國民黨的最大咖，國民黨的黨員就有義務團結起來挺柱，選舉儼然已成了黨員們的事，而不再是她的事。她會編排王金平的出路，要王去選區域立委；她也會放話要朱立倫當她的副手，她大氣地表示只有「洪╳配」，不可能「╳洪配」，她對國民黨內的「換柱」和「棄柱」根本不屑理會，在她的意識裏，她認爲自己擁有提名人的最大身分，就已取得了最大的主宰權，整個國民黨已被她的提名人身分所綁架。她已多次表示「老娘不會退」，她之所以如此自信，就是她已料定你們能奈我何！漢代學問家劉向曾經指出過，厲害的權臣，可以利用他的權位「脅其君」，洪的綁架國民黨，就是「脅其君」的現代版。在她的盤算裏，只要一切問題拖過了十一月廿七日候選人向中選會登記的最後期限，她就可安然又擠過一關！

因此洪秀柱打死不退，愈來愈強硬，乃是她料定了國民黨中央不敢對她怎麼樣。朱立倫是個謹小慎微，不可能去做什麼事的小型人物。國民黨的那一小群正藍旗外省掛，朱立倫也不敢忤逆。朱立倫的謹小慎微，在整個國民黨初選過程裏，終於使他大權旁落，初選因而被人操弄，國民黨做出了洪秀柱這個惡劣的繭，因而將自己縛死。台灣所演的只不過是齣亡黨連續劇而已。

寧送對手　就是不願給家奴

國民黨是個壟斷性的歧視政黨，黨內的本土台灣掛只是國民黨那一群人眼中的「家奴」，「家奴」根本不必理睬。因此洪秀柱被提名，手段可疑，並沒有足夠的正當性。但她問題再多，「老娘就是不退」，他們寧願死於對手，但就是不給「家奴」。國民黨的亡黨連續劇，有無能的執政者，有謹小慎微的黨主席，再加上綁架黨的權臣，這齣戲的結局已定！

二〇一五・十・四

打死不退的宣示

十月二日，洪秀柱接受廣播節目訪問，又有了驚人之言。她認爲所有換柱棄柱的說法，都是對手所製造的謠言，等到十一月廿三日和廿七日候選人登記，國民黨選民沒有了選擇的機會，「所有支持她的力量將會排山倒海的回來」，因此她更加堅持「打死不退」！

最近期間，國民黨內的換柱棄柱聲浪日益壯瀾，有國民黨的中常委，重要的各地領袖，甚至還有許多中央及地方民代，這些人都不是阿貓阿狗，他們都見多識廣，對手如果真的是在搞甚麼謠言陰謀，這些人一定有分辨的能力。因此洪秀柱說換柱棄柱是對手的謠言陰謀，一句話就否定了大家的自主判斷，這未免太過草率了，這是大家的智商太低？或是洪秀柱自己的智商太低？

人在官場，最好要有自知之明，有自知之明的人，才可能知所進退，而不是弄出個爛攤子，讓大家必須替她承受責任。洪秀柱打死不退，她的硬氣真是古今罕見，她打從一開始就自稱是「小辣椒」，現在國民黨應已知道這個「小辣椒」的厲害。她還沒有辣到對手，就已把國民黨自己「辣死」！她的「打死不退」真是又毒又辣。不過她替自己畫了一個「所有支持她的人到了候選人登記時會排山倒海的回來」的美好支票，卻讓人替她捏把冷汗。因爲到時候，極可能不是人們排山倒海的出來挺柱，而是國民黨的人排山倒海的出來退黨，如果出了排山倒海的退黨潮，那就是國民黨真正的危機。

洪秀柱有一種非常簡單，簡單到了很可怕程度的思考方式，她認爲國民黨的換柱棄柱都是對手的謠言陰謀，這些謠言陰謀使得國民黨軍心大亂，也跟著換柱棄柱，對於這些聲音，最好的方法就是不要理會，打死不退。到了最後換柱棄柱唱不下去，當大家死了這條心，自然而然的就會全部歸隊挺柱。

洪秀柱的邏輯真的很奇怪，一個人如果錯了，大家都不同意，但如果堅持錯到底，讓人們別無選擇，死了這條心，她認爲錯到底就是對，別無選擇的人就只好回來支持那個錯的。她那種藍色群眾死了心就會排山倒海回來挺柱的心態，乃是最極端的專制堅持，她吃定了藍色群眾。到了今天，她還不知道換柱棄柱並不是對手的謠言陰謀，當人心死了，他們的可能選擇並不是歸隊，而是更乾脆的脫隊而去。排山倒海有兩種可能，最大的可能是排山倒海的退出國民黨！

因此，洪秀柱的腦袋長的和別人真的不一樣。國民黨內有一種人，他們吃定了藍色選民，認爲藍色選民除了國民黨之外即無別的選擇，國民黨不管怎麼亂搞，藍色群眾最後只好被迫買單。他們不知道藍色群眾並不是死人，他們是有自由意志的活人，除了歸隊外，他們可能選擇脫黨，跳船！國民黨的群眾，並不都是排山倒海的笨蛋！

這個星期，國民黨的中常會，挺柱派和換柱派將會王見王決鬥，我們等著看看，它是那一種主張會排山倒海！

二〇一五．十．六

誰須向洪秀柱道歉？

國民黨總統候選人提名人洪秀柱，由於換柱行動已經開始，她被幹掉已經註定。看著她淪爲眾矢之的，她自己當然要負最大責任，但看著她淪爲今天的慘狀，顯然也不都是她的錯。

她自己要負的責，只有一點，那就是她的民調一直拉不起來，除了這個問題外，她其實也罪不致被幹掉的程度。她是一個通過國民黨初選機制，也被國民黨中常會及全代會通過的提名人，用粗俗的話來說，洪秀柱是國民黨明媒正娶的媳婦，國民黨把洪秀柱幹掉的行動，就等於是把她用過後，就把她休掉，因此看著洪秀柱的被用過然後被休掉，我也替她鳴不平。

因此洪秀柱走到今天的慘狀，國民黨有太多人必須向她道歉，或許這些人向她道歉，她才會心裏覺得心平。我們大家跟著情勢的發展也在主張換柱，這時候我們不能不去體會一個被始亂終棄的人的感受！

打從一開始，馬英九就強勢介入，馬的手下就鎖定女性，以女制女，用女性來制衡蔡英文，於是就找上洪秀柱這種B咖，除了以女制女外，推出洪秀柱這個立法院副院長，還有助於馬英九的「卡王」。

馬英九為了推洪，發動了星星替她造勢，又動員國安外交體系，找了一堆政客替洪吹噓，而朱立倫這個黨主席，他也不敢違逆馬，於是朱立倫也順著馬意，在防礴民調上動手腳，使其過關。馬朱聯手幹掉了王金平，抬高了洪秀柱，在黨內宮廷鬥爭上，馬的挺洪乃是洪成為提名人的主因。但馬的挺洪只在國民黨宮廷內有效，到了黨內民主時即無效，國民黨各地的反對聲音日益擴大，馬為了假裝中立，後來遂沒有跳下來挺洪。這是馬英九挺柱只挺到一半，後來沒有實力的洪秀柱，當然等於被馬放了鴿子。因此馬為了「卡王」而利用洪秀柱，「卡王」目標達成後洪就被放了鴿子。馬難道不應該向洪秀柱道歉？

第二個應向洪秀柱道歉的就是朱立倫。朱在馬辭黨主席後搶著去當黨主席，這顯示了他的權力野心，但因為提名時馬並不屬意朱立倫，朱遂不敢表態，也順著馬意去卡王挺洪，卡王對朱也有利，但朱也挺洪則是心不甘情不願，所以當洪被提名後，朱的挺洪是虛應故事，實質上並不出力。當黨機器不動，洪只得孤軍奮戰，打不出氣勢。

因此朱的確是個鬥爭高手，他順著馬意卡死了王金平，他又在那裏以逸待勞，等著看洪秀柱的笑話，到了最後關頭，朱立倫遂放手一搏，收割了全部戰果。這真是高明的鬥爭手段，所有的對手如王金平、洪秀柱，甚至馬英九都被他幹掉！因此朱立倫要幹掉洪秀柱，難道不應給洪秀柱一個說法、一個道歉聲明？國民黨對洪秀柱始亂終棄，這是一種道德犯罪。雖然看起來似乎有理，但卻實質無理。

因此洪秀柱被休掉已經注定，我不主張洪秀柱頑抗到底，但我建議洪秀柱把一切道理說

清楚講明白。一個女人被始亂終棄，她是無力反抗的，但可以把一切公開、暴露出對方的無情無義，洪秀柱可死該死，但一定要國民黨也必須陪葬。洪秀柱最後的選擇不是「打死不退」，應是「我可以死，但你們也別想活！」

二〇一五・十・八

馬不仁、朱不義、洪不智

洪秀柱的問題演變到今天，已成了國民黨的大醜聞，這起醜聞已暴露出馬英九不仁，朱立倫不義，洪秀柱不智這三個道德上的核心問題。

首先就馬英九的不仁而論。國民黨初選時，馬強勢介入，他爲「卡王」，硬拱洪秀柱，因此洪的出線乃是國民黨的權力鬥爭所造成的縫隙，她是個被利用的工具。馬英九爲了自己的偏見而利用洪秀柱，將她推到了一個不適任的位子，這種利用別人，使別人成爲眾矢之的的行爲，乃是典型的不仁！

當一個團體，最大的大頭做了不仁的事，當然就會造成這個團體的四分五裂，以及產生各種紛紛擾擾，於是效法的行爲也告出現。由於馬英九不仁於先，朱立倫遂不義於後。朱立倫是黨主席，有義務全力支持黨的提名人洪秀柱，但朱對洪卻是表面應付，實質上對洪的輔選，卻人和錢都沒有到位，他是在那裏等著看洪秀柱出洋相，等到洪的洋相出盡，朱立倫自己遂跳了出來要「拔柱」「滅柱」，如果朱立倫的「拔柱」「滅柱」是爲了別人，至少他還沾得上一個「理」字，但朱的「拔柱」「滅柱」卻是爲了「拱朱」，因而他的動作乃是最赤裸的篡位式權力鬥爭，這是嚴重的不義。

下 收場

一個黨的主席出面搞鬥爭，這種事真是舉世未見。朱立倫把臨時會代會定位成「拔柱挺朱」大會，他利用掌握了黨權的方便，拚命撒錢購買別人對他的效忠，這已是一種政治賄賂。一個堂堂黨主席，爲了自己的利益，而居然如此胡作非爲，這已是不義至極，這種事，縱使黑道幫派亦不屑爲！

至於最大的當事人洪秀柱，在整個過程中，則是集不智於大成的人物：

一、打從一開始，她就知道自己是「拋磚引玉」的B咖，但馬英九利用她來「卡王」，她若有智，就應拒絕被利用，並主張初選制的透明公開。但洪秀柱卻不是如此，她欣然於被利用，在被利用裏撿便宜。她後來的下場淒慘，這就是被利用的走狗命運！

二、當她被利用，因而撿到提名人的便宜，她若有大智慧，就該在換柱聲浪初現時，就警覺到總統提名人這個身分乃是她無法承擔之重，如果她能主動棄選，並呼籲國民黨以民主的方式另外找人，則她就會成爲國民黨的英雄，臺灣的英雄。但洪秀柱卻顯然缺足夠的智慧，在被利用時她樂於被利用，趁機撿便宜，也沒有自知之明，不知道見好就收，保持美名，等到她被人用盡，始亂終棄，這時候她吃虧上當，才開始喊冤頑抗。

如果她有足夠的智慧，她實在應該把自己的遭遇說清楚講明白，讓人們知道國民黨那種利用人搞鬥爭的習慣性惡劣手法，作爲一個警惕，以免將來仍有人受害。但洪秀柱卻不這麼做，仍想戀棧她已保不住的位子。她的全部遭遇，總結而言，就是不智！

在洪秀柱問題上，人們看到了馬英九的不仁，朱立倫的不義，洪秀柱的不智。他們只是鬥成一團，亂成一團。不仁、不義、不智，沒有一個會有好下場！

二〇一五・十・十三

臨全會前的暗潮

國民黨臨時全代會即將上演，它的戲碼是「棄柱」和「拱朱」，報導稱「廢柱」和「拱朱」的提案連署黨代表都已超過了三分之二，因此演來一定會得心應手。

而不論怎麼演出這場戲，歸根結底，它就是一場官廷政治鬥爭秀。國民黨已走回了古代！

中國古代由於專制久了，上層官僚極爲熟悉官廷鬥爭，當權者藉著他的大權在握，而官僚們又很懂得看風色，這樣的官場文化，遂使得官廷鬥爭很容易操弄。有權的人想要鬥誰，下面就會主動全力配合，跟著起鬨。官場的察言觀色、見風轉舵，使得大權在握的人可以吃定了官場，予取予求，而那些嘍囉們，也不會因爲他們的見風轉舵、變來變去而覺得不安。就以洪秀柱風波爲例，上次臨全會鼓掌通過洪秀柱提名的，和這次廢柱的幾乎是同樣一批人，這些人可有任何不安之感？因此國民黨官場，可說是個奴隸集團。他們自己都沒有任何主張，上面說什麼，他們就答什麼。國民黨的腐敗無能，其實早已注定。

這種惡劣的官場奴隸文化，在每個偏安的小朝廷更甚。因爲王朝偏安，局面變小，位子的爭奪更加厲害。古代的南宋、後來的南明、近代的中華民國，都官廷鬥爭最爲悽戾，就是

小朝廷的必然局面。從馬英九惡鬥王金平，就是末代國民黨官僚惡鬥的開始，有了馬鬥王，當然就會有朱立倫的跟進，朱狠鬥洪秀柱就是末代王朝小朝廷的局面。

因此，朱鬥洪的官廷鬥爭，大戲即將上演的此刻，我對全體國民黨員，尤其是參加演出的國民黨黨代表，提出這樣的呼籲：

一、希望國民黨黨員拿出良心和基本的是非之心，站出來反對這次醜陋的官廷鬥爭。一個政黨的黨主席居然如此公然的搞鬥爭，已使國民黨惡名永留傳，國民黨員應有羞恥心，將這種羞恥心化爲義憤，去包圍國父紀念館，不要讓這次官廷鬥爭，玷污了國父孫中山先生的名聲！

二、參與這次鬥爭大戲的黨代表們，對自己的聽從上意、見風轉舵，應知所羞愧，並在會場上選擇時機，將這種羞愧表現出來，他們雖然不能制止這場官廷鬥爭，但這場鬥爭已需要有人站出來說不，說不的人一定可以永遠留名國民黨歷史，讓後人知道，國民黨的人還是有不願意做奴隸的。國民黨內還是有人講民主的！

國民黨的臨時全代會即將開鑼，我希望國民黨內，真的有代表鼓起勇氣，作出「會議起義」的英雄行爲，誰如果作了這種行爲，他一定會留名青史，對拯救國民黨發揮巨大的作用。誰會是那個英雄？

二〇一五・十・十四

臨全會的換柱操作

近代英國文豪蕭伯納，他有個毒舌頭，但卻是毒得有道理，毒得有智慧。這次我就引用兩句他的毒話。

一句是：「一個認為是自我犧牲的人，他會毫不臉紅的去犧牲別人！」

第二句是：「當一個笨蛋作了會羞愧的事，他都會宣稱這麼做是為了責任！」

蕭伯納會講出這兩句很毒的話，乃是他發覺，人們做了不好的事，經常都會找冠冕堂皇的理由來合理化他的行為，當找到道德上的高帽子，他們的惡劣行為就可被包裝成似乎合理。例如人們有時候，會面臨一種情況，必須承擔起責任，必須有所犧牲，於是他們自己在沒有犧牲之前就先去犧牲別人。例如人們做事一定要合乎基本的道德規範，但若找個高帽子戴在頭上，就可以不必去遵守這種道德規範。蕭伯納太知道人會找道德的縫隙來圖利自己，所以他的毒舌頭就專門對此種現象而發。易言之，蕭伯納乃是一個很講究人的言行及道德規範的批評家。他認為人必須言行合一，必須符合美德，才會有好的政治。

而現在的台灣，卻發生了一件道德上站不住腳的事，國民黨總統選舉提名人表現不好，於是黨主席朱立倫在臨時黨代會上，被黨代表拱出來接棒，他的被徵召，似乎承接了很大的

使命，作出了很大的犧牲與奉獻。但朱立倫的表現是一種犧牲奉獻嗎？答案顯然是否定的：

一、當人們在談一個人的犧牲奉獻時，一定是在談他的失去，而不是在談他的獲得。朱立倫臨危受命，被徵召，被授與救選情的大任。但他在尚未付出犧牲之前，就先把洪秀柱犧牲掉。因此他的犧牲是那門子的犧牲？蕭伯納的名言說：「一個認爲是自我犧牲的人，他會毫不臉紅的犧牲別人。」這句話好像說的就是朱立倫！他到底是「自我犧牲」？或是「享受別人的犧牲」？

二、國民黨當權已久，他們在台灣當權超過了五十八年，由於當權太久，這個黨已忘了他們由一無所有而興起的犧牲奉獻的經驗，爭權奪利，整肅異己則成了它的文化。由於沒有了犧牲奉獻的經驗，到現在他面臨危機，重談犧牲奉獻時，就把犧牲奉獻談成好像權力鬥爭一樣。就以這次「換柱拱朱」爲例，國民黨授與朱立倫救選舉的工作，這需要朱立倫付出很大的犧牲，才可能感動藍色群眾，煥發爲力量，但朱的表現卻是步步都在精打細算，既要參選，又捨不得他的新北市長。一個不肯犧牲自己小利的人，怎麼可能爲大利而付出？我相信如果朱立倫參選，他爲了振興選情，敢於毅然決然的辭去新北市長，以示他對參選的犧牲決心，這一定能感動藍色群眾。爲了自己的黨而作出犧牲，這是天經地義的行爲，但這種精神在國民黨內早已消失了。

歷史的規律已顯示，弱者的犧牲奉獻，是最有生產力的道德資本，民進黨從無而有，靠的是許多人的犧牲奉獻，當年的國民黨靠的也是這種力量。但現在的國民黨從上層起即沒有犧牲奉獻的精神，只會爭權奪利，爲了振作選情，一齣道德秀演成反道德秀，奢言犧牲承擔的人只是在那裏犧牲別人，享受成果。這時候我讀到蕭伯納的名言遂格外痛心。一個早已不懂犧牲奉獻的政黨，真的必須讓它死一次，看它死了後，會不會找回犧牲奉獻的價值！

二〇一五・十・二十

卡王、換柱的後果

古代中國雖然男女極不平等，但至少在價值上仍在宣揚男子不可玩弄女人的貞操、不可始亂終棄。尤其是對明媒正娶的媳婦更不能說棄就棄、說休就休，這是人與人的基本價值。人不應去利用別人，更不應該毀人名節！

富不易妻，糟糠不下堂

清朝乾嘉時代，東吳才子王初桐遍閱經史子籍，編纂了一部《奩史》，那是一本關於古代婦女生活的全紀錄。該書厚達一百卷，古代婦女一切的問題，它都蒐羅齊全。對於不可始亂終棄這個問題，書中就舉出了下列幾個故事：

東漢光武帝劉秀手下有個名臣宋弘，劉秀的姊姊湖陽公主對宋弘極爲欣賞，想要嫁爲宋弘妻。宋已婚，劉秀想勸宋弘休妻。但宋弘卻悍然拒絕，他答覆劉秀的話鏗鏘有聲，乃是千古名句：「貧賤之交不可忘，糟糠之妻不下堂。」人際關係必須有義氣，不能利用別人，不能沒有利用價值就棄之如敝屣。

第二個故事的主角是唐太宗李世民和唐初著名武將尉遲敬德。李世民想把女兒嫁給尉遲敬德，尉遲的答覆是：「臣婦雖鄙陋，亦不失夫妻情。臣每聞說古人語：富不易妻，仁也。臣竊慕之，願停聖思。」由於尉遲敬德有仁有義，李世民遂死了這條心。

第三個是宋朝首都市長馮京的故事。馮京少年才俊，從鄉試到廷試都考第一，皇后（溫成皇后）的父親張堯佐想把他的另一個女兒嫁給他，有一天遂把馮京請到家裏力勸，並展示富麗堂皇的嫁奩，但馮京對妻子有情有義，還是推辭掉。

上面的三個故事都是偉大人格的顯露。人在官場誘惑極多。一個人明明已有妻子在堂，但皇親國戚還是有人想要嫁給他，他如果答應了，高貴的美嬌娘到手，並可成爲皇帝的親戚，幾輩子榮華富貴享用不盡。

但是宋弘、尉遲敬德、馮京這些人卻有情有義，不願爲了自己的利益犧牲掉對元配的承諾。他們堅持人際關係的有仁有義，拒絕爲了自己的利益而隨便犧牲別人，他們才能成爲古代的示範例子。

明媒正娶的柱柱被休掉

而今天台灣所上演的就是一個最反面的例證。洪秀柱打從一開始就是馬英九們爲了「卡王」而利用的工具，他們爲了「卡王」而「拱柱」，甚至炮製出可疑的防磚民調，使洪秀柱一路擠過中常會和臨全會，成爲國民黨的總統選舉提名人。這表示洪的出線相當於是明媒正娶，一切合乎規範的婚約。但娶過了門，發現她沒有魅力、察覺她不如預期，於是又大張旗

鼓地要把她休掉。

國民黨利用人是以這種要用即呼之，不好用就棄之的態度，當初通過洪的中常會和全代會代表，不知他們是否覺得心安？國民黨這種利用人、作賤人的風格，實在令人心寒！若不知道始亂終棄這句話是什麼意義，回頭去看他們開始時不擇手段地拱柱，到了現在又不擇手段地要滅柱。國民黨作賤別人如同吃爛飯，他們凌遲洪秀柱政治貞操的做法，真是古今罕見！

這次國民黨要開臨全會滅柱，本質上就是個無情無義的作爲。他們在最初時目的是要「卡王」，因此把她當成了工具。當「卡王」的目標達成後，她已經沒有了利用價值。於是當洪成爲提名人後，國民黨即開始放她鴿子。國民黨不爲她助選造勢，也不發動組織和黨產，她的氣勢和民調當然高不起來。

而現在爲了拱朱，黨的補助經費發了下去，組織也大動員。如果之前這些舉動也都做給了洪秀柱，她的民調一定不會比朱立倫低。因此朱立倫帶頭滅柱，實在不光明磊落。國民黨中常會和臨全會開的滅柱會議，當然也不怎麼光明磊落，這是國民黨發動整個黨在鬥柱滅柱。國民黨要利用別人時就拱人捧人，利用之後就棄之滅之，這樣的黨還值得存在嗎？

朱立倫發動整個黨滅柱，因爲他黨權在握，滅柱必然成功。但滅柱了又怎麼樣？待人民看破他的手腳，朱會大敗，國民黨立委選舉也會大敗。更重要的是，由於國民黨先是「滅王」接著又「滅柱」，滅到最後就是它會滅掉自己。

無情無義也無翻身機會

一個政黨總會起伏，如果不做出過份惡劣的行爲，失敗後總會再起。民進黨在阿扁後敗得一塌糊塗，只不過八年就復起。但國民黨在最近幾年既「滅王」、「卡王」又「滅柱」，刀光血影都是針對自己人，它對洪秀柱利用了之後就棄之，始亂終棄、無情無義，這種黨敗了後大概就永無翻身的機會。

所以我鄭重希望上次全代會的代表仔細去想一想，上次開會他們鼓掌通過洪的提名，這次開臨時會他們被上面交代要滅柱，這種無情無義的事，他們是否有愧於心?黨代表難道就是聽人命令的投票部隊嗎?臨全會的代表還必須慎重地去思考政黨的格調問題，並留住最後的元氣！

二〇一五・十・廿二

台灣的官僚資本主義

十九世紀，資本主義蓬勃發展，相對應的社會主義也快速演進，當時德國社會主義領袖李卜克納希（Wilhelm Liebknecht）發明了「國家資本主義」這種概念，主張國家扮演起資本家的角色，發展經濟。他認爲「國家資本主義」由於利益不是私人享有，會更有效率，也更爲公平。

後來「國家資本主義」這種模式，就成了後進國的主要發展策略。俄國的國家資本主義並沒有替俄國帶來新局面，但俄國的國防軍事工業由於有夠努力，縱使到今天也仍是世界第一。而「國家資本主義」在清朝和中華民國卻出了一個怪胎，那就是所謂的「官僚資本主義」。官僚以他們的特權，運用國家的金錢和資源開設公司。由於官僚主義掛帥，這種國家資本主義效率很差，清朝的軍事工業製造的船艦槍炮，一到甲午海戰碰上日本，就全軍覆滅。

這種官僚資本主義到了台灣，它產生了一堆對內壟斷的公司，乃是國民黨支配體系的核心，它有中油台電爲獨占公司，有救國團等獨佔好山好水好地的機構，台灣的國家資本主義以獨占支配爲目標，不以開創爲目標，當台灣需要創新時，國家就完全沒有角色。相反的，乃是中國大陸，它的國家資本主義體系雖然獨佔，但卻有俄國國家資本主義的領頭羊角色，在科技與外交發揮了極大的作用。中國的中油對外開拓能源，中國的電力通訊壟斷公司在科技上不斷開創，中國的鐵路在世界鐵路外交上早就佔有一席地位。中國的國家資本主義和台灣的國家資本主義已成了明顯的對比。台灣的國家資本主義體系，以獨占牟利爲主，不會領頭去創新，帶動民間的轉型。就以最近這幾年爲例，台灣政府所思考的就是在商業上更加依賴中國，台灣民間企業所想的就是拚命建設以吸引陸客爲主的觀光飯店，政府的各種ＢＯＴ也在搞文創搞賣場，不明言的目的，也是在搞消費，要吸引陸客。

上個星期最使人跌破眼鏡的，就是台北市要把蔣經國故居「七海園區」以ＯＴ及ＢＯＴ方式，建成一個擁有十八間精品雙人房的「愛人旅社」，得標者乃是王雪紅的「財團法人基督教中華信望愛基金會」，而「蔣經國基金會」則是協力夥伴。「七海園區」乃是台灣的國安重地，旁邊就是海軍總部和國安局特勤中心。這是多麼具有實質性和象徵性的重要地點，現在卻被台灣政府假借名義來牟利，它已被人質疑是兩岸關係的高級招待所，今天的台灣國家資本主義體系已很奸巧的藉著ＢＯＴ的手段，和財團勾結，連國家古蹟和國家安全的觀光財也要賺，一個國家沒落到這樣的地步，也真是舉世少見！

國家擁有財力和各種資源，它最有資格與能力，領導國家的進步。但今天的台灣，國家的資源已被濫用，政府與財團勾結，什麼錢都要賺，蔣經國若死後有知，大概也要從棺材裏跳出來！

二〇一五・十・廿七

台灣成「詐騙大國」

近年來我的學術興趣已轉向到一個國家或社會退化的問題，當一個國家或社會其政治無能，政府規範社會與人民的方向力就會衰退，社會的活動力就會四處散溢，許多古老的不正行爲就會復熾。

而今天的台灣就正加速的走在退化的道路上，政府無能已造成國家上層的政經日益衰敗，民生也告艱困，於是政府的貪腐擴大，商人的製售僞劣商品也告泛濫；當上層無能，中層的政府管理自然跟著衰退，下層社會的作奸犯科就會跟著流行；近年來台灣的電話電子詐騙案大盛，在這個一切都全球化的時代，台灣的詐騙也跟著快速輸出，近年來台灣的詐騙已出口到了中國、菲律賓、越南和馬來西亞等國，台灣已成了亞洲的詐騙出口大國。

最近爆發的中國銀聯卡詐騙案，短短半年就詐領了台幣百億左右，在台灣逮捕了詐騙嫌犯八百零八人，中國逮捕了六十八人，可見詐騙在台灣是多麼好賺的行業。前幾個月，桃園抓到了一個十七歲的詐騙車手，他年紀小小，日入即高達百萬，詐騙這個新興行業它在台灣的市場有多大，的確值得研究！

而黑道的跨國輸出，並不只限於詐騙而已。最近香港富商黃煜坤來台醫病，在新北市新店住處附近遭人擄走，被人勒贖七千萬港幣合台幣將近三億，他被綁架三十八天幸而獲救，此案逮捕的嫌犯已多達九人，都是台籍，應當還有港籍嫌犯；這是台灣黑道跨國犯罪的大案，由這起案件我們可以說台灣簡直已成了黑道大國！

近代國家，由於社會的發展，總是有一些利潤超高的行業，例如批發市場、貨運、賭場、特定的娛樂業等，這些行業由於高利潤，競爭激烈，好勇鬥狠，我們可說它是社會行業中的另類，但一個正常而且良好整合的國家，這些行業的行爲只限於一個特定的範圍，不該於四處流竄。而且對於社會特別脫序的犯罪，如打殺、詐騙、綁架勒贖等則嚴加禁止；日本雖然不是個多好的社會，但日本卻沒有像台灣這麼犯濫的詐騙或跨國綁架犯罪。

近年來台灣詐騙泛濫，絕對和政府管治能力的衰退有著密切的關係。對於詐騙案，政府除了會警告國民慎重小心外，在查緝上卻有欠積極，加上台灣的刑法不能與時俱進，於是詐騙案獲利高，刑責輕，它就吸引了犯罪者走向詐騙這個行業；最嚴重的是台灣詐騙如此泛濫，一個負責的政府，早就應該逐月逐年的公佈詐騙統計，使國人瞭解它的嚴重性和破壞性，但台灣到了今日卻無詐騙統計。

除了政府的消極外，我們也不能低估台灣詐騙犯的精明幹練，他們懂得詐騙的竅門，懂得金融提領現金和轉帳的各種手段，使得縱使高學歷的人都身陷其中，尤其是還將詐騙行爲跨國化，形成龐大的詐騙網絡。今天台灣的詐騙行業大概已成了台灣成長最快的行業，這的確是台灣最大的恥辱；而非常湊巧的是，從中國、香港到越南、菲律賓、馬來西亞也都是治理不嚴格的鬆懈社會，遂使得台灣詐騙這個新興行業有了長袖可舞的機會。近年來台灣正經

的行業不張，詐騙卻一枝獨秀；近年來，香港受到中國黑道如「大圈仔」的介入，綁架勒贖之事不斷，到了現在中港台的黑道已經合流，由港商黃煜坤在台被綁架案可以想像台灣的黑道已經產業升級，不久後台灣就由詐騙大國升級爲「黑道大國」！

二〇一五・十・廿九

「朱王合體」的破功

在經濟學上，有一種「社會資本論」，它的要旨是說，社會本身也是個經濟行爲的重要資本，如果社會上的成員，大家都謹守信用、說話算話，彼此有共識，做起生意來就不會爾詐我虞，經濟行爲就會很有效率，少有摩擦。以前的上海商人做生意都是「閒話一句」，口頭上說好了，就一切搞定，根本不必簽約和簽收據，就是「社會資本論」的證明，歐美的猶太人做鑽石大生意也是說了就算數！

如果一個社會的「社會資本」很差，大家就會爾詐我虞，要作一筆生意，就需要簽很多契約和條款，雙方收了東西也需要有收據，違約也要有罰則，這都是成本。做成一筆生意，雙方都會搞得人仰馬翻，也傷了和氣。

而這種「社會資本論」，在政治行爲上更加重要。如果一個政黨或政府，它的成員間都能遵守信用，大家說話算話，靠著這種共識，大家就自然合作無間，彼此的關係縱使不講清楚，有沒有任何一方害怕對方翻臉。但若缺乏了這種條件，大家就會爾詐我虞，大家都提心吊膽，害怕會被對方所傷害。而人們也知道，當一個小社會真的變成這樣，就會話愈講愈不清楚，愈講分歧也愈大。

而非常不幸的，此刻的國民黨就是個社會資本已完全消失的政黨，它的內部已毫無共識，一個已被提名的總統候選人，都可以說幹掉就幹掉，因內部分崩離析，當權者處心積慮的在算計無權的人，於是就出了許多不可思議的問題。

就以上個星期中常會通過「國會議長條款」，讓王金平續留立法院，列爲不分區。但條款才一通過，對國民黨本土派恨之欲其死的深藍媒體和深藍派系，就開始炒作反面文章，要求把王列爲不分區的後段，他們要求王金平不要太計較個人利益，應以國民黨整體爲重，全力去輔選。這是深藍對本土派的一貫態度，就是希望本土派多多爲黨犧牲，少去計較個人得失。

問題是他們的話講的是很漂亮，但王金平卻有自己的感受。在深藍媒體及派系大作反面文章後，朱立倫對是否要將王金平列爲不分區，排在前段或後段，都不作出承諾，而朱立倫既換柱在先，也多次要了王金平，王對朱早已失去了信心，現在又想利用王金平輔選，王當然心內嘀咕，對輔選不怎麼帶勁。國民黨一直希望能「朱王合體」爲選舉造勢，但已多次破局。

因此，「朱王合體」破局，責任究竟在那方？

主流的深藍外省掛宣稱王金平只想著自己，不能以大局爲重，這種漂亮話似乎很有道理，王金平是應該以黨爲重。但揆諸過去的國民黨它只會內外省掛壟斷勢力，本土派則一直被利用，這個黨對本土派已不再有信用，它如果要真正的「朱王合體」，就應主動的有所表示，但朱立倫的兩手策略已多，早已不再有信用，王金平憑甚麼要相信他？當一個黨對已提名的候選人都可以說幹掉就幹掉，信用破產，這個黨和黨主席，就必須更加努力的去重建信用，而朱立倫對王金平可有任何信用保證？

一個政黨失去了信用，搞得四分五裂，這時候當權者就必須自我檢討，對團結別人自己是否作得太少，而不能只是去指責別人，要別人爲黨犧牲，爲黨做白工。因此，我認爲「朱王合體」破局，真正的責任是在朱立倫這邊，王金平沒有責任！

二〇一五．十一．三

馬習會的皮裏陽秋

馬英九的任期已到了最後，而且他因爲政績太爛罵名已定，他這樣的領導人，已沒有了任何價值，這一點北京當然心知肚明，但爲什麼習近平還是要配合演出一場沒有什麼價值和意義的「馬習會」？因此對於這次「馬習會」人們當然必須有深刻的認知！

一、在馬英九七年多的任期內，他已將台灣的核心利益一點點的讓渡了出去，台灣已實質上成了依賴中國的「扈從國」，雖然兩岸看起來和平，但這只是「從屬式的和平」，馬始終認爲這種兒皇帝的和平是他最大的成就。馬近年來對「馬習會」念念不忘，就是要替這種和平宣揚。北京方面由於可藉此收緊對台灣的羅網，他們雖然早已看扁了馬英九，但願意配合替他的「和平統一」宣傳。因此馬習會本質上乃是個宣傳秀，馬宣傳的重點是「和平」，但是哪一種「和平」？他卻打著馬虎眼；至於習近平則是在「和平統一」上作文章，台灣在馬的政策下已輸了台灣的未來。

二、由於北京和馬英九已沒有什麼好談的，而且馬英九現在已到了末日，早已沒有任何籌碼可以和習去談，所以領導人見面最重要的「協議」和「聯合公報」一項也沒有，馬習會因而是次單純的各說各話的宣傳性會面。馬英九和國民黨的藍色媒體，在和平上猛烈宣傳，卻對這是什麼樣的和平絕口不提，這是台灣人民必警覺的！

三、也正因此，這次「馬習會」沒有任何實質意義，它唯一的意義只剩宣傳，台灣即將大選，國民黨行情不妙。它勉強還可以打的就是兩岸牌，用北京來嚇台灣選民。國民黨對蔡英文的攻擊始終停留在兩岸問題上，習近平也用「地動山搖」這樣的形容詞在嚇台灣選民，馬英九和國民黨都知道二〇一六大選必須向北京討救兵，馬英九硬搞出這次「馬習會」，可說就是向北京討救兵的第一步，有了第一步，一定會有第二步和更多步。因此馬習會真正值得注意的，乃是我們去看國共怎麼聯手去打二〇一六這次選戰，國共聲氣相求，他們聯手的威力不容小覷！

因此我認爲這次「馬習會」乃是國共聯手打二〇一六大選這一仗的開始。

一、馬習會後，馬和國民黨必在兩岸問題上大作文章，北京則會在硬立場上表態，台商和兩岸的一些台灣巨富必會團結一起，對馬的和平大肆宣揚，也會宣傳如果國民黨敗，兩岸就會不再和平。這是一種「軟威脅」，這種選舉策略以前曾屢試不爽，馬和習見了面，這種攻守同盟將會更緊實。

二、不過稍早前我即指出過，國共合作搞宣傳，以前的確有效，馬英九的連任靠的就是這一招，但到了現在它雖然還會有效，但邊際效果必大打折扣；因此這次國共聯手打選戰，一定不會只停留在宣傳戰上。幾個月前，我就已預測這次北京應馬英九之要求，國共合作打選戰的層次必會升高，可能會出現兩岸的宣傳戰，意思是說，國共可能合作，炮製出真正的

緊張來影響台灣的選情，李登輝時的台灣飛彈危機這種型態的緊張已可能出現！炮製很驚悚的假危機，這已是一種國際上的老招，我很擔心這種事也會在台灣出現！

因此，「馬習會」在我的觀察裏，它乃是國共合作，爲了二〇一六大選而準備的「套招會」。除了台灣人民應警惕外，我也願敬告北京當局，將來的台灣問題應由中國人民和台灣人民妥慎解決，而不能用國共合作炮製危機的方式來解決，一旦國共合作，炮製危機，兩岸的和平就回不去了，中國反而會是輸家，北京不要上馬英九的當！

二〇一五・十一・五

徒勞無功的「馬習會」

「馬習會」新聞炒得很大，但馬習兩人見過面，除了握手握得很用力，攝影存念也很久之外，整個會面並無新意，所以國際媒體都普遍認爲，它是個形式的會面，並無實質意義。我則認爲「馬習會」乃是個完全向北京傾斜的會議，習近平主導了會場，馬英九只是陪著習近平去表演而已。我不敢說馬英九是輸家，但他的確沒有爲台灣贏到什麼！

「馬習會」這個調子，馬英九已唱了兩年多，但因爲立場喬不定，所以一直拖延。今年十月，陸委會主委夏立言和國台辦主任張志軍在廣州舉行「夏張會」，北京主動提出「馬習會」於是兩人會面才告可能，因此「馬習會」的成真，北京才是主動的一方，而它們的考慮有二：

一是十一月初，習近平出訪越南和新加坡，顯示了北京繼美歐及東北亞之後，已著手經營南海及東南亞關係，由於台灣屬這個區域，順便找台灣來配戲，可以強化北京的和平外交印象，所以「馬習會」的舉行有利於北京的宣傳。

二是台灣大選在即，北京也知道國民黨會敗，由於北京對民進黨蔡英文完全無法掌握，

所以對蔡若當選，當然必須提前部署，設下各種條框和紅線，所以「馬習會」的目的就是習近平爲蔡英文劃線的會議，「馬習會」上，習近平緊咬「九二共識」，「一中原則」，並對台獨發出警告，這都是在向蔡英文喊話，因此「馬習會」乃是國共聯手向蔡英文喊話的會議。

從這個角度看，「馬習會」可以說就是「蔡英文不在場的蔡習會」！

由於「馬習會」乃是北京主動出招，馬英九只能算是被動陪演，所以整個「馬習會」可說是習近平完全主導。習近平在會上重申北京的對台底線，除此之外就無新意，因此如果嚴格而言，這樣的「馬習會」，開了和沒開其實都沒有什麼差別。兩岸都錯失了這個機會！

類似於兩岸這種情況，是敵非友，因而在高層會談時，就不應只是求外表的虛假客氣，亦不能迴避掉雙方的碰撞，而應該努力在碰撞裏找火花，從而形成雙方的建設性共識。

但多年來兩岸交往，卻只落於求表面的和諧，迴避掉了必要的碰撞，所以兩岸遂難免只是形式的交流，卻都避開了碰撞，因而愈交流，問題愈多，台灣的民眾那麼強烈的反服貿，就是證明。要有碰撞，才有火花，才會有新的課題和新的方向。

從這個角度來看「馬習會」，兩岸都太過虛假，真的話都不講，反而是在口號或語言上兜圈子，因此，一場「馬習會」下來，絲毫沒有新意，也碰撞不出任何新方向，而較弱的台灣一方不敢忤逆北京的意旨，只是唯唯諾諾，握手有禮。

馬英九這種形格的人，可能適於宮廷式的禮節往來，但要他據理力爭，縱橫捭闔，顯然已超過他的能耐。這可能是國際往來的高標準，馬英九則無疑的是太遜了。「馬習會」後，馬英九可能很高興，但多數人則對他的表現評價不高。馬的聲望沒有因爲「馬習會」而加分，習近平也沒有得到台灣民眾絲毫好感。馬習都沒有贏，馬英九則輸得較多了！

二〇一五・十一・十

和習近平握手的演出

絕大多數人，在小學階段，一定領教過「好學生的奸惡」。就是有些所謂「好學生」，他們懂得唸書，很會討老師歡心，老師說什麼，他們也說什麼。他們對老師總是唯唯諾諾，把老師的話當作聖旨。由於討到了老師的歡心，他們遂很會打同學的小報告。哪個同學調皮搗蛋、不聽老師的話，他們都會告訴老師。他們是老師的「爪扒子」！這種行爲就是「好學生的奸惡」！這種「好學生」認同的是老師，不是同學！由於這種行爲符合了教育秩序的需要，也會得到主流秩序的掌聲。

因此最近有人問我，馬英九是什麼樣的人？我的答覆是，他就是個「奸猾的好學生」。他從小就是個會唸書的好學生，所以對老師的話唯唯喏喏，才會得到主流秩序的掌聲，他對主流秩序以外的人就會打報告。他很懂得察言觀色，不會得罪主流秩序，以免惹別人不開心。他這次出席「馬習會」，習大大勢大權大，世界媒體來了幾百人，主要目的都是想看習怎麼說，馬當然知道主角是習，他只是配角，他自然很識趣的要討習大大這個老師的歡心，犯不著得罪習大大這個老師。因此當「馬習會」的會前會，中方一定調不可有刺激性言論，馬就乖乖聽話，這就是好學生的順從。所以馬的講話遂不溫不火的像個好學生一樣。馬的判斷裏，只要他跟習見了面，握了手，就是大功一件。

但馬卻判斷錯了。「馬習會」是兩岸領導人的會面，並不是小學生的「師生會」，用小學生那種邏輯對待「馬習會」，不止台灣民眾看不下去，縱使世界媒體也沒有好評，於是馬就急了，就叫陸委會發佈馬的談話全文。但不發佈還好，愈發佈反而是愈描愈黑，反而節外生枝，暴露出更多問題。

一、馬在基本立場上太過軟弱，他在講話裏完全附和北京的立場，將「一中」和「反台獨」、「反對一中一台」完全照本宣科。馬的談話真正的暴露了他的終極立場，這和北京完全同調。我無意在這裏咬文嚼字，但我希望每個人多去體會馬的心態和邏輯，就可知道馬這個好學生是如何在附和習大大那個老師！

二、國民黨在台灣，早已養成一種習慣，不管什麼問題都搞藍綠惡鬥這種招術，而不去談問題的是非曲直，這種動輒搞藍綠惡鬥、諉責於別人的慣技，由於在台灣內部藍軍有龐大的惡勢力，可以跟著鬼扯、淆亂視聽，所以有一定的效果。但把這種招術搬到「馬習會」，由於對象及關係改變，它就成了在習近平面前告民進黨的狀。「馬習會」上，馬說中國的對台飛彈，「反對黨常常用來批評兩岸關係的口實」，馬會講出這麼離譜的話，就是國民黨碰到問題就把責任推給在野黨的慣技，但這次卻成了是在習近平的面前告御狀。馬講出這樣的話，已失去了立場，他彷彿成了北京的官方代表，而不是台灣的領導人！

一個人講話，最重要的是必須有主體，那才能講話的是非愈講愈明白。但一個好惡的好學生，對老師的服從久了，打同學的小報告多了，他已失去了自己，講起話來已沒有自己，

只看各種權力關係，於是他的立場遂亂了套。「馬習會」上馬把習大大看成是習老師，演出了向習老師告御狀的荒唐戲。這都是馬從小到大，那種「好學生的奸惡」已完全內化所致。這次「馬習會」，習是權力較大的一方，所以馬才自動的靠向習，也像習告御狀，這都是馬的本能！

二〇一五・十一・十一

小心潘朵拉的盒子

希臘神話裏有個潘朵拉（Pandora）的故事。她是天神宙斯叫製造之神赫費斯托斯由泥土和水做出來的美女，由於普羅米修斯盜天火到人間，宙斯甚爲憤怒，遂將潘朵拉嫁給了普羅米修斯的弟弟厄匹墨透斯（Epimetheus），並給了潘朵拉一個盒子，裏面都是對人類有害的戰亂疾病。後來潘朵拉將這個盒子打開，使這些壞的精靈全都跑了出來。因此「潘朵拉的盒子」遂成了一個比喻，它指人類缺少了深思熟慮，犯了一個錯，就會惹出許多大錯。一個政府在做事，必須慎重、步步小心，千萬不可貪圖一時爽快，否則就會錯一步，就像打開「潘朵拉的盒子」，惹出一堆後患！

近年來，國民黨政府，爲了一時爽快，作出一個選擇，結果惹出不可測的後患已多。例如馬英九爲了一時爽快而推動證所稅，結果是無事惹事、後患無窮，最後只得黯然收場，因此證所稅就是個「潘朵拉的盒子」，錯了第一步，就惹出許多負面效應。

由證所稅的教訓，它提醒了世人，在做選擇時，必須深思熟慮，否則就像打開「潘朵拉的盒子」一樣，造成不可預計的後果。

最近馬英九自以爲是的搞出個「馬習會」，他以爲自己聰明，但他不知道，現在時代已

變，民心也變，他自以爲是的舉動，等於打開了兩岸關係的「潘朵拉的盒子」。人民對兩岸關係已有了新的期待，馬英九的那種模式已不符民心的要求，這也是「馬習會」不但沒有替馬加分，反而扣分的原因。馬打開兩岸關係這個「潘朵拉的盒子」，是個自以爲是的錯誤決定！

因爲政治上做每個決定，都可能產生無法預料的後果。所以政府在做決定時都應慎重。這種事在國際社會亦然。就以美歐和中東伊斯蘭國家的關係而言，「九一一」事件後，美國大張旗鼓對伊拉克海珊政權用兵，但滅了海珊之後，中東秩序大亂失控，伊斯蘭國因而崛起。最近，當時參加美英聯軍的英國前首相布萊爾，在十月廿五日接受媒體訪問時，就坦白認錯，他說：「我們這些在二〇〇三年推翻海珊的人，不能說對二〇一五的情勢毫無責任。」他的這段話，意思就是說，美英消滅了伊拉克的海珊，等於打開了「潘朵拉的盒子」，跑出了伊斯蘭國這個可怕的精靈！這是它們未曾料想到的。而這次「一一一三」巴黎被恐攻，美歐俄等國群情激憤，不但在難民問題改趨保守，對中東的報仇性攻擊也趨擴大，它會造成什麼難以預測的後果已值得世人警惕！

人的世界，有許多事都是環環相扣，做了一件事，就會連動出別的事，牽一髮而動全身。因此在這個世界上，每個政府在做各種選擇時，一定要深思熟慮，爲的是不要錯誤的打開了「潘朵拉的盒子」！

二〇一五・十一・十九

失去了兩岸話語權

兩岸關係從當年的國共內戰一路延伸而來，在一九四九年之前是「國共內戰」，一九四九年國民黨被逐出中國大陸後，成了「兩岸內戰」，再到「兩岸冷戰」，又到「兩岸冷和」，現在就是「兩岸冷和」的階段。

由於兩岸關係有著這麼多的階段，對台灣而言，當然在談兩岸關係時，人們的問題意識與談問題的話語權力因而有不同的形態。

連戰打下兩岸「冷和」期交往基礎

從「兩岸內戰」到「兩岸冷戰」階段，人民當然認為兩岸問題乃是台灣政府的事，人民完全無從參與。由於這個階段，台灣的政府被國民黨所壟斷，所以兩岸問題就是國民黨的問題，台灣人民普遍對兩岸問題毫無發言權，也沒有表達意願的意識。

但自從一九八七年台灣開放老兵回鄉探親、九一年兩岸的海基海協兩會成立、九三年的辜汪會談後，兩岸就進入「冷和」的新階段。到了二〇〇五年國民黨主席連戰首訪北京，進行破冰之旅後，兩岸在「冷和」中的交往正式展開。當時的人們都對連戰之行充滿了樂觀的

想像，所以當時民調連戰的聲望高達百分之六〇以上。

連戰替兩岸在「冷和」中交往打下了基礎，這個基礎被馬英九繼承，所以馬英九推動起兩岸政策，可謂毫無阻力。那個階段台灣人們產生了一種認知，大家認爲只有國民黨會處理兩岸問題，別的政黨都不會，也沒有能力去處理兩岸問題。兩岸問題是國民黨的強項，國民黨可謂壟斷了台灣人在談兩岸問題時的話語權。

不過一個個人或政黨擁有了話語權，它一定要用這種話語權去做正確的事，那麼這個話語權才可能長保，否則話語權的正當性就會失去。

過去七年多，馬政府享兩岸關係的話語權，可以在兩岸事務上獨斷獨行，可惜的是，馬政府並沒有能力在兩岸間確保台灣的核心利益。所以，七年多下來，台灣的經濟核心利益一點點被讓渡，台灣的軍事及安全也被讓渡，台灣的軍隊已不知爲誰而戰，軍中的高層共諜案也不絕如縷。

馬政府未能確保台灣核心價值

當馬政府享有台灣談論兩岸問題的話語權卻做不出好事，於是話語權遂告崩潰。而國民黨在兩岸關係上話語權的失去，轉捩點就是《海峽兩岸服務貿易協議》引起的一四年的太陽花學運。

「服貿」以及「太陽花」顯示出：馬政府的兩岸政策只會將台灣經濟的核心利益讓渡出去，加快台灣經濟的衰退，使得台灣年輕人更加沒有前途。這也證明了以前國民黨宣揚說它會處理兩岸問題，乃是個假象。馬英九與國民黨只會用「和平」這種空言，包裝他們處理兩岸問題時的無能與無知無識。

太陽花學運本質上乃是馬政府兩岸政策受害的青年所發起的運動，等於已否定了馬政府的兩岸做法。大家習慣上認爲國民黨的強項是兩岸政策的認知已被否定，兩岸政策不但不是國民黨的強項，反而是它的弱項。

馬英九敗在兩岸政策而不自知

馬英九在台灣的失政，最關鍵的原因是他的兩岸政策失敗所致，縱使到了今天，馬英九仍不知反省，還是以爲他的最大成就是兩岸政策。如此不知反省，人民怎麼信得過讓國民黨繼續去處理兩岸問題？

太陽花學運已證明了馬政府兩岸政策的失敗，所以一四年之後，國民黨雖然繼續吹噓它的兩岸政策，但已無人相信。國民黨雖然還是習慣性地抨擊蔡英文的兩岸政策，但這種抨擊對蔡英文已無任何殺傷力。

今年以來，無論洪秀柱、朱立倫，甚至馬英九，他們都持續在蔡的兩岸政策上做文章。如果在以前，這麼密集的攻勢，一定會發揮很大作用，但今年這些攻擊全都無用。就是因爲人們已知道國民黨的兩岸政策破產，不再是它的強項，反而是弱項。

太陽花學運真正的貢獻，乃是改變了兩岸問題的話語關係。以前的兩岸政策被國民黨壟斷，別的政黨、甚至立法機關與一般人民都無發言權；學運之後，國民黨的壟斷已告結束，

開始循民主體制，還給人民來參與及表示意見。

「馬習會」目的大概都無法達成

當兩岸問題的話語關係發生了真正的變化，國民黨不能再主導一切，國民黨與馬政府還想控制兩岸發展的走向，當然就會受到大家的質疑。就以這次的「馬習會」爲例，國共雙方顯然是想藉著這次會面，替台灣未來的政府設定條條框框，甚至也有可能還想藉著「馬習會」，試圖國共合作，影響到台灣大選的選情。

已可論斷，「馬習會」這些目的大概都無法達成，馬英九要藉著會面爲其尋求建立歷史地位的企圖，大概也無法實現。兩岸問題的話語關係已經改變，舊的壟斷關係已經結束，馬英九其實已經靠邊站了。

長日將盡的馬政權

許多人可能讀過日本裔英國籍作家石黑一雄所著的《長日將盡》，那是本描寫一九二〇至三〇年代英國貴族階層沒落衰亡的故事，該書獲英國最重要的布克獎。沒有讀過原著的，可能也看過根據該書而改編的電影。

一九二〇至三〇年代，乃是近代英國政治史和文化史最值得探討的一個階段，當時第一次世界大戰結束未久，英國由於傷亡慘重，所以英國貴族階層著魔的相信和平，只希望過著安逸的日子。

那是英國的「綏靖姑息」政策（Appeasement）當令的時刻，因此當希特勒崛起時，英國大力吹捧的人真不少，當時的工黨領袖蘭斯伯里（George Lansbury）就宣稱，他是個沒有個人野心的人，他吃素，住在鄉下而不住在城裏，他獨身，喜歡小孩和老人，他是個孤獨的人。

因爲著魔和平，甚至到了是非不分的程度，當時英國首相張伯倫（Arthur Neville Chamberlain）以朝聖的心情和希特勒見面簽了「慕尼黑條約」，大力放水，出賣了盟國利益，而他居然夸口而言，自己是「和平天使」，創造了難得的「光榮的和平」。到了後來希特勒在歐洲到處入侵，張伯倫才被國會趕下台。那個時代的英國貴族政客真是不可思議，後來的英國作家布萊特（Ronald Blythe）遂寫了一本斷代史《虛幻年代：二〇至三〇年代的英國》記載那個時代的荒唐錯亂及貴族階層的自以爲是、善惡不分。

而《長日將盡》就是以文學手法表現那個時代貴族階層的矯揉做作、自以爲是，脫離了人們經驗與感受的實況。書中所寫的那個達林頓爵士豪宅府邸，就是在影射那個時代的貴族政客及他們的家僕風格，最後整個府邸沒落，就是那個時代的輓歌！我最近讀了布萊特的《虛幻年代》重印精裝版，就深有感觸，和平的確是個重要的價值，但和平和善惡是非、國家利益、普世人權等更高的價值不容牴觸。如果只是把和平掛在嘴上，卻犧牲了其他可能更重要的價值，那就不是「光榮的和平」，而是「屈辱的和平」或「邪惡的和平」，它只會製造出一個「虛幻年代」！我讀了《虛幻年代》後，立刻想到的，就是國民黨馬英九政府所製造出來的同樣虛幻的年代！

「馬習會」雖然早已成了過去，但馬英九仍念茲在茲的不忘他和習近平握手攝影的畫面，他仍認爲那是他一生最大的榮寵，舊調仍然一直在提。馬一直在提「馬習會」，就讓我想到張伯倫在慕尼黑會見希特勒後，不斷自誇是「和平天使」和「光榮的和平」。他們都是把屈辱當成光榮的不知羞恥，他們所說的和平，其實不是和平，而是降服。台灣的絕大多數人都對「馬習會」沒有正面評價就是證明。

我對兩岸領導人會面並不反對，但像兩岸這種關係，會面的目的並不只是握手攝影而已，真正重要的，乃是藉著會面談話，碰撞出火花，替將來的兩岸關係擬定出新的方向，也替台灣創造出更多利益。但非常可悲的，乃是馬並非開創型的人物，他只在意見面握手攝影存證這種形式，卻畏懼碰撞，因此馬習見面只是強化了對台灣的箝制、矮化了台灣的地位，因而沒有一點火花。沒有火花的馬習會，怎麼會有任何建設性？馬習會是馬英九錯失了機會！

研究近代和平理論的都知道，近代國家由於受制於國際環境的制約，許多大國已不能隨心所欲。這也就是所謂的「非自願的和平」形成的原因。兩岸和平就是種「非自願的和平」。中國因爲是個新興的強權，受到許多國家的監督，而不能隨心所欲，也無法隨便對台動武，中國一旦對台動武，它在整個世界上就會失去整個正當性。就因爲中國要在亞洲和世界重建正當性，所以它對台灣的需要大於台灣對它的需要。但馬英九對這種矛盾的關係缺乏理解，他只根據簡單的強弱二分法，自視爲中國的一部分，所以在馬任內，兩岸關係才愈走愈偏，台灣的許多核心利益遂被讓渡了出去。如果他了解台灣的存在是對中國有利的，台灣其實有很多籌碼的，而不至於兩岸關係愈走愈差。就以這次「馬習會」，習近平爲了鞏固中國在東南亞的地盤，同時訪問了越南和新加坡，大打和平牌，臨時才想到「習馬會」，希望能有助於它的亞洲戰略，這明明是北京有求於台灣的時候，但馬英九卻不能反客爲主，向北京提出要求，馬的政治判斷實在不算及格。

馬英九在馬習會這個議題上，不敢去碰撞出火花，只是在習近平指揮下去配合著當一個小配角，演出中國的和平大秀，這場秀對台灣而言只是個「綏靖姑息」政策的版本而已。這時候我就想到英國作家布萊特在《虛幻年代》這本著作裏所下的斷語，他指出英國在一九二

○及三○年代，統治的貴族階層在思想價值判斷上已經老化，他們活在自我封閉的世界裏，一切都自以爲是，無知者則跟著起鬨，他們把和平變成無是無非的荒誕大戲，這絕對不是一種偶然現象，而是一個垂死的階層之必然。這個貴族階層生活在他們的世界裏，世界怎麼變、人們怎麼想，都已和他們無關。他們是即將消失的遺跡。他們已「長日將盡」！

二○一五・十一・廿九

人道精神的凋亡

在近代人類思想運動裏，第一次世界大戰時出現龐大的和平反戰情緒，這種和平反戰思潮，在一九六〇與七〇年代的越戰達到高峰。重要的思想家如羅素（Bertrand Russell）、沙特（Jean-Paul Sartre）等都公開反戰，美國的學院與社會也一片反戰聲浪。

戰爭陰影讓人反思生命意義

這種人道反戰運動，卻在越戰之後就煙消雲散。越戰後，美國對其他國家的軍事入侵不斷，但整個美國及西方社會的人道精神已經麻木。

九一一後，美國入侵阿富汗及伊拉克，雖然飛彈戰機彈如雨下，殺人數十萬、甚至上百萬人，但只有蘇珊・桑塔格（Susan Sontag）、諾貝爾文學獎得主、英國作家品特（Harold Pinter）有過反戰的聲明，美國的「反戰母親」希思（Cindy Sheehan）做過有限的反戰活動外，美歐等國可謂毫無反應。

至於現在的巴黎攻擊，儘管伊拉克及敘利亞近年來由於西方的入侵與製造內戰，已傷亡百萬人口以上，而此次巴黎人死了至多二百多人，但西方所想的只有「復仇式攻擊」與禁止

難民入境，更不可能對這場戰爭的正義與否去做任何反省。所以，我們有必要去反省反戰的基本邏輯這個嚴肅的課題。

根據歷史的經驗，一場戰爭如果勢均力敵，對方死、自己這邊也會死，死亡的張力就比較會逼迫人們去對戰爭進行思考，反戰的感情就容易發生。

第一次世界大戰，德奧等同盟國出動軍隊二三〇〇萬人，死亡數三四〇萬人；英法俄美等協約國則動員四二〇〇萬人，死亡五百萬人。而且戰爭打了四年，也波及平民，大家生活在戰爭的陰影下。敏感的人道主義者，當然會想到生命的意義、戰爭的意義等問題，反戰情緒因此而形成。

越戰是反侵略民族聖戰

至於越戰，當時美國已是軍事第一強權，越南則是貧弱小國，所以美國政軍統治階層認爲一定可以將越南全面征服。越戰高峰期，美國出兵五十五萬人，投下六百多萬噸炸彈，炸死越南、寮國與柬埔寨至少五百萬人，整個印支半島成了焦土。

然而，人民的意志卻是炸不死的。越南人民被迫用最原始的坑道戰法、叢林戰法與城市恐怖游擊戰法，使得美軍死亡了將近六萬人。雖然越戰時，越寮柬的軍民死亡人數與美軍死比例爲一百對一，他們的生命價值只有美軍的百分之一，但他們的死卻很有道德價值。

他們是在打一場反侵略的民族聖戰，世界上稱有良知的人都會站在他們這一邊。

美國士兵雖然只死了大約六萬人，但當時美國是採徵兵制，士兵在前線的經驗感受會影響到家庭與社區，於是對越戰的不滿遂快速蔓延。而且當時美國對新聞控制的技術並不成熟，戰爭的現場狀況與畫面很快就傳播到美國本土，所以美國反戰運動遂快速興起。例如當時有起「美萊村事件」，美軍屠殺整村居民，這種事件立即轟傳全球，使得反戰運動更加擴大。

改變侵略手法，國內反彈降低

越戰乃是典型的侵略戰爭。一九六〇年代全球知識分子對侵略、反侵略還有清楚的認知判斷，不會接受這種侵略戰爭，這種認知乃是反戰的道德力源頭。

不過，從蘇聯解體、美國獨大獨強後，世界與美國內部卻都變了！此後，美國成了世界的宗主，自以爲是的情緒高漲，軍事干涉外國事務的頻率開始增加。

美國開始由徵兵制改爲募兵制，以防止越戰教訓重演。當軍人職業化，他們戰爭死亡就比較不能指責政府。美國開始改變戰爭手段，以巡弋飛彈與高空轟炸爲主；當需要地面戰鬥時，就以金錢在當地收買部落民兵及召募叛軍爲主。美國在伊拉克推翻海珊（Saddam Hussein）、在利比亞推翻格達費（Muammar al-Gaddafi）、在敘利亞意圖推翻阿塞德（Bashar al-Assad）都是這種模式。

當美國沒有直接派出地面部隊做戰，反戰就反不起來。在敘利亞，美國收買的叛軍打的是內戰，美國即可推卸掉責任；敘利亞內戰發生至今已死了二十幾萬人，也產生超過百萬難

民，這都與美國無關。

美國是恐怖主義的源頭

美國改變戰爭手段，以挑起內戰爲主，伊斯蘭國的民兵，就是美國在利比亞、伊拉克與敘利亞戰爭時，曾經利用過的民兵組織；所以，伊斯蘭國的崛起，乃是拜美國的幫忙。美國爲了顛覆阿富汗栽培出了蓋德組織與賓拉登，後來爲了顛覆利比亞與敘利亞，栽培出了伊斯蘭國；美國乃是恐怖主義的源頭，但世人卻沒有因此而指責美國，反對美國介入中亞。

近年來，世界戰亂更加擴大，死亡百萬人，難民也已成災，應是另一個反戰的年代；但全世界卻沒有任何反戰的聲勢，這不能不說是人道精神的凋亡！

二〇一五・十二・三

黨產問題再起風濤

國民黨以前是個「金權統治」政黨，黨即國，國即黨；因此，遂發展出全世界絕無僅有的「黨營事業」；黨透過國庫通黨庫，透過種種黑箱作業，將國家的土地資產，以及各種利益挪爲黨用。在台灣解嚴後，復歸民主，黨營事業的特權運作體系始告暫停，但它長期積累的資產，卻已高達千億以上。國民黨靠著這些龐大的資產，開始以正常生意人角色，縱橫商界和股匯市，繼續獲利。

其實如果國民黨是個有擔當的政黨，早在解嚴之初，就應將黨營事業解散，將它的資產還給國家，苟若如此，台灣的民主轉型就可順利完成。但國民黨怎麼可能捨得那高達千億以上的資產？於是它遂在黨產問題上一直閃躲，甚至黨產交付信託，甚至黨產歸零，都是它閃避問題的技倆。實質上黨產仍抓在手上，利益仍在黨的手中，從連戰到馬英九兩任主席任內，就出售了六百億資產；這些錢用來辦搞黨的運作，選舉的支出，可能有些部分化整爲零的隱藏了起來。

今年的選舉是個轉捩點，它可能失去政權，也可能失去國會的控制權，將來可能無法阻擋黨產的追究，因此就在這個敏感的時刻，黨產的控股公司「中央投資公司」遂大動作的推

出標售計畫。我不認爲這是在籌措選舉經費，因爲目前的黨產獲利，每年就有廿多億，這些錢就夠應付選舉的需要，我寧願認爲目前國民黨標售黨產，乃是要將黨產出空，將來可以迴避黨產的究責與追討。國民黨目前急忙的出脫黨產，一定是經過盤算的舉動！國民黨可能是要出清黨產，換成現金，才可易於搬動和隱藏。

因此，現在已到了選舉的最後時刻，也到了國民黨覺得擴大作戰開始發動的時刻，國民黨出清黨產，如果購買者是國際財團，將來的黨產究責就會產生許多糾紛。從選後到明年的五月十九日，都還是馬政府看守階段，黨產的標售極可能會有進展。因此爲了防止國民黨的脫產，台灣朝野，尤其是未來的新政府，一定要加以阻擋：

一、立法院要緊急動議，對重大的財產標售，一定不容許它匆忙出脫，尤其是未來的新政府，一定要介入看守政府的運作，防止在看守階段產生各種奇怪的事情。

二、關切民主轉型的團體，對諸如國民黨脫產、以及像「紫光」併購案等重大的交易案件，一定要緊迫的盯緊，不容許它能悄悄的在黑暗中產生！

二〇一五・十二・廿六

九二共識的蹊蹺

國與國的來往，縱使敵對性很強的國家，依靠的只是國際規範，雙方利弊與不斷的對話談判，國際社會從古到今沒有甚麼國家是以「XX共識」作爲國家最高政策的例子。

但唯一的例外卻發生在台灣以及兩岸關係上。國民黨是個壟斷性極強的政黨，它每個階段都會虛擬出一個口號要求國民遵從，從一九四九年迄今，這些口號變來變去，從「反共抗俄」、「漢賊不兩立」、「三民主義統一中國」、到了今天它又把「九二共識」當成了最高國策，不容別人質疑。「九二共識」現在已成了國民黨最新的「魔咒」，只要一到選舉，它就把這個「魔咒」祭出，中共那一邊也如法炮製，彷彿沒有了「九二共識」就會「地動山搖」。「九二共識」和以往每個階段的口號一樣，都是國民黨壟斷權力的理由。

由過去六十年國民黨最高國策的口號變化，我們可以看出，國民黨以前雖然專制獨裁，但在面對中共時，至少還有基本的骨氣，用盡心機要和北京打對台。但這種起碼的骨氣到了馬英九時代，已完全淪喪。「九二共識」乃是一種看起來中立，實質上卻等於向中共投降的漂亮口號。台灣殘存不多的主權，已被「九二共識」抽離剝落一空。台灣已沒有了國際人格權，只剩兩岸關係。因此每當國民黨在那裏夸口而言「九二共識」時，我所看到的，乃是它

下 收場

心裏虛弱但卻假裝大膽的面孔！

甚麼是「九二共識」？說穿了乃是國民黨在幾個所謂「智囊」炮製下所設定出來的口號，靠著這個口號，變相的向北京屈服，以這種屈服，換得假象的和平，使某些人可以依靠中國而發一點「和平權利」的投機財。因此，「九二共識」並不是個好東西，台灣產業的空洞化，經濟的虛弱化，人們生活的貧困化，都是「九二共識」所賜。國民黨在那裏吹噓「九二共識」它怎麼毫不慚愧？

現在已到了大選針鋒相對的辯論時刻，「九二共識」這個魔咒又被國民黨的候選人祭了出來。每當國民黨把「九二共識」當成咒語，在那裏像唸經一樣大聲唸誦時，我就反感。國民黨是個口號型政黨，它的口號千變萬化，每個口號大概都只維持十幾廿年，今天的「九二共識」就讓我回想起當年的「三民主義統一中國」，因此「九二共識」已來日無多，下次它又會炮製出甚麼口號？

我相信，國家的反動，乃是反覆互動談判的行爲，暫時的口號並沒有必要，也不可能長久。最重要的是去看一個國家是否能堅持自己的主體核心價值，有主體價值，那個國家的發展才可長久。台灣其實根本不需要「九二共識」這種害人的東西，而是需要確認台灣自己的核心利益。不承認「九二共識」並不意謂著就是要和中共搞對抗，只是重新去摸索台灣的生路而已！

二〇一五・十二・廿九

大選變天是必然

選舉已到了最後時刻，每個陣營及候選人已開始打危機催票牌，但我認爲，選民這一邊的心意早定，這些動作，包括馬英九的國會多數黨組閣牌，大概都發揮不了甚麼作用。

比較值得注意的乃是直到現在，北京方面還沒有出手；兩岸之間，以前長期不相往來，兩岸對立反而使得北京對台灣的選舉無法介入，但自從馬英九開始走傾中路線，遂使得北京有了介入台灣選舉的機會。人們如果不健忘，當記得二〇一二的大選，那次選舉最後幾天的民調，馬已落後蔡英文二到三個百分點，於是投票前三天，台灣的企業要人，如郭台銘、張榮發、王雪紅等，遂全部一個接一個站了出來挺馬，認爲民進黨如果勝選，將會替台灣帶來危機。企業界全部站了出來挺馬不支持蔡，乃是那次選舉逆轉的關鍵。根據事後的研判，那些大老闆的站出來，乃是北京出手所致。在那次北京出手挽救了馬政府之後，當時我在評論中就已指出馬在政策上必將對中國及大台商更加投桃報李，作爲回饋。

但這次選舉，由於民意是那麼清晰懸殊，北京似乎已無法故技重施，大台商們也開始避嫌。這乃是這次選舉少了北京及大老闆干擾的原因。因此我研判，上次選舉大老闆全都站出來的場面當不致發生。

但雖然北京方面和大老闆選前不會出手，但選後卻可能出手：

一、從一月十七日到五月十九日，將有整整四個月，新政府尚未成立，而馬政府則仍然在位，仍掌握著國家的行政大權。它仍可作出許多決定，而台灣的民主經驗，至今仍缺少對於看守政府的規範，它如果作出對下任政府有干擾效果的決定，應如何防止？它如果作出一些有關私權的決定，下任政府如果拒絕買單，那就可能後患無窮。最近的貨貿可能簽定協議，稍早前的紫光投資案，就都是馬政府最後可能偷渡之事。因此我認爲，一月十六日選舉之後，新的總統當選人，必須很清楚的表明對看守政府的態度，以免產生政權輪替留下不乾淨的尾巴！

二、選前北京方面因爲有顧忌，而不便出手；但這並不表示它在選後不會出手，最近北京機關報人民日報的姐妹報，環球時報就刊登了社評，宣稱如果蔡英文當選，北京就要以「九二共識」爲題展開火力，如果偏離九二共識，就必須讓它付出代價。環球時報所反映的乃是官方立場，人們已可看出選後北京方面可能在「九二共識」等問題上出手，而有理由相信，若北京出手，國民黨一定會在台灣內部合同夾擊，因此，大選之後，可能是新的戰役之開始！

二〇一六・一・八

球在中國那一邊

最近一期的「經濟學人」報導了台灣的大選，它已預測了蔡英文的獲勝，但也指出蔡的當選是在「一個危險時刻」。那麼到底有哪些危險呢？有如下幾點：

● 民進黨如果控制了立法院，那將是歷史上的首次，立法院的衝突將會擴大，並難以預測。

● 雖然蔡自己很小心慎重，但民進黨的獨派可能會去追求獨立的目標，而產生問題。

● 中國的習近平近年可能會受到軍方強硬派的壓力，對台灣的變化不再忍耐。

● 中國與台灣目前在「一中」的主張下，對南海的策略相同，因此若台灣轉變，中國很容易在南海問題上對台灣採取攻勢。它的意思似乎是指中國對台灣掌控的太平島發動攻勢，加以佔領。

「經濟學人」並不是親國民黨的媒體，因此談到如此表示，並不是在幫國民黨打恐嚇牌，而只是表示，台灣大選除了涉及台灣本身的變化外，也涉及區域甚或全球。因此該刊遂認為這是個「危險時刻」。過去八年裏兩岸所出現的那種「不自在的和平」，已到了結束的時候。

下 收場

過去八年，台灣在馬英九主政下，以「九二共識」爲基調，簽訂了廿三項協定，使中國對台灣有了「經濟整合」、「和平統一」的機會，但這種「不自在的和平」，卻使得台灣付出了很極大的代價，那就是經濟凋敝，民生困苦，尤其是廿到廿九歲的年齡層的青年，有四分之三自認是台灣人，中國則是外國，過去八年馬英九的執政實際上等於促使了台灣意識的崛起和民進黨的壯大。易言之，那就是過去八年，中國收服了國民黨籍馬政權，中國是大幅度賺到了「和平統一」的權利，但卻得罪了台灣的民心。

因此，蔡英文的當選，乃是中國自嚐的苦果。兩岸關係如何走下去，這個球現在已踢回到中國那一邊。中國當然可以憑它的實力，對蔡英文政權文攻武嚇，但那只會使台灣人心愈飄愈遠。最後是中國永遠失去台灣！

因此，我倒是認爲，蔡英文的當選，中國應該敞開心胸，將蔡的當選，視爲中台關係的新起點，更公平厚道的對待台灣，喚回台灣人對中國最後殘餘的一點感情，而不要將台灣逼上梁山。中國無疑的乃是個新興的帝國，中國若要在亞洲受到各國認同，中國對台的方式就是個考驗。中國若只會對台灣文攻武嚇，那只會傷害到中國自己存在的正當性。若中國對台灣能夠平等厚道，才能收回亞洲人民對他的疑慮！

因此，我看了最近一期的「經濟學人」，真是很有感觸，蔡英文的當選，乃是台灣巨變的開始，對北京而言，也應視爲重建兩岸關係的開始，球在中國那一邊，希望中國能以新的方法踢回！

二〇一六・一・十二

可恥的爪耙子文化

中國自古以來就有一種「正名文化」，這是一種特別強調「名分」的是非標準，正統和異端的對立，忠奸的分野，因此而形成。易言之，它乃是一種「名的基本教義」。

國民黨以前自視為「正族」，和它不同的就是「異端」，這種「異端」以前是「左傾份子」或「共黨同路人」，早年台灣的外省人有很多都被扣過這種帽子，至於台灣人，則是扣上「台獨」、「台獨同路人」的帽子。

近年來，由於國共已交流，「左傾份子」和「共產同路人」這種帽子已經無存，於是只剩「台獨份子」和「台獨同路人」這種帽子，而且這種「扣帽子文化」也開始外銷到中國。許多認同中國的學術界和文化新聞界的人，由於在台灣已混不下去，於是他們就趕搭北京巴士，他們在中國宣稱「某某是台獨」、「某某是台獨同路人」，藉以表示他們對中國的忠心。到中國去扣人帽子的現象相當流行，像我就被人扣了「台獨同路人」的帽子，列入了北京的黑名單，取消了台胞證。這種向權力靠攏、挑撥離間、扣人帽子的行為非常可惡可恨。

一、以前國民黨在台灣一黨獨大，就有許多人到處替人扣帽子、寄黑函，陷害別人。這是台灣內部自我分裂的最大原因，這也是台灣的「爪耙子」特別囂張的原因，國民黨靠著這

些爪耙子，雖然有了整人的方便，但長久以來，國民黨也招致人民的怨恨。

二、近年來台灣許多不肖之徒紛紛到中國去求發展，他們爲了向中國表示忠心，希望分享大餅，喜歡在北京官員及民間造台灣的謠。由於他們的造謠，符合了中國的政治正確，所以中國的官民都信之不疑，但實質上這只是一種惡意的製造謠言，對中國乃是一種誤訊，中國的官民跟著做出起鬨式的反應，當然也不正確。兩岸關係因爲這種人的挑撥，敵對性因而擴大。

三、近年來在中國活動的很多台灣人，特別活躍的都是一些自稱反台獨的豎子之流，這些人挑撥兩岸關係，自己人害來害去，中國有識之士，看了這些人的表現，只是更加看不起台灣這種人。這種人自願的去做中國的爪耙子，最後一定沒有好下場！

因此，台灣不肖藝人黃安所惹起的風波，實在值得台灣社會反省。這是台灣最惡劣的品質，國民黨以前在台灣就靠著這種人當爪耙子，而進行它的統治，現在這種人已開始向中國外銷，他們拚命挑撥台灣人關係，也挑撥兩岸關係，這種投機份子台灣應該將他們驅逐出境！

二〇一六・一・二十

挽不回黨國危亡

選舉到了最後衝刺階段，我覺得最有趣的是，國民黨的男人不行了，改打女人牌。於是周美青、洪秀柱、高婉倩都告出動，並美其名爲「三姝合體」。

招術用盡，只得打女人主意

「姝」的本義爲「美麗」的女人。姝沒有甲骨文，篆體文才告出現，它最初是「華」和「女」的合體，指的就是「美女」，後來才將「華」簡化爲「朱」，於是有了姝這個字。

「三姝合體」最大意義是，男人搞得亂七八糟的選情，要靠女人搶救。洪秀柱將三姝合體說得最爲清楚，那就是三個女人一出來，就要大家把「所有怨懟、不滿與恨暫時放下」。將男人所製造的怨懟和一切問題，要女人把它擦得乾淨，這到底是在拉抬女人呢？或是在糟蹋女人？

另外，那個拱朱立倫參選的八十歲「淡水阿嬤」喬林如也披掛上陣，走上了第一線。淡水阿嬤是朱立倫宣稱使他改變心意的關鍵人物。易言之，她也是朱立倫決定幹掉洪秀柱，取而代之的關鍵。我不知道淡水阿嬤有沒有和洪秀柱見過面，若見面會是什麼樣的場面？

下 收場

這次選舉乃是國民黨最爛的一次選舉，由於馬政府政治方向全都錯，使得朱立倫已無任何執政優勢。他的「九二共識牌」、「經濟安全牌」、「中國恐嚇牌」、「中華民國牌」，這些牌在以前或許有用，但這一次卻都無用，只有反效果。這也是幾場政見辯論會下來，民調始終沒有變化的原因。而朱團隊又缺乏創造新議題的能力，所以整個選情遂長期均無起色，這麼沉悶的選情，在國民黨尚屬首次。

沒角色的人被迫上場救援

因此到了選舉最後衝刺的階段，國民黨沒有什麼點子可動，遂只好在「三姝合體」、「淡水阿嬤」這種最原始的女人牌上打主意。

在正常民主國家，政治誰是主角，大家心知肚明，不相干的人並沒有任何角色，因此無論什麼選舉，不相干的三姝、五姝或是什麼阿公阿嬤，都不可能走到第一線擔任救援角色。但是漢語文化卻是一種很獨特的文化體，這個文化體語言文字發展得極早，因此它的語言在形容詞上特別發達，加上公共辯論的文化不發達、公私夾雜得很厲害，所以角色的界定也不清不楚，政治人物的妻子也就莫名其妙地必須扮演一定的造勢動員角色。

想用空洞的「愛」抹平分歧

這次國民黨的男人不行，給人家打得離離落落，處於這個危機時刻，原本不具角色的女人遂也必須扮演起救援投手的角色。

於是我們就看到了奇怪的符號及形象遊戲：周美青、洪秀柱、高婉倩等在政治上毫無角色的女人，被冠上「姝」的名稱，然後找個好聽的形容詞——「三姝合體」，她們彷彿就有了神祕的符號力量，當起了救援投手。不相干的三個女人，透過這種符號操作，開始由無角色立刻成了有角色。

她們的隊伍被命名為「愛的力量」，這是再一次的符號操作。選舉的其他議題忽然之間全被轉化為「愛」，這是藉著符號操作，將具體的政治議題全都抹平，變成了抽象空洞的愛。國民黨內以前的牢騷滿腹和種種分歧全都一次抹除，彷彿立刻就換了張臉孔。淡水阿嬤也透過類似的操作，而有了不同的意義。

在漢語文化裏，性別的差異早已定型化，女性被賦予平和、溫順以及愛等抽象意義。當一個集會遊行被賦予這樣的意義，參加者就容易有自我高尚感，彷彿自己不再是個政治跟隨者，而是參加某一個更高尚的集會。這也是集會遊行活動通常都要找個符號意義可以轉化的口號之原因。

「三姝合體」以及「愛的力量」等名稱，的確是形容詞和符號性操作相當明顯的例證。但人們都心知肚明，三姝合體和淡水阿嬤是國民黨的最後動員操作，它真正希望的是，由此而鼓勵出更多人參加。

最怕基本盤含淚不投票

這次選舉國民黨最怕的是基本盤全部瓦解。國民黨最怕的是，它的基本盤含淚不投票的

比例太高，或是宋楚瑜衝出的票高於朱立倫，那就會是國民黨真正的末日。

因此國民黨在最後階段發動三姝合體，針對的乃是泛藍的宋楚瑜，希望能將宋的得票拉下去。至於國民黨的男人搞壞的這個爛攤子，女人們能救得起來嗎？答案很快就會揭曉！

二〇一六．一．廿一

對看守內閣之監督

別的民主國家由於國家共識完整，民主規範清楚，政權移轉普遍都很順利，成為無縫接軌。但台灣則是例外，台灣認同混亂、體制不良、政黨喜歡惡鬥、看下一任政府出洋相，於是政權輪替遂難免狀況百出。

現在台灣已政權輪替，新政府五月廿日才會形成，舊政權有將近四個月仍看守在位，那麼長的時間它當然不可能無所作為，它應該做甚麼？甚麼事不可以做？台灣均缺乏規範；尤其是看守政府如果做了涉及私權的決定，像是同意陸資併購案，它決定了之後，新政府想要翻案都不可能，因為它涉及的賠償將可能動輒上百億。

因此，最近這四個月，政權交接前的看守政府就必須加強監督。而根據台灣的狀況，有四種角色特別需要警惕：

一、媒體要特別警惕：像是紫光案就是例證，這種案件行政部門就可裁量決定，媒體對行政權的可能濫用必須盯得很緊，防止看守政府偷渡。

二、民進黨的重要縣市長根據政府的運作，他們內部參加行政院院會，而看守政府所做的許多事，都要在院會討論或報告；因此民進黨的重要縣市長必須特別注意，要適度的表示不同意見。

三、新政府和新國會在就職時間上也有落差，新國會二月就職，剛好和看守政府有一段

時間重疊，因此新國會對看守政府有權監督制衡，並要求看守政府對重大爭議性問題要適時提出報告，因此新國會第一個考驗就是對看守政府的約束。

四、新政府在五月廿日前甚麼事也做不了，但新政府卻可透過政黨的運作，對看守政府的作爲做出對策研究，而後要求所屬的公職人員作出監督，基於此，民進黨中可能必須有一個臨時任務編組，對看守內閣加以監督制衡。

看守內閣長達四個月，它可能基於舊政府的策略需要，也可能製造問題要新政府概括承受後果，因此，對於看守內閣，全民都要提高警覺，尤其是一些新政府不同意的事，絕對不容其偷渡，因爲偷渡成功，新政府就任後對這個問題再來翻案，其政治或經濟影響就會極大。因此防微杜漸是有必要的。

正常國家的政權輪替一般都不會出問題，但台灣的情況卻複雜多了，政權輪替的空檔期如何接軌，今年才是首次。因此今年作好監督，才有利於未來的發展，所以無論政學界對這次政權交接以及看守政府的規則都要特別注意！

二〇一六・二・一

要來的，躲不掉！

歷史上，總是會有一些不正常現象，由於統治階級可以從這種不正常現象裏得到利益，所以對這種事情就相沿成習，能拖就拖，能擋就擋。但既然是不正常的事，人民就念茲在茲的永遠記得，到了某一天，時代改變，這種不正常的事還是會被追究。該來的，最後還是躲不掉！

台灣過去有太多不正常的事，過去是一人獨裁，領導人一個人就壟斷了所有黨政軍和社會權力，因此他可以隨意挪動各種資源爲自己服務，他可以國庫通黨庫，也可以任意撥動土地建物給他成立的組織機構。因此，台灣的國民黨有龐大的黨產，有佔了很多風景勝地的救國團、有婦聯總會的佔地，以及軍友社及退輔會的佔地等。

如果台灣的統治看懂得正義是非，對於這些不正常的現象，早該主動的去處理，還財於民。如果統治者能主動將這些問題處理掉，人們或許還會用「歷史共業」這種含糊籠統的概念，讓這種事情馬虎而過，但這些不正常的現象，涉及龐大的金錢利益，國民黨歷任領導人都捨不得放棄，只是在那裏躲閃推諉。並藉著各種手段，將它出售獲利。而隨著台灣的國民黨逐漸凋萎，最近救國團、婦聯總會、軍友社的問題已開始表面化，這次國民黨敗選，失去

了政權和國會控制權，最重要的黨產問題也到了擋不住的時候。新國會上任，已把政黨法和不當黨產處理條例列爲優先處理的法案。由此已可看出，過去那些不正常的現象，已到了必須恢復正常的時候。

因此，新國會的上任，很快就會面對政黨法及不當黨產的問題，由於這些問題的「理」並不在國民黨那一邊，因此最好的處理方法，乃是國民黨及早對此作出自我了斷，對這些不正常的歷史現象作出認錯及自我譴責。每個社會，都會碰到正義轉型的問題，犯錯的那一方必須及早的自我了斷，那才有利於轉型正義的出現。如果犯錯的一方，至死都不認錯，還在想拖延躲閃，轉型正義就會鬥得很難看。對於黨產問題，二〇〇八年馬英九就提出「黨產歸零」的口號，但這只是他的援兵拖延之計，八年來他對黨產問題毫無處理，因此人們的惡感愈積愈深。最近國民黨兩次選舉皆告大敗，黨產問題的拖延肯定是敗選原因之一。由此也證明了一個歷史公理，要來的事總是會來到，躲是躲不掉的。國民黨目前正在黨主席選舉，轉型正義如何面對，這是個大問題；但卻沒有任何人對此提出見解，這顯示出國民黨對這個問題還在矇混，這是國民黨的悲哀！

二〇一六・二・三

「不忍看到黨的分裂」

話是人講的，人會講什麼話，其實根據的乃是他的真實處境，因此大家講的話可能相同，但相同的話卻可能意義完全不同。

最近國民黨黨主席改選，「不忍看到黨的分裂」就是句常聽到的話。

選與不選都說「不忍分裂」

副總統吳敦義經過琢磨，最後決定不去領表、不參選，他的說詞是不忍看到黨的分裂。而非常值得玩味的是，副主席黃敏惠最先沒有表態，到了最後卻去領表要參選，她的說詞也是不忍看到黨的分裂。不選用這句話，要選同樣也是這句話，到底「不忍看到黨的分裂」是什麼意思？

近幾個月來，由於洪秀柱問題，大家對國民黨的黨員結構及黨內投票現象，終於有了比較清楚的認識。國民黨宣稱有三十幾萬黨員，但絕大多數都分散在各地，他們很少參加政黨活動，只能算是「消極的黨員」。黨內如果有什麼投票，他們參與的比例也極低。但有一種人卻是「積極的黨員」，他們乃是軍人及退伍軍人黨員，他們居住比較集中，而且因為族群

及職業的關係，服從性較高，上面叫他們投誰，他們就會聽從命令。

國民黨籍退伍軍人及眷屬隸屬於黃復興黨部，大約有九萬人，他們數目並非最大，但動員性最大。這使得黃復興成了國民黨內最有力量的投票部隊。黃復興的投票幾乎占了國民黨的一半，任何黨內投票，如果候選人得不到黃復興的支持，就已注定出局。而且台灣的軍人當中外省人占了最大比重，這些人有明顯的省籍歧視，他們厭惡本土派，將本土派和台獨畫上等號關係，因此他們也成了維護外省人政治的鐵桿部隊。

外省籍主導國民黨主席選舉

總統初選時，黃復興公開反對王金平，王金平就已知道自己沒有希望，因而被嚇得不敢參選。這次黃復興也沒有表示會支持吳敦義，吳如果參選黨主席，票數一定難看。吳敦義表示，不忍看到黨的分裂，其實是他自找的下台階，也是對黃復興所做的「無言控訴」。黃復興是國民黨分裂的因，他如果不選，黃復興吃定了國民黨，當然就沒有人會被扣上分裂黨的帽子。

國民黨的黨主席選舉，由於外省人還是主導了一切，因此洪秀柱已成必勝之局。如果郝龍斌出來參選，可以分掉一部分洪秀柱的選票，但郝也不是個領袖級人物，他對洪秀柱沒有致命的殺傷力。所以據瞭解，最後是馬英九出手，他勸退了郝龍斌，拱出黃敏惠參選。黃敏惠是台灣人，但她在黨內並無實力，她乃是馬提拔的子弟兵。

根據可靠的消息來源，黃敏惠的參選是因爲馬英九出手。拱出黃敏惠對馬有下列好處：

一、黃是台灣人，對台灣人黨員會比較窩心，社會觀感也比較好。在形象上，黃當然勝過洪秀柱；二、黃若成爲黨主席，實質上就等於馬英九仍然控制著國民黨，馬其實是國民黨的藏鏡人；三、近年來馬和吳敦義已漸行漸遠，因此吳敦義參選黨主席，馬並不支持，吳自然當選無望。

馬藉黃敏惠當太上主席

馬英九大概也知道，如果國民黨主席被洪秀柱拿走，國民黨必定會爆出走潮。洪秀柱身邊的那一群人都是正式的統派，國民黨就會突變爲統一黨，在台灣就告終。於是馬出手，推出他的子弟兵黃敏惠上陣。

在馬的支持下，黃復興黨部不會全部倒向洪秀柱。馬英九操弄黃復興乃是老手，在黃敏惠表示參選後，黃復興已收到指示，必須保持中立，意思就是不能挺柱。前陣子，郭台銘曾公開主張馬應回鍋出任黨主席，人們沒想到的是，馬以支持黃敏惠的方式，竟然回鍋當了太上黨主席。由目前的趨勢研判，洪秀柱的主席夢大概已不可能。

因此，黃敏惠表示，她的參選是不忍看到黨的分裂。她這麼說的真正意思是，由於馬的出手，黃復興挺柱的效果已大打折扣。當黃復興受到制止，國民黨的黨主席選舉自然就不會古井生波，黃敏惠可說是贏定了，只要支持老大的意思就不是分裂。黃敏惠和吳敦義講的是一樣的話，但因爲脈絡完全不同，意義也變得不同。

當年蔣介石崛起時，就刻意塑造一種正統的史觀與政治操作手法。蔣介石是正統的

代表，而黃埔軍人所形成的政治勢力，就是保衛這個正統的最大力量。這套意識型態在一九四九年全面搬到了台灣，並形成了獨特的省籍歧視文化——中國國民黨和中華民國只有他們能代表，別人都是異端，都不能代表中華民國。

黃復興黨部成了黨國棟樑

這種意識型態縱使到了現在，每逢選舉時，國民黨還是把「救中華民國」做爲他們的最大訴求，而黃復興黨部也是國民黨保障外省人黨權和政權的最大支柱。

當蔣經國突然逝世之際，李登輝意外成了總統和黨主席，於是他們就抓狂了，他們拒絕接受，導致國民黨一再分裂。如何獨占中華民國這個招牌，以及如何透過黃復興黨部占領國民黨，也仍是他們的主要手段。因此遂有了這次黨主席選舉各種插曲和風波。

但今天台灣已變，當國民黨已失了民心，就算保住了黨主席，又有何用？

二〇一六・二・十一

民粹政治的崛起

最近這幾年，美國的政治社會學界開始出現一種新的理論，那就是所謂的「社會的再封建化」（Re-feudalization）。它指的是二十一世紀已出現一種新現象，那就是由於社會的流動性快速降低，有錢有權有智的階級日益固定，他們已成了新的貴族階層。他們容易同類結婚、容易進入好大學、容易找到好工作，也可以出人頭地，這是種新的不公平。

歐美社會的再封建化

「社會的再封建化」理論家認爲，美國與歐洲國家不同，歐洲是從封建社會一路走來。從前社會上有封建世襲的貴族官僚，貴族階級有采邑領地，這些都可以跨代遺傳。從議會、議員到官僚都由貴族所獨占，平民百姓與財富名位無緣。

而美國則是個移民社會，自從獨立以來，就沒有貴族階級，大家都是各憑本領打拚，並沒有世襲的爵位這種習慣。尤其是十九世紀以來，美國逐漸發展、機會增多，更出現了一種「美國夢」的信念，任何人只要努力上進，就會有無限的機會。上者可以當選元首大官，最低階層亦可以個人之力安家立業，照顧後代有適當的人生。

但現在時代變了，尤其是近年來美國貧富日益不均，貧者雖然衣食無慮，但上進的教育權與機會權已快速窄化；富者、權者與智者恆爲富者、權者與智者，而貧者則均與此無緣。這當然造成人心的普遍不滿，這種不滿情緒遂衍生出新的不滿型「民粹主義」。

兩黨初選都是圈外人當道

這種民粹主義有幾個重要轉捩點，那就是從「占領華爾街運動」後，美國人對銀行金融財團的不滿增加，超過半數的人認爲國家已走錯了方向，這種情緒已演變對政黨的不信任。

近年來，隨著世界經濟的惡化，對主流政黨的不信任已在歐洲興起。二〇一五年由歐洲的幾次選舉，例如英國與法國，以及一六年即將到來的荷蘭、瑞典、匈牙利等國的選舉，人們都預估小型的激進政黨即將興起。民粹型激進小黨的興起，在美國並不會出現，但由目前正在進行中的總統大選兩黨，卻可看出兩黨的初選人物，都是非主流的「圈外人」（outsiders）可能打敗主流的「圈內人」（insiders），美國的政治生態已出現重大的變化。

在美國大選之初，兩黨要人即開始放話。一五年七、八月間，共和黨的布希（Bush）家族以及民主黨的柯林頓（Clinton）家族是被談論得最多的家族。這兩個家族被認爲是美國權力世襲化的再開始。美國在立國之初有亞當斯（Adams）家族連續出了總統要人，戰後也有甘迺迪（Kennedy）家族持續不衰。但這兩個家族成員本身都極爲優秀，所以美國學者並不認爲他們的家族是世襲。但布希家族與柯林頓家族則主要是透過黨與財團的經營，有權有錢，因此，傑布・布希（Jeb Bush）與希拉蕊・柯林頓（Hillary Clinton）出來競爭總統大位，遂被人認爲是權力的世襲。

美國媒體及選民從去年七月以來，就用「世襲制」（hereditary）這個詞來說傑布與希拉蕊，顯示出媒體界對這兩個人是不敬重的；美國媒體也不用「選舉」這個當然的名詞來說希拉蕊，而用「加冕」（coronation）來說她的志在必得，會用這個詞，本身也是一種貶義。因此，目前正在進行的兩黨初選，乃是非常值得注意的一次初選。

右派的民粹力量撐川普

美國兩黨的主要人物，共和黨的川普（Donald Trump）與民主黨的桑德斯（Bernie Sanders），是典型的右派與左派民粹主義圈外人。川普與桑德斯都入黨不久，他們都打出民粹旗號。

川普本身雖是巨富，但他的自戀大嘴巴風格，卻是右派的典型民粹作風，偏向主流的媒體對他雖不支持，但愛荷華（Iowa）州初選，他卻在媒體的唱衰下，仍獲百分之廿四選票，領先的克魯茲也只百分之廿八而已，第三的盧比歐（Marco Rubio）則爲百分之廿三。但到了新罕布夏（New Hampshire）州初選，川普卻高達百分之三十五，排名第一，其他人均落後極多。可見右派的民粹選民勢力之強大，共和黨的主流勢力真的拿它沒有辦法。

希拉蕊「加冕」之路遇阻力

在民主黨方面，來自佛蒙特（Vermont）這個邊緣小州的參議員桑德斯雖是七十四歲的老人，但他自稱是民主社會主義者，是民主黨的民粹派，在愛荷州初選即得票百分之四十九點六，希拉蕊則是百分之四十九點九，算是勢均力敵。到了新罕布夏州初選，桑德斯卻獲得百分之六十選票，希拉蕊只有百分之三十八，桑德斯的左派民粹主張，獲得年輕選民的強烈支持。

由兩次初選，顯示出布希家族已在共和黨形同出局，希拉蕊雖然有民主黨主流派支持，但主流派是否能戰勝民粹派，值得注意。希拉蕊經營已久，募款超過十億美元，她能言善道但爭議也多，能否獲得加冕，實在不容樂觀。

歐洲及美國的政黨生態已到了改變的時刻，主流的政黨及政治人物搞出了一個爛攤子，民粹小黨及民粹圈外人開始崛起，主流沒落，乃是現在正在上演的戲碼！

二〇一六・二・廿五

轉型正義的弔詭

許多國家都發生過重大的歷史轉變，但轉變的結果，卻各有不同。菲律賓、南非、波蘭、捷克，就是值得注意的幾個例證。

菲律賓以前馬可仕專政，因爲殺害政敵阿奎諾，而引起全民及全球反對，而被推翻，流亡美國，後來阿奎諾的未亡人柯拉蓉就任總統，他們的兒子小阿奎諾則是現任總統，而馬可仕家族在結束流亡之後，重返菲律賓，卻仍有極大勢力，小馬可仕繼續當國會議員。現在菲律賓即將大選，小馬可仕參選副總統，氣勢領先。所以小馬可仕和小阿奎諾遂爆了衝突，小馬可仕宣稱：他的父親馬可仕當政時是「菲律賓的黃金時代」，而小阿奎諾則反唇相譏說馬可仕的時代是「最黑暗的時代」。菲律賓從殖民時代起，政治上就是豪門之間的競爭，這種豪門鬥爭的傳統至今依舊，並未理出個頭緒，你說是「黃金時代」，他說是「黑暗時代」，當一個國家對政治缺乏了基本的條理和是非判斷準則，一旦小馬可仕班師還朝，那會是多大的諷刺！

而南非則不然，以前南非的白人專權，實行種族隔離政策，白人的政府對黑人百般欺壓，後來白人政權在人民的反抗以及世界輿論的壓力下，終於結束了種族隔離政策，還政於

民。最重要的是黑人領袖曼德拉是個道德高遠的智者，他和南非的黑人宗教領袖屠圖大主教（Archbishop Desmond Tutu），致力於了解以前的歷史真相及尋找真相和寬恕和解，終於能夠和平順利的走過黑暗，邁向未來。近代在談轉型正義時，人們都不得不把南非視爲榜樣，轉型正義是個讓過去的敵人攜手合作、走向未來的道德修行，道德才是必須的條件。

而捷克由共產獨裁走向民主，也過程至爲順利，最主要的也是因爲捷克有個非常道德性的領導人哈維爾。哈維爾強調捷克的民主過渡最需要的乃是民主的道德重建，所以在東歐的變局裏，捷克轉型最爲成功，道德重建乃是他們最大的功績。

相對而言，波蘭則是最差的。波蘭的全國團結工聯領袖華勒沙是個鬥性堅強的政客，他在出任總統後，利用權勢廣泛的蒐集別人的黑資料，他用黑資料鬥爭他的總理，由於轉型只是在搞權力鬥爭，所以現在華勒沙自己也被人踢爆他曾做過爪耙子。轉型是要愈轉道德愈高，波蘭則是道德愈轉愈低，成了權力鬥爭！

因此，一個時代發生了政治巨變，政治各種勢力都應該有轉型的自覺。用開放的心，攜手走向未來，那麼歷史就會走到進步的方向，但像台灣，卻是國民黨拚命的在出脫黨產上動腦筋，以免被究責，而獲勝的民進黨，則有一些人以轉型正義爲名，要把一切都改變，甚至國父遺像也要取消，轉型正義不容無限上綱！台灣要學南非和捷克，千萬不能學菲律賓和波蘭。

二〇一六・三・一

國民黨如何止血

在歷史上，許多政府由於時代的因素，當時的盲點和一時的失誤，都會做出錯誤的事，使別人受到傷害，或使自己得到不應得的利益。因此如何矯正錯誤，遂成了當代新興的「道歉學」所關心的課題。因此，政治的「道歉學」乃是一種教人如何面對自己的錯誤，自我救贖，進而療傷止痛，國家和解的智慧與作法。

但「道歉學」言之容易，做起來卻極困難，原因是：

一、道歉是一種文化價值，它只存在於基督教國家，基督教教義裏，承認人的不完美性，知道人的邪惡本質，了解到人在作了邪惡之事後自我救贖的必要，但這種爲惡的自覺和罪惡感，別的國家則相當缺乏，當缺乏了這種品質，它就永遠自認是對的，不可能道歉。

二、根據近代的經驗，一個政府作了邪惡的事，如果它能主動道歉並彌補，這種道歉所能獲得的療傷止痛效果最大，道歉的及時和主動，甚至還可以成爲一種道德資本，道歉者反而會獲得人們的尊敬；不過道歉是個效果無法預估的行爲，它雖然可能道德加分，但也可能引來世人的撻伐，後果難料，這也使得政治的道歉之前，都很猶豫，這是政治道歉經常瞻前顧後、一直拖延的原因。當政治道歉一直拖延，最後就難免人們愈等愈不耐煩，造成強烈反

彈。而中國的政治專制已久，所以中國的政治哲學裏，都對統治者的可能爲惡都不重視，更少去談統治者的道歉，延續著中國的政治哲學價值及文化，所以國民黨對它過去所做過的惡事，都傾向於去找別人當替罪羊，而不會直接承認它的確做了惡事。

國民黨這種不爽不快，對錯誤一直拖延的習性，在面對二二八事件如此，面對白色恐怖亦如此，其他如面對不當黨產，以及其他陋規濫權事件時亦是如此。對於這麼多從前所做的惡事，如果國民黨有一點反省之心，在過去台灣逐漸民主化的過程裏，它其實是有足夠的時間，以道歉改正的態度一一釐清。如果這些惡事能逐漸改正道歉，台灣累積的民怨，必已逐漸發散消滅。但國民黨對這些惡事，卻死不認帳，它愈不認錯，人民就愈會記得，甚至念念不忘，最後是這些事情的記憶就格外強化和發酵。到了某個時候，就會出現發洩式的大反彈。

因此，對於一個社會的大反彈，我們真正要注意的並不是去指責反彈的行爲，而是去理解這種反彈爲什麼會形成的原因，當正義遲到太久，人們自然就會反彈。反彈沒有錯，它可以被理解，人們應關心的是道歉認錯爲什麼總是遲到！

最近因爲台灣政治大變天，轉型正義成了最時尚的新口號，國民黨當年所做的許多惡事開始被人究責，我們預料這些事必將成爲新的鬥場，而就在此時，國民黨開始加速黨產的脫產，對此，我期期以爲不可，國民黨目前所最需要的並不是對以前所作的惡事硬拗或作最後的掙扎及閃躲，而是體察世界已變，對以前所做的惡事，自行作個總的了斷，站在未來的高度，作出總體性的道歉，這也是自我道歉和自我懲罰，等於國民黨自己和過去訣別，以換回國民黨的新生。這是極為困難的道德選擇，也是國民黨唯一的機會！

近代研究「道歉學」的學者表示，古代的統治者都不知道道歉，他們自認怎麼做都是對的，他們做了錯事，都只會硬拗詭辯，因此對自己做了錯事而有所表示，就是「辯護」（Apology），這個字到了十六世紀才逐漸變為「道歉」，因此在十六世紀人類有了一次價值上的變化，知道人是可能犯錯，尤其是政治上可能犯錯。但中國文化卻沒有這種變化，所以統治者無論做了什麼錯事，都自認為對，不會道歉認錯，因此中國政治裏才會各種濫權犯錯不斷，中國人的政治現象裏，受到錯誤待遇的人們才會反彈強烈。因此今天的國民黨受到人們反彈，這乃是一種文化價值的衝突，國民黨更需要作出道歉的表示，這也是和舊文化訣別！

二〇一六・三・五

暴得大名的柯P

一個政治人物如果風雲際會趁勢崛起，而不是本身有甚麼豐功偉績，這種政治人物的盛名就難免來得疾，去得也快。

台北市長柯文哲就是個例證。他初起時由於以形象取勝，氣勢如虹，所以迫使民進黨也不得不禮讓。而選舉時，他的對手乃是最好打的連勝文，遂便得他能摧枯拉朽，取得大勝。如此風雲際會，時機有利的政治人物，在台灣他是第一人。也正因此他和選民的蜜月期也特長，他就任之初，民調不只是各縣市首長之冠，人們甚至認爲他可能是未來總統的當然人選。

柯文哲就任後，民調一直居高不下，最高時達百分之六十九點七，半年時仍有百分之六十一，滿一年時滿意度仍有百分之六十九點三，不滿意度從百分之十點四升至百分之十九點八，由此可見他和選民的蜜月期之長，也極少見。

不過就在最近，柯文哲的滿意度卻開始急降，滿意度下滑到百分之四十二，不滿意度快速上升到百分之三十九，離「死亡交叉」已不遠。於是柯文哲的民調政治學遂往實質政治學移動。國民黨方面已見獵心喜，準備培植表現不錯的前金管會主委曾銘宗爲二〇一八年台北市長候選人。民進黨方面也展開布局，二〇一八年可能不再禮讓，而可能提名自己人，姚文智最被看好。一個台北市首長，他的任期尚未到一半，兩大黨就已虎視眈眈在側，這對柯文哲乃是相當不妙的兆頭。這可能意謂著兩黨的市議員將會火力擴大，連帶的民意也可能改變。柯文哲以後的日子可能不太好過。

柯文哲從氣勢如虹的政壇天之驕子，到了現在已在各縣市掛車尾。這是巨大的改變，我的解釋是：

一、柯文哲上任後，並沒有快速的將他的形象資本轉成為政治資本，於是形象資本遂告折舊耗盡。他一上台就在幾大弊案上不斷糾纏，他自己的施政風格與施政方向到現在為止仍未確立。政治人物最需要的是建立自己的品牌，但對台北選民，柯文哲的品牌是甚麼，卻沒有人能說得清楚，柯文哲沒有塑造出自己的品牌形象，乃是他的致命傷！

二、最讓人感慨的，乃是柯文哲至今仍無自己的團隊，柯文哲以素人身分從政乃領導市政，最需要一個精明幹練的團隊，但柯文哲上台迄今，用了一堆人，這些人從柯文哲身上得到的，多過他們付出的。柯文哲沒有自己的團隊，不能相互加分，遂使得柯文哲自己一個人要去面對所有的疑難雜症，愈到後來，柯文哲的市政就愈使人不滿，柯文哲缺少了團隊，乃是民調下滑的關鍵！

過去一年多，台灣到了鉅變年代，由於風雲際會，時來運轉而崛起的政治人物相當不少。但時來運轉只是一時的，最重要的，乃是把這種機會帶來的資本轉化成自己的政治資本，那才可長可久，否則就會快速折舊，柯文哲累得大名，但現在才一年四個月，他的施政

滿意度已急降。因此而對未來的可能麻煩，柯文哲可能已需澈底反省了。而由柯文哲的遭遇，其他那些由於時來運轉而崛起的政治人物，可能已必須知道警惕。時代改變而崛起的，注定了都累得大名，但這種大名都是來得疾，但去得也快，必須在時間還未耗損以前建立起自己的品牌，有自己的品牌，才可立於不敗之地。柯文哲的民調下滑，對很多人都是警惕！

二〇一六・四・五

全新的鍍金年代

人類有兩次「鍍金年代」。

第一次是從十九世紀末到一九三〇年的大蕭條。當時美國打完「南北內戰」美國統一，英、美的市場作大，因此包括航運、鐵路都快速擴張，產業也急速發展。十九世紀中葉美國只有三個百萬富翁，但到了一九〇〇年，美國已有了四千個千萬富豪，其中還有許多個是七千五百萬級的超富。

由於富翁增多，所以當時的政治貪汙、股市投機，以及土豪式的消費也告興起。它被稱爲「鍍金年代」，就是指它看起來金光閃閃、非常炫麗，但隱藏其中的，卻是人心貪婪的敗絮活動氾濫，最後終於搞得泡沫破裂、大蕭條到來，倒掉和死掉一堆有錢人，才拉回正常。

在第一次「鍍金年代」，「誇張式的消費」也首次出現。當時沒有私人飛機和超跑這種東西，但形同皇宮的豪宅卻極流行，豪富之家的貓、狗寵物都戴珍珠鑽石項鍊。豪門宴客都會把珍珠鑽石藏在麵包裏，吃到的就當成禮品。那個時代的土豪作風一點也不輸現在。

今天那個第一次「鍍金年代」早已過去。但隨著經濟的全球化，特別是中國的快速發展，第二次「鍍金年代」卻已到來。

下 收場

就以美國爲例，現在要成爲富翁，多少要有十億美元的身價。根據《經濟學人》的報導，目前中國已有一〇九萬人身價超過千萬人民幣，有六點七萬人身價超過一億人民幣，到達十億美元這個最高標準的則有兩百一十三人，現在已是個富豪氾濫的時代。

因爲這是人類的第二次「鍍金年代」，所以我們已看到了許多現象。

最近的「巴拿馬報告」被透露，人們已可看出世界上原來有這麼多富豪，躲藏在避稅天堂裏，隱藏著他們的財富，避稅天堂已成了一個龐大的超國家體制。

這個超國家體制破壞了各國的財稅主權，合理化了富人的貪婪與逃避對國家的義務。也助長了貪污腐化。在我的標準裏，避稅天堂這個體制，全世界應視爲「金融恐怖主義」才是。

當富豪增多，新時代的誇張型消費也告出現。最近俄國的大富豪娶媳婦，就用到十億美元，其手筆之大，古代的皇家也要輸給它。而這種誇張式的消費，在華人社會也不遜色。就以最近吳奇隆與劉詩詩的婚禮，就是典型土豪級的婚禮；至於中國富豪劉益謙用新台幣五十五億買下莫帝里安尼的名畫，用新台幣十一億買下明代成化年間彩瓷缸杯，他一收到這個物件，就立刻用來品茗，土豪到了這種程度，人類史上從未曾見。

至於像台灣一堆人開著千萬超跑，糾團成爲超跑車隊替老大送終，這也夠驚世駭俗。當金錢氾濫，最後必然是土豪作風盛行。有錢人當然可以土豪，那是他們的自由，但看在那些領二十二K的人眼裏，他們又如何感受？

因此由巴拿馬報告，我們看到了富豪們的無法無天，而由不斷出現的那些土豪級的消費，我們則看到了富豪們的炫耀。這個世界真的病了。這是第二次鍍金年代，它真的需要第二次大蕭條，可能才可以導回正軌。

二〇一六・四・八

放眼貪婪的時代

在基督教神學裏，最早由神學之父聖奧古斯丁創設了「原罪論」，他將人的不完美性，以及意志驅動下爲惡的可能性定位爲「原罪」。後來做爲「奧古斯丁派」的虔誠信仰者的教宗聖大貴格利（Gregory the Great）將「原罪」的觀念系統化，中古教會遂有了「七宗死罪」的行爲禁忌。這七宗罪是懶惰、忿怒、好欲、饕餮、驕傲、貪婪、妒忌。在七罪裏，貪婪和驕傲乃是核心，它認爲人在世界上，都有他應得的額度，任何人若企圖以各種方法多得利益，就是「貪婪」。它是中古時代以降，人們信守的主要戒律，人的自律、他律、以及人際一定程度的公平等原則，都在「貪婪」這個禁忌中。它也是近代道德倫理學討論到平等自我約束時，強調人的「相互性」時，重要的行爲規範。

貪婪　各憑本領牟取利益

但到了近代社會，對於「貪婪」的禁忌早已逐漸瓦解。尤其是自從一九八○年代後，社會的逐利趨勢日益增強，當逐利成爲新興的主要潮流，於是各憑本領撈取他心想的利益的「本領論」遂取代了「貪婪論」。例如一九九六年，哈里士民調公司曾做了一個美國的全國民調，有百分之六十一的人認爲「華爾街是被貪婪和自私的價值所主導」，但卻有百分之七十的人認爲「華爾街對美國是有利的」。

一九八七年時美國拍了部電影〈華爾街〉，電影中的反英雄蓋可（Gordon Gekko）就公開的替貪婪辯護。他的辯護是：「貪婪這種價值已沒有更好的名詞，但它是好的，貪婪這個字抓到了人類演化的真精神，人們無論任何型態的貪婪：貪婪更多金錢、貪婪更多愛情，或貪婪更多名與權，以及貪婪更多知識，都會帶動社會的向上發展。」因此當代的思想家也承認，從一九八〇年代起，乃是全球都開始追逐貪婪的新時代。

除了一九八〇年代全球發生了風俗誌的巨變外，一九八〇年代也是全球化經濟當道的新時代，包括中、俄兩國以及第三世界國家全都進了世界經濟體系，市場的版圖快速擴大，特別是中國這個最大的市場加入，於是全球進入了「第二次鍍金年代」，第一次鍍金年代發生於十九世紀的後半段，美國南北內戰結束，北美洲統一，加入了歐洲市場，那是當年的全球化。

鍍金　富人氾濫出現異象

由於美歐市場合一，商機無限，於是航運鐵路及製造業快速發展，富翁階級也快速增多。十九世紀中葉美國只有三個百萬美元富翁，但到了一九〇〇年，美國的千萬美元富翁已達到四千人，許多個甚至是七千五百萬級。那是第一次鍍金年代的盛況，但到了第二個鍍金年代，美國富翁已需從十億美元起跳。特別值得注意的，乃是由於中國的加入，到了現在，

中國已有一〇九萬人超過一千萬人民幣身價，有六點七萬人超過人民幣一億，最富的是有二一三人已到了十億美元的水準。如果再加上其他國家，我們說二十一世紀的富人氾濫也不爲過。當廿一世紀的富人氾濫，而且成了一個超國家的階層，於是我們看到了許多新的異象已開始出現！

逐利　科研者成炒股工具

一、那就是商人逐利的風向已吹往其他領域，例如財團公司的執行長級，他們的所得已轉爲議價制，一個大公司的執行長，他的年所得加上股票選擇權所得，已到了五億美元或更高的水準。這種逐利風氣也轉向到學術科研體系，以前的科學家還會相信科學的研究成果是人類的共同資產，但現在在公司的主導下，它已成了一種個人財產。學術的金錢化和炒股化就是中研院院長翁啓惠涉入浩鼎案的本質。當一個科研工作者成了公司的炒股工具，他想不身敗名裂其實是很難的。

二、由於當今全世界的富人氾濫，而且成了一個君臨於國家主權之上的階層，於是出來幫助他們的避稅天堂以及在避稅天堂快樂的運作的國際銀行自然增多。這些避稅天堂和跨國銀行，它們假藉了自由及保密的理由，侵害了各國的主權，破壞了各國國民的權利義務關係。避稅天堂及銀行秘密運作這種做法，起源於瑞士，瑞士利用了它永遠中立的國家屬性，在中古後期就成了歐洲動亂時有錢富人的庇護所。而以前財富的轉移不易，歐洲富人要到瑞士銀行開戶，都可能被各國派在銀行前盯梢的財政特務拍攝到人頭畫面。但現在這個時代，財富的移轉更快，也更加保密，所以官兵要抓惡人，在還沒有出現國際性的規範公約之前，每個政府對如何抓境外的逃漏稅，以及非法的交易及貪污洗錢等行爲，顯然已需格外努力。前幾年美國國稅局知道瑞士信貸銀行幫助美國富人逃漏稅，而國稅局自知技不如銀行那些高手，於是徵召了跨國銀行的許多高手協助辦案，最後抓出許多證據，然後以這些罪證迫使瑞士信貸吐出了許多美國客戶的名單。美國抓到用境外銀行逃漏稅的方法，很值得外國借鏡！

三、當今的世界，無法無天的富人氾濫，土豪式的消費行爲也增多，最近俄國富豪娶媳婦就花了十億美元，一個台灣藝人結婚，也財大氣粗的砸了超過億元，一點也不比頂新魏家的世紀婚禮遜色。他們有錢，愛怎麼花雖然是他們的自由，但這些富人驚世駭俗的誇張式消費、卻也要有所收斂。富不是罪，但富了後所做出來的炫耀，卻已到了道德上死罪「驕傲」的邊緣！

二〇一六・四・十

台灣詐騙行天下

中國文化裏，很早就有了「騙」這種犯罪型態，這是中國式的智力型犯罪。有一種精靈鬼怪的聰明壞人，他們會做出混合了說謊、假冒別人身分、僞劣商品欺詐等元素的行爲，誘使別人上當來圖利自己。

由於「騙」是一種智力犯罪，所以古代中國人都對騙這種行爲有一種曖昧的心態，喜歡用一種看笑話的態度來看騙子，雖然人們不喜歡騙，但對騙子的精靈鬼怪和詭計多端卻多少有一點佩服。至於騙子的受害者，古代的態度也很曖昧，人們都認爲他們很笨，或是貪小便宜，才會受騙。對於被騙的受害者因而缺少了同情。於是從古代來，對於騙這種犯罪，懲罰都相對較輕，受到這種騙文化的影響，台灣遂有了「白賊七」這種鬼靈精怪的傳奇人物。

由於台灣受到了古代中國騙文化的影響，因此只把騙視爲一種聰明壞人的輕犯罪，騙子被抓到，懲罰極爲輕微。但台灣的治安司法單位並不了解，由於時代的改變以及懲罰的輕微，一種新型態的詐騙已在台灣出現；那就是人們通稱的「電話詐騙」，這些騙徒熟知金融體系提款領款的過程，也知道檢警的運作，於是編造出種種故事，使人上當，提領出大批款項支付予騙徒。台灣的電話詐騙，居然可以騙倒中研院前副院長這種人物，她畢生積蓄都被騙得精光，可知台灣之騙是多麼的厲害。

近代的電話詐騙及後來的網路詐騙，乃是台灣的騙徒所發明，這種騙術在台灣大行其道，而後向中國進軍，後來又擴張到東南亞的越南、泰國、菲律賓、馬來西亞和印尼。近年來更擴大到中東、非洲、東歐及拉丁美洲。它主要以中國、台灣及東南亞的華人為詐騙對象，單單中國一地，每年的詐騙金額就高達百億人民幣，詐騙這個行業乃是台灣人所發明的跨國新興大行業。根據台灣警方表示，近年來台灣警方已從各國領回了六千多詐騙犯，由此推論，現在仍在詐騙的犯人，當有五萬人以上。台灣已成了世界第一詐騙大國！

二〇一五年，桃園逮捕了一名十七歲的車手，該犯人雖然只有十七歲，但他入行一年，就賺了一千多萬，平均月入百萬，在這個大學畢業生才每月收入二十二k的時代，詐騙就可月入百萬，這麼好康的行業去那裏找？怪不得詐騙行業抓不勝抓。

詐騙業的破壞力極大，許多人的畢生積蓄都被騙得精光，因此論理，詐騙業已不能算是輕犯罪，應屬於重大的經濟犯罪，它的罪刑也應提高。但台灣的警政及司法體系乃是最無法與時並進的領域，所以直到現在，詐騙犯在台灣仍是輕判，判個一兩年就已不得了，許多案子還可以緩刑及易科罰金。所以，台灣成為世界上的第一詐騙大國，可說是無能政府鼓勵出來的！

因此，台灣最近為了肯亞的台灣詐騙犯究竟應遣返到中國或台灣，鬧得沸沸揚揚，我的見解是：

一、如果這些人被遣送回台，台灣予以輕判，那就說明了台灣是個「避罪天堂」，台灣

爲了主權而吵，結果贏到了「避罪天堂」這個稱號，那麼台灣反而是在國際上輸了形象。

二、因此台灣不必認爲這些人一定要遣送回台，但台灣一定要堅持台灣介入中國對這些人的審判，也需介入這些人的法律服務，以防止這些人的被政治誤判。這些人的詐騙受害者如果確定了是中國人民，理應按中國標準審判，台灣沒有必要袒護，但論罪必須嚴格，如果台灣有介入，至少可以防止台灣人民被誤判。

三、由這起案子已顯示出台灣對詐騙行爲太過縱容，因此台灣已需重新檢討對詐騙犯的量刑標準。台灣對於詐騙案消極太久，抓人也不主動，抓到了也是輕判，這是詐騙的犯罪壯大的主因。台灣縱容詐騙行爲已需徹底改正了。

二〇一六・四・十五

財團吃下了國家

有句老成語是「橘逾淮成枳」，它的意思是各地有不同的風土習俗，作事情都不能一概而論，對甲地有效的制度，換到了乙地，就可能完全走樣。所以對於制度，最好不要隨便抄襲，以免抄成了一個四不像。

在一九七〇年代末，英美的新右派當道，新右派是種信仰和意識型態，它反對國家的代表政府的角色，認爲政府注定了無能與浪費，只有私人的公司才會有效率，由於一九七〇年代末公司發展愈來愈壯大，所以新右派的理論家遂提出了新右派的管理理論，認爲政府的公共建設應該開放給公司參與，於是他們遂發明了ＢＯＴ這種新的制度和作法。他們認爲公共建設讓公司財團參與，可以使政府減少財政及管理的責任，也可引進公司財團的力量，使它們承擔公共責任，而人民沒有支付任何納稅錢，就可享用到許多新的公共服務，因此ＢＯＴ會創造出一種「三贏」的新局面。

自從ＢＯＴ這種制度被發明後，有過英法海底隧道、香港東區過港隧道等還算成功的樣板，但在泰國和馬來西亞也有許多不是太成功的案例。成功與失敗的關鍵在於政府與公司財團是否有足夠的透明手法，是否能尊重相反的契約等。最壞的情況是，政府原本不必出錢，

最後卻要花更多的錢，那就是「賠了夫人又折兵」。

ＢＯＴ這種制度，在一九九〇年代被引進了台灣，如果人們不健忘，當記得一九九〇年代起，台灣上下簡直把ＢＯＴ當成了萬靈丹，人人都掛在嘴上。從中央到地方，大家都反抗ＢＯＴ，最後演變為「民間能作的，政府就一定不作」，ＢＯＴ簡直成了各級政府圖利公司財團的最好理由。政府以ＢＯＴ當理由，釋放出了許多利基。這是典型的「公共財被私人化和財團化」，也形同是政府功能的棄守。

台灣搞ＢＯＴ搞得烏煙瘴氣，台灣各地一堆ＢＯＴ的濫攤子，到了最近又多出了台北大巨蛋這個鬧劇，台北市政府揚言要和遠雄解約。這意味著台北巨蛋的ＢＯＴ即將撕破臉，分道揚鑣。台灣的ＢＯＴ又多了一個反面教材。

台北大巨蛋的撕破臉，我無意指責那一方，願就ＢＯＴ的基本前提而論。一個社會想要ＢＯＴ能夠成功，最大的要件就是官方和財團要有守法的契約精神。財團必須信守契約，政府則要有公共福祉的態度來嚴格把關，由於這是大型契約事件，它必定應該一切透明，不能有私相接受的任何空間。但在台北大巨蛋案上，我們卻看到了幾個致命的缺點：

一、就是ＢＯＴ招標時，財團公司早已有了一種固定的手段，那就是得到標案是優先目標，當他們得到標案後，就會透過種種談判協商或密室溝通，來修改得標時所作的契約約定。這是不合契約精神的要脅，因此政府在標案確定後的初期，一定要守住立場，寧願解約也不接受要脅，但大巨蛋案，遠雄在得標後即不斷以這樣那樣的理由要求修改合約，如回饋金的多寡，如空間的配置，建築量體的大小，這些原始合約內容都一改再改，而馬郝兩任政府也都一直讓步。因此台北巨蛋之濫，是打從標案得標後即一路濫到現在。台灣的財團及政府不能尊重契約行爲，乃是問題愈搞愈亂的關鍵。

二、由於台灣的財團與政府並不尊重契約行爲，而且偏好以密室協商的方法來解決問題，所以台灣的BOT遂一定留下許多破綻，使政府的後任得以作文章，清算前任。柯P上台後猛打五大弊案，就是後任清算前任的作法。台灣BOT的不清不楚，替政治的鬥爭留下了許多空間。

三、當政治的後任清算前任，並在BOT案上發作，這種鬥爭就會愈演愈烈。大巨蛋蓋了一半就爲了各種問題停擺，形同是在台北鬧區擺了一個龐大的未完成的廢棄建築物。目前的難題是：市政府的強勢態度已無法回頭，它的後續作爲要怎麼辦？縱使柯P能夠找到別的財團接手，但這個新財團必會成爲鬥爭的焦點，最後迫使它不敢接手，那麼這個濫攤子將如何收拾？將來柯P的市府和遠雄將會爲了照價收回而打官司，問題愈換愈糟，那麼大的一個小巨蛋案置在那裏，形同是個鋼筋廢墟，將成爲台北的一個危險炸彈，萬一有個地震和大颱風，它一旦倒塌，造成公共危險，將更無法究責。因此一旦大巨蛋搞到如此地步，它必定成爲世界BOT的最大笑話。

BOT是世界上的一種新制度和新作法，但台灣的風土有了問題，BOT在台灣已成了笑話，甚至可能成爲一種公共工程的大災難，這到底是誰的錯？

二〇一六・四・十五

浩鼎案考驗蔡英文

一種新興產業，由於它的市場氣氛很容易被操作，所以最容易被有心人用來作爲操縱股價的工具，近年來，未來的新政府早已在生技產業上作文章，所以生技產業雖然八字還沒有一撇，但生技的股價卻已被市場炒得老高。

就是在這種氣氛下，遂發生了浩鼎案，連帶的是中研院院長翁啓惠也被捲入，搞得聲名狼藉，而且有理由相信蔡英文的心裏也被搞得七上八下。浩鼎案的最大後遺症就是台灣的生技和生醫產業，可能也被搞得市場失去了信心。浩鼎案可能毀掉生技產業！

生技和生醫產業，乃是研究工作最爲密集的產業。一種新藥或疫苗推出前，都可能必須經過長時間的研究和試驗，在尚未賺到一文錢之前，就可能已投下了好多個億。若開發成功某種重要的新藥，那麼它的經濟收益將難以估量。所以生技產業並不是阿貓阿狗可以搞的，它一定要有極爲認真的研究態度，而且整個社會要有極強的基礎生醫研究。務實而不務虛，乃是生技產業的前提。

但由浩鼎案我們卻看出，浩鼎公司的那一群人，非常熱衷而嫻熟於市場的炒作，他們對新藥尚未篤定前，就意圖製造成功的假象，企圖拉抬起股價；當假象無法營造出來，公司的高層就拚命的出脫股票，希望賺取利益，入袋爲安。他們不是在開發生技產業，而是用生技產業之名在炒作市場。翁啓惠以中研院院長之尊，可能受到人情壓力和金錢壓力，因而失去了掌握了學術及專業的分寸，因而搞得聲名狼藉，並成了被告，翁啓惠的下場真使人感慨，因爲他爲了商業利益，已犧牲掉了他作爲一個學術工作者最重要的學術良知。學者和商業糾纏在一起，不可能會有好的下場！

因此，對於浩鼎案，檢調單位當然應該去好好調查，搞清楚那些人到底有沒有內線交易？有沒有企圖製造解盲的新聞矇騙投資人牟求利益？這些事的前因後果有太多疑點。

至於政府，特別是即將上台的蔡英文政府，一定要引以爲戒。新政府打出了發展生技產業的口號，於是引出了一批大鷹。他們非常精於算計和製造新聞，遂開始設立公司，以開發新藥爲名，大陣仗的透過炒作，要將市場的情緒炒熱；他們不是要發展生技產業，只是在利用生技產業在炒作市場和炒股。當市場的人心看破了他們的手腳，就會對生技產業失去了信心，他們是在摧毀生技產業。所以新政府不能只是高喊生技產業的口號，而是要有具體發展生技產業的作法，最重要的是要杜絕大鷹級的商人利用口號爲惡的可能性。台灣發展生技產業，一定要有發展的路線圖！不能讓浩鼎案這顆老鼠屎，搞壞了生技產業這鍋湯！

二〇一六・四・廿二

台灣已百孔千瘡

中文所說的「聰明」，英文的對語是clever、intelligent、cunning、ingenious，但東西方的哲學家很早就發現了聰明的兩面性。

在中國早期哲學家裏，周朝的齊國哲學家尹文子最早就指出，人們在談問題時，喜歡用抽象的名詞或形容詞，這種抽象性使得正面的概念很容易轉到它的反面；例如，聰明就會變成精打細算的自私自利。所以《尹文子》中說：「專用聰明，則功不成。」意思是說聰明的做人治事，只會偏歪了正道。所以中文俗語裏也有「聰明反被聰明誤」、「自以爲聰明」這種對聰明的諷刺說法。

不懂得聰明混世，就成為「魯蛇」

近代中國思想家梁漱溟先生在《中國文化要義》裏也說過，中國社會裏就是「聰明人」太多，這些人懂得精打細算、自私自行、老奸巨猾。只有聰明人在社會上才可以存活，不懂得聰明混世者，就注定成爲「魯蛇」。在現在這個時代裏，如果說一個人聰明，已不是好話。

在西方社會的語法裏亦然。希臘時代的悲劇家歐里庇得斯（Euripides）就說過：「聰明並不等於智慧。」浪漫時代大詩人威廉・華茲華斯（William Wordsworth）的妹妹多蘿西・華茲華斯（Dorothy Wordsworth）也是個有名的傳記散文家，她說：「如果我們社會的好人都是聰明人，那麼社會就會愈變愈好，但實際情況並非如此，好人愈來愈看不起聰明人，而聰明人愈來愈欺侮好人。」

近代英國政治家沙斯貝瑞侯爵（3rd Marquess of Salisbury）也說過：「現代的聰明人最好把他們的聰明程度砍半。」現代演化論的主要領航人赫胥黎（Thomas H. Huxley）則說：「人們對目的信守與堅持，應該是聰明程度的兩倍。」由西方這些有關聰明的名言，可看出西方人也把聰明人看成是一種狡詐。

而最近台灣的許多新聞事件顯露的是，台灣的聰明人的確太多，今天台灣日益混亂，都是聰明人所造成的。

最近很多台灣的有錢太太，她們花了很多錢去美國生產，希望她們的兒女能夠成爲美國人。由此可以猜想她們一定是台灣的小富與中富家庭。她們要去那裏生產，是她們的自由，但這些人去美國生產，卻會找些奇怪的理由向台灣申請昂貴的健保醫療給付。她們真是聰明的台灣人，台灣的健保不吃白不吃，自己得到種種好處，卻要台灣的健保買單，這是一種吃定了台灣的聰明做法。

鑽漏洞只求少繳稅

這些聰明人把她們的聰明才智全部用來鑽漏洞、占便宜。這種人的確太多了，今天的台灣百孔千瘡，這些破洞不是聰明的她們鑽出來的嗎？小、中有錢人的太太赴美生產、詐領健保，就顯露了這種中、小有錢人的聰明。

台灣大有錢人近年來也日益聰明，他們爲了賺取不當利益，動輒把聰明利用到「避」字上。例如浩鼎案，我們看到他們公司的那些高層，都在解盲失敗後，快速而分批地出脫股票，媒體都說他們是在「避損」，就是出脫股票減少損失。避損這個看起來很唬人的術語，講白了就是趕快賣掉股票賺取現金、入袋爲安。該公司的重要負責人都聰明地在鑽漏洞、圖謀利益，這種公司將會有什麼前途？

另外則是「國際者同盟」（ＩＣＩＪ）的「巴拿馬文件」（Panama Papers），最近揭露有錢人在海外的境外銀行開設虛擬公司或戶頭，從事避稅或其他別的圖利活動。「避稅」與「避損」都是奇怪的術語。避損的真正意思是以奇怪的手法來賺取利益，減少損失；避稅講白了是以各種手法力求少繳稅。

ＩＣＩＪ兩年多前僅揭露兩家信託公司的資料，其中台灣富人客戶就達一萬六千人，是兩岸三地最愛用租稅天堂的國家，足見台灣大富人的聰明程度大概也是其中第一。

《天下》雜誌指出，二〇一二年台灣可投資金融資產逾百萬美元以上富裕人士共有九．六萬戶，他們的資產總值達十兆元新台幣，相當於全台十分之一的財富。而聯合報則指出，去年台灣企業認列的海外子公司收益若都按一七％的營所稅率課稅，最多可帶來六三五億元新台幣的財政收入。

當一個社會的大、中、小有錢人都千方百計在那裏動腦筋、鑽漏洞、聰明無比，最後自然是許多作奸犯科的壞人也效法跟上。台灣的壞人聰明程度使人歎爲觀止的，就是電話詐騙集團這個最新興的詐騙行業。

台灣也成了「避罪天堂」

電話詐騙業是在台灣本土發展出來的行業，對於這種電話犯罪，台灣警方完全無能阻擋及防範，過去警方只會不斷呼籲老百姓自己要小心。台灣所破獲的少數案例，都是郵局或銀行的櫃員看到有人異常提領存款而舉報的。前年桃園抓到了一個十七歲高中畢業的車手，他入行才一年，就已賺了一千多萬元，平均月入百萬元，如此高的報酬去哪裏找？

由於詐騙業太好賺，台灣已向全球輸出。但詐騙業都是聰明人，他們在國外被捕就會喊冤，於是台灣爲了主權就急著要把他們搶回台灣。但搶回來了又如何？不是輕判就是隨便縱放。詐騙犯這些聰明人，已把台灣搞成了詐騙業的世界第一大國，台灣也成了「避罪天堂」。當台灣的大有錢人與壞人都聰明無比，最後是台灣必定成爲糟糕的國家！

二〇一六・四・廿三

在蔡政府上空的禿鷹

一種新興的產業，由於它的市場尚未穩定，所以它的空氣性格會很強。當市場的空氣好時，就會看起來前景極爲樂觀；但空氣一旦改變，就會一洩如注。

最近，歐美的最新興能源產業，尤其是太陽能產業就發生了震驚世人的大變化。

美歐兩太陽能大廠面臨倒閉危機

近年來，歐美的太陽能產業一片興旺，二〇一五年，全球包括太陽能在內的再生能源設備投資，首度超過了火力與天然氣發電廠的投資。美國原先估計，一六年新的太陽能設施將會兩倍增加，中國尤其野心勃勃，要在這個十年內將太陽能發電增加三倍，太陽能前景似乎一片大好。

但人們想不到的是，就在三、四月間，美國最大、同時也是全球最大的太陽能系統公司SunEdison，因籌款不易，債務過速累積，到了一一〇億美元水準。該公司股份在去年後九個月已蒸發了九十八億美元，它的市值最高曾到百億美元，但現在已經快要賠光，於是在四月中旬宣告破產。

而該公司旗下的兩家發電營運商（YieldCo），TerraForm Power及TerraForm Global，雖不在破產宣告之列，但也不樂觀。

除了美國出狀況外，西班牙的再生能源大公司阿本戈（Abengoa）也因債務高達九十三億歐元，相當於一〇六億美元，已申請破產保護、進行債務重組談判。

生技產業八字第一撇就受挫

這兩大美歐太陽能公司都面臨倒閉危機，最大的原因是過去市場看好太陽能產業，由於市場熱絡，所以它們能夠透過市場的樂觀氣氛，以擴張信用的方法來快速發展，並拉抬股價。

但現在油價下跌，各地的能源壓力減輕，對太陽能的需求降低，市場的空氣遂漸漸冷卻。於是想要透過借貸及增資來發展的路徑難以爲繼，股價也告急速下跌，自然使太陽能產業的陽光有了陰影。

由此已可看出，要靠市場氣氛撐起一個新興產業是很困難的，一個產業的興起，只靠氣氛是不夠的。

由美歐兩大太陽能公司都出現破產危機，我就想到台灣的生技產業和浩鼎案所引發的問題。

近年來，民進黨提出發展生技產業的口號。對於這個口號，我沒有意見。但我們要知道，生技產業乃是一種研究密集的行業，它必須有相當優秀的化學及生技基本研究能力，才

可能撐起這個新興行業。

因此，發展生技產業不能只是在口號層次，一定要有發展生技產業應有的路線圖，它至少應包括提高基礎化學及生物醫學的研究能力、如何替生技業尋找金融方面的助力、如何替生技產業的各種通路創造條件等。

但現在發展生技產業才剛剛起步，八字才有了第一撇的時候，人們所看到的卻是生技產業的禿鷹已告出現，浩鼎案就是生技產業的一隻大禿鷹。

生技產業已成了陷人坑

因浩鼎案，人們的印象中與其說浩鼎是家生技公司，毋寧說它更像是家生技投機炒股公司。它利用了目前生技熱的空氣，就急功好利地要搶短線，它自以爲買到了乳癌新藥，就急著去炒作解盲有效的話題新聞，希望帶動出市場的股票買氣。

但市場並不是那麼容易唬弄的，於是公司的許多名高幹就忙著出脫股票，希望避損、入袋爲安，這是違背商業道德的行爲。

更不該的是，中研院院長翁啓惠可能受到人情與金錢的壓力，居然也被捲了進去，成了背信及貪汙的被告。一個學者的一世清譽已毀於一旦，生技產業已成了一個陷人坑。

經過了浩鼎案，該公司自己聲敗名裂事小，最嚴重的是，浩鼎案已使投資人及市場人心對生技產業的信心大打了折扣。今後生技產業在市場上，必然難獲人們的信心。

前面提到美歐兩大太陽能公司已面臨破產危機，目的就是要指出，一種新興產業在初起時，它的成功經營模式並未穩定，很容易受到空氣的影響。美歐的太陽能產業過去幾年就是個空氣產業，都傾向於藉著金融手段來拉抬股價和藉著借貸來擴大規模。但這種靠著市場空氣而支撐起來的情況，一到了市場空氣改變，它就難以為繼。

美歐的太陽能大公司就因為債務太大而有破產之虞，這已顯示出一個新興產業在初起時，絕對不能靠著空氣來發展，最需要的是穩扎穩打，創造自己發展的路線圖。

產業空氣大，禿鷹跟著多

基於同理，目前在台灣，生技產業也是個空氣很大的產業。由於空氣很大，它很容易就勾引出了一群禿鷹，他們不正經地做事、發展長期的策略，而是搶短線，利用金融手段、炒股票、造新聞，希望藉著製造空氣來賺大錢。生技產業最需要的是認真做事、靠認真賺錢，這是違背禿鷹哲學的。所以台灣要發展生技產業，第一步就是防止禿鷹。

二〇一六・四・廿七

蔡英文應以柯P為鑑

政治的根本，乃是一個政府必須找對的各種官僚，形成一個有能力的團隊，做出正確的事，形成政績；苟能如此，這個政府始能可長可久，對國家做出貢獻。

但現在這個網路時代，古典的政治規則卻已變了。一個政府的選舉勝利，通常都不是靠自己的見解和治國方略，而是看對手犯了甚麼錯誤，於是透過新舊媒體的動員形成狂飆，取得選舉的勝利。這種狂飆式的政治，遂容易造成一個政治人物的暴紅；但它的缺點卻是因爲不是靠著自己的主張和治國方略，因而這種政治人物擅於搞宣傳、搞衝突，卻沒有足夠優秀的團隊來治理。它容易形成雜牌式的團隊，由於它缺乏了優秀的團隊，一旦政治蜜月結束，狂飆消失，就容易由暴紅翻轉成暴黑。

而台北市長柯文哲就是個例證。柯文哲是個素人，他的從政選舉並不是靠著他對台北市政有甚麼見解，而是靠著國民黨馬政府不斷犯錯的氣氛，在新舊媒體的造勢下，柯文哲遂快速暴紅，得到壓倒性的勝利。柯文哲最紅時，他的氣勢如日中天，甚至有人他已成了下次總統選舉的不二人選！

但由柯上任迄今的表現，人們卻看到了他的致命缺失，他沒有好的團隊，只是雜湊出一個雜牌軍，所以不能有自己的施政方向和節奏，而只會整治前朝的弊案；由於他沒有自己的方向和節奏，無法快速形成自己的政績，於是他的民調聲望遂快速下滑，到現在他就任才一年多，他的滿意度和不滿意度已快死亡交叉。他打大巨蛋案，已搞得焦頭爛額，現在兩大黨已準備在下次選舉時推出強棒人選和他競爭，他已可能面臨對兩大黨夾殺的命運。柯文哲可能會是由暴紅翻轉爲暴黑的政治人物。

我在今天談柯文哲，目的是要以柯爲鑑，來看蔡英文的處境。蔡英文的選舉獲勝，它的背景因素，其實和柯文哲完全相同，照理說，從蔡當選迄今已四個多月，早就應該組成有能的團隊，並對未來有一套治國的方略。但到了今天爲止，新政府的人事卻讓人覺得它彷彿是個臨時抓瞎拼湊出來的雜牌軍，無法形成令人耳目一新的驚奇感和讚歎感；到了最近，甚至發生準農委會主委曹啓鴻發表美豬問題不當的談話，以及準政務委員張景森的不當發言。這些事情已將這個雜牌軍政府的問題暴露無遺。由於問題不斷，準內閣已被迫舉行政策溝通會議要舉辦「共識營」來滅火。一個尚未就任的政府，就已惹得各種野火不斷，可以想見新政府就職後，問題必然更多！這其實並不是「政策溝通」出了問題，而是這個雜牌政府出了問題。

今天的台灣社會，其實是已進入了「後現代的民主」階段，公眾對各種問題都有話要說，而對這種「後現代的民主」政府官員已必須有更強的思辨能力，不容許有官僚性繼續存在。但由曹啓鴻及張景森案，我們看到的卻是當官的仍自以爲是，甚至喜歡玩嘴皮子遊戲，當未來的官員不斷在思辨能力上強化，他們將來碰到各種具體問題必會狀況不斷，如果狀況

多了，新政府就會和柯文哲一樣，慢慢的民調下滑，過了某個臨界點，就會由暴紅變成暴黑。新政府目前尚未就職，仍在很忙的階段，但由最近的表現，它們的已要考慮暴黑的問題！

未來的政府考驗仍多，除了台灣的內政外，經濟考驗仍然艱鉅無比，內有轉型的任務有待完成，外有對岸的壓力日益沉重。未來的官員想要舒服過日子是不可能的。因此，作好自己的心理建設、努力以赴，防止新政府由紅翻成黑乃是他們應有的認知！

二〇一六・四・廿八

馬政府的最後一筆

馬英九政府，在八年任期內，一共換了六個閣揆，但前五個都是活在馬英九的陰影下，並沒有自己，他們下台後很快就被忘記，沒有留下一絲雲彩。

但最後一個看守的閣揆張善政卻是個大例外。他是在毛治國在總統大選敗選後堅辭時接任，注定是最短命的閣揆。這是他的不幸，但不幸卻也是幸。國民黨敗選，整個國民黨政權形同是個沒有老大的濫攤子，因此張善政遂少了許多公公婆婆，已沒有新的山頭人物會去對行政院指指點點。因此，張善政的幸乃是他處於一個空窗期，沒有太多的怪手干涉，他遂能本於事理的判斷去作決定和發言表態。馬政府時代，在張善政之前有過五個閣揆，這五人都實質上是馬英九的分身兼傀儡，根本無法有所表現，反而是空窗期的張善政因禍得福，他是馬英九任內任期最短，也最沒有權力的閣揆，但卻是風評最好的閣揆！

處境與張善政相同的還有另一人，他就是前金管會主委曾銘宗，曾在當官時沒有聲音，也無建樹，他已註定了如果官場下台，必將被人遺忘。但在選舉時，他成了不分區立委。他成了立委後，由於已不受上級管壓，所以他遂能放手而爲，在極短的時間內，他的品牌形象遂各確立。國民黨在敗選後，重要的山頭人物可謂已政治生命死亡，有些人據此推論，宣稱

國民黨已經完蛋。但大家都疏忽了，死亡了大批山頭派系人物，卻也創造出了許多空間，讓新人物可以成長出現。張善政和曾銘宗就是國民黨內的新人物！

於是我就想在此時談一下領袖人物的利與弊，近代中國歷史，由於內憂外患不斷，所以遂出現了一種牌型的領導學，中國人相信，國家一定要有強而有力的領導人，才可集中意志，應付難關。這種領導學，雖有助於國家應付危機，但卻有兩個最致命的缺點，一是強而有力的領導，必是專制威權的領導，會影響到民主的發展。二是強而有力的領導，會形成官僚體系只知有領導人而不知有公共利益的褊狹心態，造成領導人無知自大心態。馬英九時代甚麼事情都一知半解，但卻自認無所不知，遂使得他的意志凌駕於政府之上，過去的行政院長和部會首長只知唯唯諾諾，不能就事論事，這乃是歷任行政院長都缺乏品牌形象的原因。

因此目前國民黨大敗，它的領袖結構整個瓦解，這對台灣其實是一種良性的啓發。一個政府並不需要有個領導中心或太陽，一個政府真正需要的部門自主，就事論事的協調折衷能力，那才能產生好的集體領導。國民黨大敗，馬英九下台在即，不再管事，因而產生了新的扭曲空間，張善政和曾銘宗等人才可能出現。如果國民黨不敗，他們是沒有機會的。張善政和曾銘宗的崛起，已顯示了國民黨政治大轉型的方向。

因此國民黨的這種變化，也值得民進黨借鏡。現代的民主國家，並不需要一個太陽式的領導人，那種領導人並不是國家之福。如何強化部門自主，有傑出的治理團隊，那才是一個政府可長可久的關鍵！

二〇一六・五・三

新修版

馬政權的開場、中場與收場(下)收場

作者：南方朔
發行人：陳曉林
出版所：風雲時代出版股份有限公司
地址：10576台北市民生東路五段178號7樓之3
電話：(02) 2756-0949
傳真：(02) 2765-3799
執行主編：劉宇青
美術設計：吳宗潔
業務總監：張瑋鳳

出版日期：2023年6月 新版一刷
版權授權：王杏慶
ISBN：978-626-7303-74-0

風雲書網：http://www.eastbooks.com.tw
官方部落格：http://eastbooks.pixnet.net/blog
Facebook：http://www.facebook.com/h7560949
E-mail：h7560949@ms15.hinet.net
劃撥帳號：12043291
戶名：風雲時代出版股份有限公司

風雲發行所：33373桃園市龜山區公西村2鄰復興街304巷96號
電話：(03) 318-1378
傳真：(03) 318-1378
法律顧問：永然法律事務所 李永然律師
　　　　　北辰著作權事務所 蕭雄淋律師

行政院新聞局局版台業字第3595號 營利事業統一編號22759935

定價：380元

國家圖書館出版品預行編目資料

馬政權的開場、中場與收場 / 南方朔著. -- 二版. --
臺北市：風雲時代出版股份有限公司, 2023.05
　冊；　公分
ISBN 978-626-7303-74-0 (下冊：平裝). --

1.CST: 臺灣政治 2.CST: 言論集

573.07　　112004632